Benjo Maso

der schweiß der götter

Die Geschichte des Radsports

Aus dem Niederländischen
von Christoph Bönig

covadonga

Die Originalausgabe dieses Buches ist unter dem Titel »Het zweet der goden – Legende van de wielersport« erschienen bei Uitgeverij Atlas, Amsterdam

Benjo Maso:
DER SCHWEISS DER GÖTTER
Die Geschichte des Radsports

Aus dem Niederländischen von Christoph Bönig

Covadonga Verlag, Bielefeld – 2011
ISBN 978-3-936973-60-0

Für die freundliche Unterstützung im Rahmen dieses Buches und insbesondere die Förderung der Übersetzung danken wir dem Nederlands Letterenfonds, Amsterdam.

Umschlagfotos: Witters Sport-Presse-Fotos GmbH (Titel), Hennes Roth (Rückseite); Fotos und Illustrationen im Innenteil: Witters Sport-Presse-Fotos GmbH, Hennes Roth, Archiv Covadonga

Druck und Bindung: Westermann Druck Zwickau GmbH
8. Druckauflage, 2024

Covadonga ist der Verlag für Radsportliteratur.
Besuchen Sie uns im Internet: *www.covadonga.de*

INHALT

EINLEITUNG

Am 31. Mai 1868 versammelte sich *tout Paris* im Park von Saint-Cloud, um einem sehr ungewöhnlichen Spektakel beizuwohnen. Statt der üblichen Pferderennen sollten dort an diesem Tag zwei Geschwindigkeitsrennen auf *vélocipèdes* abgehalten werden, den neuen Verkehrsmitteln, die seit sieben Jahren auf den Straßen der Hauptstadt zu sehen waren. Ihre Konstruktion war noch äußerst primitiv, aber trotzdem konnten mit diesen Gefährten schon Geschwindigkeiten von über fünfundzwanzig Kilometern pro Stunde erreicht werden. Der Gewinner des ersten Rennens, ein gewisser Polocini, legte die 1.200 Meter lange Strecke in etwas mehr als zweieinhalb Minuten zurück. Der Engländer James Moore, der das zweite Rennen gewann, brauchte dafür ungefähr genauso lange. Beide erhielten eine goldene Medaille im Wert von hundert Franc, ausgelobt von dem größten Fahrradhersteller jener Zeit, der Compagnie Parisienne.

In der französischen Provinz waren schon früher Radrennen abgehalten worden, doch Berichte über diese Veranstaltungen waren kaum bis nach Paris vorgedrungen. Die Rennen in Saint-Cloud stellten für das Publikum denn auch ein Schauspiel dar, das vollkommen neu war. Die Zuschauer waren voller Bewunderung für die Kraft und die Geschicklichkeit der Teilnehmer. Am nächsten Tag schenkte die Hauptstadtpresse der Veranstaltung ausgiebig Beachtung. Fortan wurden in dichter Folge immer neue Rennen abgehalten, nicht nur in Frankreich, sondern auch in anderen europäischen Ländern.

Diese zogen schon bald so viel Publikum an, dass die Organisatoren hohe Preise ausloben konnten, um die besten Rennfahrer an den Start zu locken. Die Gewinner erhielten manchmal sechshundert Franc für den Sieg, einen Betrag, für den ein einfacher Arbeiter in dieser Zeit ein halbes Jahr arbeiten musste. Außerdem gab es für die Besten gewöhnlich noch eine stattliche Prämie von den Fahrradkonstrukteuren, welche die Leistungen der Rennfahrer benutzten, um Werbung für ihre Produkte zu machen. Die Champions aus jener Zeit konnten sich auf diese Weise ein sehr komfortables Einkommen sichern. Der größte unter ihnen, James Moore, verdiente mit seinen Siegen so viel Geld, dass er nach Beendigung seiner Karriere ein Gestüt in der Normandie und einen Pferderennstall in Chantilly kaufen konnte.

Moore wurde der erste Star des Radsports, und sein Ruhm war so groß, dass nicht nur seine Rivalen, sondern auch seine Vorgänger in Vergessenheit gerieten. Seit erdenklichen Zeiten hatte Moore immer und überall gesiegt, und irgendwann reichte die Erinnerung des Publikums nicht weiter zurück als bis zu seinem ersten Erfolg. So ist es auch kaum verwunderlich, dass der Touring Club de France an einem Zaun des Parks von Saint-Cloud eine Plakette mit folgendem Text anbringen ließ:

> Am 31. Mai 1868 wurde James Moore im Park Saint-Cloud zum Gewinner des ersten Geschwindigkeitsrennens für Velozipede, das in Frankreich veranstaltet wurde.

Es ist eine Mitteilung, die gleich zwei Unrichtigkeiten enthält: Zum einen waren bereits vor 1868 in Frankreich Radrennen veranstaltet worden, und zum anderen war James Moore an dem Tag, der auf der Gedenktafel genannt wurde, nicht der erste, sondern der zweite Sieger. So wurden also in der Geschichte des Radsports die Tatsachen von Beginn an durch Erdichtetes verdrängt. Was ein Denkmal für die Geburt des Radsports hatte sein sollen, ist in Wirklichkeit das Denkmal für seine erste Legende.

Kapitel I

DIE GUTE SACHE DES VELOZIPEDS

Trotz des Erfolges der ersten Radrennen war das Fahrrad im Jahre 1868 noch immer ein Kuriosum. Es war längst nicht jeder imstande, sich auf den Ungetümen aus dieser Zeit im Gleichgewicht zu halten: auf Hochrädern, die gut und gerne dreißig Kilogramm wogen. Außerdem war das Fahren auf ihnen äußerst unkomfortabel, weil die hölzernen oder metallenen Räder noch nicht mit Reifen versehen waren.

Ärzte wiesen zudem auf die schädlichen Folgen hin, welche die Benutzung des neuen Verkehrsmittels womöglich habe. Bei Männern könne diese zu Impotenz führen und bei Frauen zu Unfruchtbarkeit. Die ständige Reibung des Sattels würde außerdem eine gefährliche erotische Erregung hervorrufen, eine Art permanenter »sportlicher Masturbation«. Radrennfahrer waren medizinischen Autoritäten zufolge oftmals an ihrem bleichen und ausgemergelten Aussehen zu erkennen. Der berühmte Kriminologe Cesare Lombroso fügte dem hinzu, dass die körperliche Anstrengung, die notwendig sei, um sich fortzubewegen, verbrecherische und aggressive Neigungen fördern könne. Fahrräder waren außerdem nicht nur für die Fahrer gefährlich. Weil sie noch nicht mit Bremsen ausgestattet waren, waren sie auch für die Menschen, die sich in ihrer Umgebung aufhielten, gewiss nicht ohne Risiko. Kein Wunder, dass sie in vielen Städten verboten waren. Sogar der Bois de Boulogne in Paris wurde für Fahrräder gesperrt. In der Zeit, in der James Moore seine ersten Erfolge feierte, war »die Sache des Fahrrads« gewiss noch nicht gewonnen und die Gegner des Velozipeds waren mindestens genauso zahlreich wie seine Befürworter.

Die eifrigsten Anhänger des neuen Verkehrsmittels schlossen sich zu Clubs zusammen und gründeten sogar Zeitschriften, um ihre Standpunkte bekanntzumachen. So wurden im Oktober 1868 in Foix und im März 1869 in Voiron bei Grenoble zwei Blätter gegründet, die beide *Le Vélocipède* hießen. Viel Interesse weckten sie nicht, und beide mussten ihr Erscheinen nach einigen Nummern einstellen. Dem Pariser *Le Vélocipède Illustré,* das im April 1869 seine erste Nummer herausbrachte, war ein beträchtlich längeres Leben beschieden. Diesen Erfolg verdankte es vor allem der aktiven Politik seiner Redakteure, die durch eine gewagte Initiative einen viel größeren Leserkreis für sich zu gewinnen wussten als die Mitbewerber. Im Jahr 1869 beschlossen sie nämlich, erstmalig ein Straßenradrennen zu organisieren, ein Rennen über 135 Kilometer von Paris nach Rouen. Denn eine derartige Veranstaltung war der Leitung des Blattes zufolge die beste Art und Weise, um die Zweifel an den Möglichkeiten des Fahrrads ein für alle Mal zu zerstreuen.

> Um Anhänger für die gute Sache des Velozipeds zu gewinnen, muss bewiesen werden, dass das Fahrrad seine Fahrer in die Lage versetzt, beträchtliche Strecken zurückzulegen, wobei die Ermüdung unvergleichlich viel geringer ausfällt, als wenn die Strecke zu Fuß zurückgelegt wird. Mit derartigen Beweisen konfrontiert wird sich das Publikum der reellen Verdienste des Velozipeds, von dem man ohne weiteres eine Kraft- und Zeitersparnis erwarten kann, bewusst werden.

Es ist möglich, dass die Redakteure tatsächlich von lauter ideellen Motiven angetrieben wurden, obschon sie auch nicht vergaßen, ausdrücklich zu erwähnen, dass auf das Ergebnis gewettet werden konnte. Doch ihnen muss schnell bewusst geworden sein, dass ihr Eifer für die gute Sache einen außerordentlich angenehmen Nebeneffekt hatte: Der Verkauf von *Le Vélocipède Illustré* stieg sprunghaft an. Radrennen wie im Park von Saint-Cloud waren bisher selten länger als fünf Kilometer gewesen, und das Publikum zeigte sich an der Frage, wie wohl ein »Monsterrennen« über eine Distanz von mehr als hundert Kilometern verlaufen würde, äußerst interessiert. Niemand hatte auch nur eine blasse Ahnung, was passieren würde, auch nicht die Organisatoren, die es zum Beispiel für nötig befanden, in der Rennordnung festzulegen, dass die Rennfahrer sich nicht von ihrem Hund begleiten lassen durften. Und weil nur wenige Menschen der Versuchung widerstehen können, ihre Meinung über Dinge zu äußern, von denen niemand etwas versteht, wurden die Spalten des veranstaltenden Blattes wochenlang mit den detailliertesten Prognosen und Ratschlägen gefüllt. So empfahl ein Arzt den Rennfahrern, alle 20 bis 25 Kilometer abzusteigen, um etwas zu essen und zu trinken, vorzugsweise ein Beefsteak mit ein paar Gläsern Madeira oder lieblichem Weißwein. Nach einer Viertelstunde Ausruhen sei es dann vorzuziehen, das Fahrrad zunächst ein paar Minuten zu schieben, bevor die Tour fortgesetzt werde.

Nicht nur das Publikum zeigte großes Interesse, sondern auch die Rennfahrer. *Le Vélocipède Illustré* erhielt über zweihundert Anmeldungen. Die äußerst bunt gemischte Gesellschaft bestand aus Männern und Frauen – der Radsport für die Damen ist genauso alt wie der für die Herren –, aus Amateuren und Profis, aus Fahrern von *bicycles* und Dreirädern, aus Zirkusakrobaten und Angehörigen der Aristokratie (die sich zum überwiegenden Teil unter Pseudonym anmeldeten). Manche hatten Bedenken gegen die Teilnahme von Berufsrennfahrern, einer Kategorie, die schon im Jahr 1868 offiziell eingeführt worden war;

doch die Redaktion des Radsportblattes ging darüber hinweg. Die besten französischen Rennfahrer fuhren nun mal für Geld, und wenn sie nicht hätten starten dürfen, wäre die Gefahr eines ausländischen Sieges zu groß geworden. Außerdem meinten die Organisatoren, dass es alles andere als gewiss sei, dass die Champions der Kurzstrecke auch über eine längere Distanz die Besten seien. Die Fahrradkonstrukteure waren, was das betrifft, realistischer und zahlten hohe Summen für das Vorrecht, die bekannten Profis mit Material auszustatten. Das Publikum setzte ebenso wenig Vertrauen in unbekannte Amateure, und Dreiviertel der Wetten, welche die Buchmacher notierten, wurden auf den unschlagbaren James Moore abgeschlossen.

Moore ging aus dem ersten Straßenradrennen tatsächlich als Gewinner hervor und beanspruchte den ersten Preis in Höhe von tausend Goldfranken, ausgelobt von der Compagnie Parisienne. Zum Leidwesen dieser Firma fuhr er den Sieg jedoch auf dem Fahrrad eines Konkurrenten ein, und dieser Jean Suriray versäumte es selbstverständlich nicht, den Erfolg seines Produktes mit Plakaten und Anzeigen in den wichtigsten Blättern bekanntzumachen. Die Konstrukteure der anderen Preisträger ließen in *Le Vélocipède Illustré* ebenfalls Berichte abdrucken, in denen die Leistungen ihrer Produkte gerühmt wurden.

So konnten alle Parteien, die an der Organisation von Paris–Rouen beteiligt waren, zufrieden sein. Die Redakteure von *Le Vélocipède Illustré* registrierten eine beträchtliche Auflagensteigerung ihres Blattes; die Fahrradhersteller nutzten das große Interesse an dem Rennen, um Werbung für ihre Produkte zu machen, und der Gewinner verdiente einen Betrag, für den ein Lehrer in dieser Zeit ein ganzes Jahr hätte arbeiten müssen. So war Paris–Rouen die erste Gelegenheit, bei der sich jene perfekte Symbiose von Medien, Kommerz und Rennfahrern ab-zeichnete, die noch stets das Fundament des Radsports bildet.

Obwohl alle drei betroffenen Parteien aus dem Rennen Profit schlagen konnten, waren sie sich noch kaum darüber im Klaren, wie sie ihre

Chancen optimal nutzen konnten. So stellten die Konstrukteure zwar das bestmögliche Material zur Verfügung, doch unternahmen sie noch keine Versuche, um ihre Rennfahrer auf andere Weise zu begünstigen. Die Aktiven ihrerseits hatten noch keinen Schimmer von Taktik und entfachten vom Start an einen unablässigen Ansturm auf die Spitzenpositionen. Weil die meisten nicht dazu in der Lage waren, sich die Kräfte gut einzuteilen, gab es viele spektakuläre Leistungseinbrüche. Mehrere Fahrer, die fünfundzwanzig Kilometer vor dem Ziel noch ganz vorn dabei waren, schafften es schließlich nicht mal, das Rennen zu Ende zu fahren. Und letztendlich verstand auch die Presse noch herzlich wenig davon, wie ein spannender Bericht über ein Radrennen präsentiert werden konnte. So veröffentlichte *Le Petit Parisien* die folgende Nachricht:

> Von den Radfahrern, die am Sonntagmorgen in großer Zahl Paris verlassen haben, um sich nach Rouen zu begeben, kam der Herr Moore abends um zehn nach sechs als Erster an. Er legte die Strecke von gut 130 Kilometern also in zehn Stunden und vierzig Minuten zurück. Der Herr Moore machte keinen müden Eindruck. Die Radfahrer, die anschließend ankamen, waren die Herren Castéra, Bobillier, Pascaud, Biot, Cantellauve, Johnson und Menier.

Die Reportage in *Le Vélocipède Illustré* fiel natürlich bedeutend ausführlicher aus, jedoch nicht grundlegend anders im Ton. Die Journalisten des Blattes versuchten, so genau wie möglich von den Ereignissen zu berichten, sodass ihre Artikel manchmal etwas von einer Strafanzeige hatten.

Dieser trockene Stil tat dem Erfolg des Rennens keinen Abbruch. Das Publikum interessierte sich für die Veranstaltung als solche und nicht für die Art und Weise, in der sie beschrieben wurde. Das Interesse der Leser war so groß, dass die Redakteure von *Le Vélocipède Illustré* sich sofort vornahmen, eine zweite Ausgabe zu organisieren. Das Rennen war bei strömendem Regen ausgetragen worden, und es könne interessant sein, schrieben sie, zu sehen, wie es unter anderen Umständen verlaufen würde, sei es in Hitze oder Schnee.

All diese Pläne führten zu nichts. Es sollte siebenundzwanzig Jahre dauern, bis Paris–Rouen erneut ausgetragen wurde. Schuld daran war gewiss nicht nur der Ausbruch des Deutsch-Französischen Krieges im Juli 1870, der allen sportlichen Aktivitäten ein vorläufiges Ende setzte. Auch andere große Straßenrennen erlebten in dieser Zeit nur eine einzige Auflage. Der Radrennsport verlagerte sich nämlich fast vollständig auf die Radrennbahnen. Dies waren meist improvisierte Pisten, doch vor allem in England wurden hier und da bereits Velodrome mit Steilkurven konstruiert, in denen sich besonders hohe Geschwindigkeiten erreichen ließen. Der große Vorteil dieser Bahnrennen war, dass die Zuschauer den Rennverlauf von Anfang bis Ende mitverfolgen konnten. Dadurch konnten die Organisatoren das Publikum für die Plätze bezahlen lassen, was bei ausreichend großem Interesse hohe Gewinne einbrachte. Zwei der stärksten englischen Rennfahrer aus dieser Zeit, die Gebrüder Waller, bereisten mit einer transportablen Minibahn in einer Art Zirkuszelt ganz England und verdienten damit ein Vermögen.

Die Sportblätter nahmen bei der Organisation von Bahnrennen anfangs eine wichtige Rolle ein. Weil es für sie natürlich vorteilhaft war, die Nachrichten über diese Rennen über möglichst viele Tage auszudehnen, kam der britische Journalist Etherington auf die Idee, ein Rennen zu veranstalten, das von Montagmorgen bis Samstagabend dauern sollte – der englische Sonntag war in dieser Zeit noch heilig. Gewinner sollte derjenige Rennfahrer sein, der in dieser Zeit die meisten Kilometer zurückgelegt hatte. Dieses Sechstagerennen zog nicht nur viel Publikum an, sondern bot Etherington außerdem die Gelegenheit, fast eine Woche lang jeden Tag Sonderausgaben seines Blattes herauszubringen, in denen die neuesten Nachrichten über den Stand des Rennens bekanntgegeben wurden.

Derartige Veranstaltungen wurden von Radsportliebhabern mit bedeutend größerem Interesse verfolgt als die großen Straßenrennen. Diese sorgten beim Publikum nur noch dann für Begeisterung, wenn dort beeindruckende Leistungen erbracht wurden; der Wettstreit um den Sieg spielte nur eine untergeordnete Rolle. Darum war es meist wenig zweckmäßig, mehr als ein Rennen auf ein und derselben Strecke abzuhalten. In dieser Zeit hatten Straßenradrennen etwas von Alpinismus: Das erste Mal, das ein Gipfel erreicht wird, ist eine Sensation; das zweite Mal findet nur noch bei Spezialisten Beachtung.

Um das Interesse des Publikums zu gewinnen, waren die Organisatoren der Straßenrennen gezwungen, immerzu nach noch längeren und noch sensationelleren Strecken zu suchen. Das Problem daran war, dass schon bald das Limit erreicht war. Noch stets fuhren die Rennfahrer auf schwer handhabbaren Hochrädern, deren Räder bestenfalls mit einem Streifen Vollgummi ummantelt waren. Auf den größtenteils ungepflasterten Straßen jener Zeit schienen zweihundertfünfzig Kilometer das Maximum zu sein, das mit solchen Vehikeln zurückgelegt werden konnte. Diese Grenze wurde erst überschritten, nachdem das Fahrrad wichtige Verbesserungen erfahren hatte. Die hohen *bicycles* mussten den *bicyclettes* Platz machen, bei denen die Pedale nicht mehr am Vorderrad befestigt waren, sondern über eine Kette das Hinterrad antrieben. Außerdem hatte der schottische Tierarzt Dunlop 1888 den ersten Luftreifen entwickelt, wodurch das Radfahren beträchtlich schneller und komfortabler geworden war. Mit dem neuen Typ Fahrrad gelang es dem Engländer Mills im Jahr 1889, in 24 Stunden insgesamt 475 Kilometer zurückzulegen. Und als dann die größte französische Radsportzeitschrift *Véloce-Sport* nach einer Fusion ihren Sitz von Bordeaux nach Paris verlegte und diesem Ereignis möglichst viel Öffentlichkeit verschaffen wollte, zögerte die Redaktion keinen Moment lang, ein Rennen zwischen eben diesen beiden Städten zu veranstalten: ein Straßenrennen über eine Distanz von 575 Kilometern, »schwerer und erbarmungsloser als die Vierundzwanzigstundenrennen, die von den Briten organisiert werden«.

Um ihrem Rennen Glanz zu verleihen, versuchten die Organisatoren, sich auch die Teilnahme von britischen Rennfahrern zu sichern, die damals als die stärksten der Welt galten. Das Problem war nur, dass es sich bei ihnen um Amateure, also ehedem gut betuchte *gentlemen* handelte. Und als solche wollten sie partout nicht gegen bezahlte *professionals* antreten, gegen Männer aus »dem Volke«, die auch und vor allem des Geldes wegen ihrem Sport nachgingen. Letztlich gaben die Veranstalter von *Véloce-Sport* den Forderungen der Briten nach, auch wenn dies bedeutete, dass die besten französischen Rennfahrer sich nicht anmelden durften. Dies führte dazu, dass die ersten vier Plätze von Sportlern aus England belegt wurden. Zur großen Enttäuschung des Publikums.

Die britischen Rennfahrer verdankten ihren Sieg nicht allein ihren athletischen Qualitäten. Ein mindestens genauso wichtiger Faktor war die Unterstützung, die sie von ihren »Sponsoren« bekamen. Die englischen Fahrradkonstrukteure waren sich der Werbewirkung, die ein Sieg beim längsten Straßenrennen aller Zeiten haben würde, sehr wohl bewusst. Sie sparten deshalb weder Kosten noch Mühen, um die Rennfahrer, die ihre Fahrräder benutzten, möglichst stark zu bevorteilen. So engagierten sie den französischen Meister Terront und andere bekannte Profis, die an Bordeaux–Paris nicht hatten teilnehmen dürfen, damit diese die englischen Amateure während des Rennens begleiteten und ihnen Windschatten spendeten – eine Praxis, die nach der Rennordnung zulässig war.

Die französischen Hersteller konnten sich nicht dagegen wehren. In den ersten Jahren des Velozipeds hatten sie noch einen großen Vorsprung gegenüber ihren Konkurrenten aus anderen Ländern gehabt,

Ein Rückblick auf den Start zur Erstausgabe von Bordeaux–Paris im Sportblatt *Le Vélo illustré.*

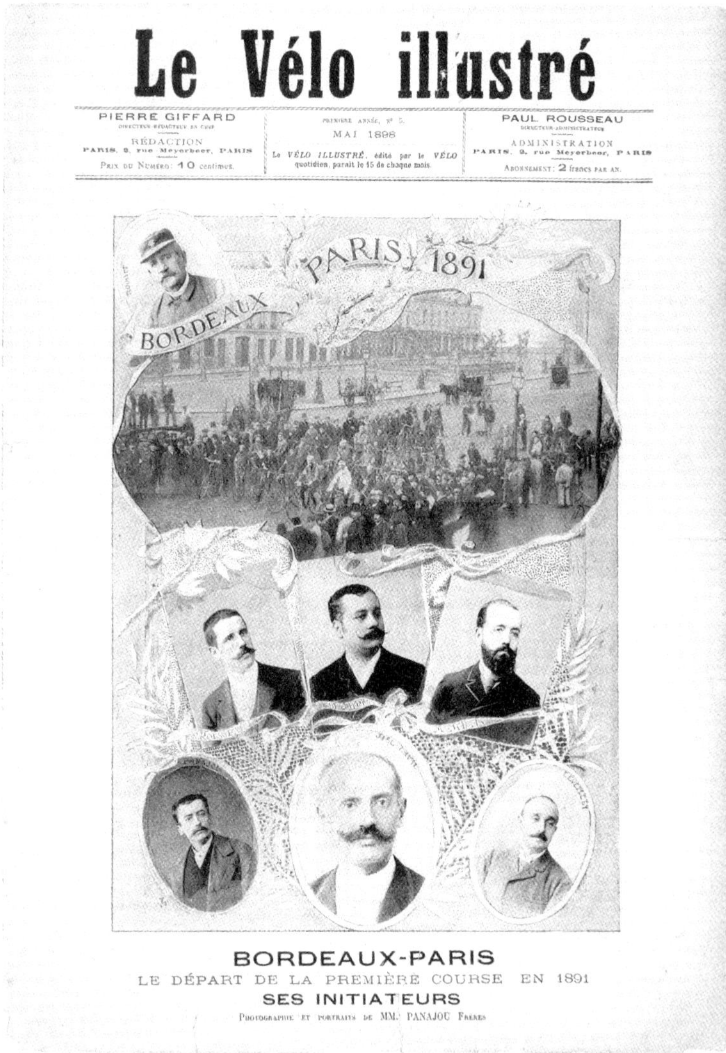

Le Vélo illustré

PIERRE GIFFARD DIRECTEUR-RÉDACTEUR EN CHEF RÉDACTION PARIS, 2, rue Meyerbeer, PARIS PRIX DU NUMÉRO: 10 centimes.	PREMIÈRE ANNÉE, N° 5. MAI 1898 Le *VÉLO ILLUSTRÉ*, édité par le *VÉLO* quotidien, parait le 15 de chaque mois.	PAUL ROUSSEAU DIRECTEUR-ADMINISTRATEUR ADMINISTRATION PARIS, 2, rue Meyerbeer, PARIS ABONNEMENT: 2 francs PAR AN.

BORDEAUX-PARIS
LE DÉPART DE LA PREMIÈRE COURSE EN 1891
SES INITIATEURS
PHOTOGRAPHIE ET PORTRAITS DE MM. PANAJOU FRÈRES

jedoch wurden sie durch den Krieg mit Preußen in den Jahren 1870/1871 nahezu vollständig in den einstweiligen Ruhestand versetzt. Außerdem wurden Frankreich von den Siegern solch enorme Reparationszahlungen auferlegt, dass unmittelbar nach dem Friedensschluss nur wenig Geld für neue Investitionen zur Verfügung stand. Dies hatte zur Folge, dass die französischen Marken auf breiter Front von der britischen Fahrradindustrie überflügelt wurden und nicht über die finanziellen Mittel verfügten, um genauso gute »Schrittmacher« zu engagieren wie ihre Wettbewerber von der Insel. Diese machten von ihrem Sieg bei Bordeaux–Paris selbstverständlich reichlich Gebrauch, um ihre Position weiter auszubauen. So verbreitete die Firma Humber auf beiden Seiten des Ärmelkanals große Mengen von Plakaten und Anzeigen, in denen der erste Platz von George Pilkington Mills als Beweis für die Überlegenheit ihrer Produkte angeführt wurde.

Das öffentliche Interesse für Bordeaux–Paris war so groß, dass die Tagespresse, die den Radrennen bis dahin kaum Beachtung geschenkt hatte, zum ersten Mal ebenfalls Interesse zeigte. Pierre Giffard, Redakteur bei *Le Petit Journal*, mit einer Auflage von einer Million Exemplaren die größte Zeitung Frankreichs, beschloss sofort, von der wachsenden Popularität des Radsports Gebrauch zu machen, um ein Rennen zu organisieren, das Bordeaux–Paris völlig in den Schatten stellen sollte. Zwei Wochen nach dem Sieg von Mills kündigte er ein Rennen von Paris nach Brest und zurück an, über eine Distanz von 1.200 Kilometern. Giffard hatte nicht vor, den gleichen Fehler zu machen wie die Redakteure von *Véloce-Sport*, die den Engländern den Rennsieg »auf einem silbernen Tablett« gereicht hatten. Bordeaux–Paris sei ein Rennen der brutalen Kraft gewesen, so schrieb er. Doch für einen Sieg bei Paris–Brest–Paris sei mehr nötig: Intelligenz, Weisheit, Behutsamkeit, Geschicklichkeit. Mit anderen Worten: Es werde ein typisch französisches Rennen, und deshalb sei es selbstverständlich, dass sich nur französische Rennfahrer würden anmelden können. Alle Teilnehmer würden die gesamte Strecke mit demselben Fahrrad zurücklegen müssen, um auf diese Weise einen Eindruck von den ehrfurchtgebietenden Möglichkeiten zu vermitteln, die das neue Verkehrsmittel bot. Denn das Fahrrad sei nicht nur nützlich und gesund, sondern könne außerdem ein unverzichtbarer Bestandteil der nationalen Verteidigung werden. Es sei gewiss nicht undenkbar, dass ein mutiger *raid* auf dem Fahrrad dereinst das Vaterland retten werde!

Giffards Ankündigung erregte enormes Aufsehen. Viele waren davon überzeugt gewesen, dass mit den 575 Kilometern von Bordeaux–Paris die Grenzen der menschlichen Ausdauer erreicht waren, und vor allem in den konkurrierenden Blättern wurde die Initiative von Giffard als ein billiger Werbegag abgetan. Die bittersten Kommentare fanden sich in den Radsportzeitschriften *Véloce-Sport* und *La Bicyclette*, die nur schwer verkraften konnten, dass eine große überregionale Tageszeitung jenes Terrain betrat, auf dem sie bis dahin das Monopol innehatten.

Die Hoffnung mancher Kommentatoren, dass niemand so verrückt sein werde, sich für das Rennen anzumelden, ging nicht auf. Im Gegenteil, innerhalb weniger Wochen erreichten die Büros des *Le Petit Journal* Hunderte von Anmeldungen. Einige dieser potenziellen Teilnehmer hatten noch nie auf einem Fahrrad gesessen, doch fühlten sie sich durch Giffards patriotischen Aufruf derart beflügelt, dass sie eigens Fahrstunden nahmen, um an dem Rennen teilnehmen zu können. Dennoch wurden ihre Anmeldungen akzeptiert. Giffard schrieb sogar, dass es sehr gut möglich sei, dass der Sieg an einen vollkommen unbekannten Neuling gehe, an einen Sonntagsfahrer, der über mehr Verstand und Ausdauer verfüge als die trainierten Athleten.

Selbstverständlich war dies eine Illusion. Eigentlich gab es nur vier ernstzunehmende Favoriten: Dubois, Coullibeuf, Terront und Jiel-Laval. Nicht nur, weil sie zu den besten Rennfahrern dieser Zeit gehörten, sondern vor allem deswegen, weil sie die einzigen Teilnehmer waren, die über mannschaftlich organisierte Schrittmacher verfügten. Natürlich bezahlten sie diese nicht aus eigener Tasche. Die Kosten übernahmen die Fahrradhersteller, die sie mit Material versorgt hatten.

Jiel-Laval fuhr auf einem französischen Clément-Fahrrad, ausgestattet mit Dunlop-Reifen. Terront hatte sich die Unterstützung der mächtigen Humber-Organisation gesichert und verwendete eine neue Erfindung der Gebrüder Michelin aus Clermont-Ferrand: Luftreifen, die abnehmbar waren und deshalb außerordentlich schnell – innerhalb einer halben Stunde – repariert werden konnten. Seine Konkurrenten gaben ihm reichlich Gelegenheit, den Wert des neuen Verfahrens zu testen, denn Terront fand auf seinem Weg eine merkwürdig hohe Anzahl von funkelnagelneuen Schmiedenägeln. Er selbst bediente sich ebenfalls alter Kriegslisten. So hatte er einen Spion vorausgeschickt, der ihm berichten sollte, wann der mit weitem Abstand an der Spitze liegende Jiel-Laval eine Ruhepause einlegte. Als dieser sich in ein Café zurückzog, um kurz zu schlafen, umfuhr Terront die Stelle. So dauerte es vier Stunden, bis Civry, der Direktor von Clément, der vor dem Lokal wachte, endlich begriff, dass er hinters Licht geführt worden war. Von diesem Moment an war das Rennen entschieden. Nun, da Terront keinen Konkurrenten mehr vor sich hatte, blieben auch seine Reifen von Defekten verschont, und nach fast drei vollen Tagen erreichte er Paris mit einem Vorsprung von sieben Stunden und vierzig Minuten auf Jiel-Laval und gut vierundzwanzig Stunden auf seine restlichen Herausforderer. Es dauerte noch fast eine Woche, bis die letzten der fast hundert Fahrer, die das Rennen zu Ende fuhren, am Ziel ankamen.

In den drei Tagen, die das Rennen dauerte, herrschte in Frankreich zum ersten Mal etwas von demselben Radsportfieber wie später während der Tour de France. *Le Petit Journal* brachte täglich verschiedene Extraausgaben heraus, um die Durchfahrt der Spitzenreiter bei den Kontrollpunkten bekanntzugeben. Zehntausende Pariser waren auf den Beinen, um die Ankunft von Terront zu erleben. Dieser wurde mit einem Schlag zum berühmtesten Mann von ganz Frankreich. Ihm zu Ehren wurden achtzehn Bankette veranstaltet, er bekam eine kostenlose Loge in der Pariser Oper zur Verfügung gestellt, seine Memoiren wurden ein Bestseller, und als »Serront« in Paul d'Ivois *Die fünf Sou des Herrn Lavarède* ging er in die Literatur ein. Sein Renommee war so groß, dass die Organisatoren von Bahnrennen ihm Startgelder von 2.500 Franc und mehr zahlten.

Das Publikum war vor allem darüber bestürzt, dass Terront drei Tage und Nächte ohne zu schlafen durchgefahren war. Doch so außergewöhnlich war dies nicht. Während der englischen Sixdays, die noch nicht in Zweier-Teams, sondern von Einzelstartern bestritten wurden, machten die Teilnehmer, um wach zu bleiben, bereits reichlich Gebrauch von Koffeinpräparaten und anderen stimulierenden Produkten. Terront, einer der wenigen französischen Rennfahrer, die regelmäßig den Kanal überquerten, um an diesen Sechstagerennen teilzunehmen, war zweifellos darüber im Bilde – ganz im Gegensatz zum armen Jiel-Laval, der noch Amateur war. Und es liegt auf der Hand, dass Terront während seiner dreitägigen Fahrt von Paris nach Brest und zurück von diesen Wundermittelchen Gebrauch gemacht hat. Vor allem auch deshalb, weil es nicht verboten war. Es ist jedenfalls vielsagend, dass es nach dem Rennen noch einen ganzen Tag dauerte, bis es ihm gelang, endlich Schlaf zu finden.

Paris–Brest–Paris war so unsagbar schwer gewesen, dass die meisten Teilnehmer ankündigten, dass sie sich gewiss kein zweites Mal für eine derartige Distanz anmelden würden. Terront, Jiel-Laval und die anderen Helden des Monsterrennens von *Le Petit Journal* erschienen denn auch allesamt nicht zum Start von Paris–Nantes–Rennes–Paris, einem weiteren neuen Straßenrennen über 1.025 Kilometer, das von der *Revue des Sports* organisiert wurde. Die Redakteure der konkurrierenden Radsportblätter, die ebenfalls von Rennen träumten, die mehrere Tage dauerten, mussten ihre Ambitionen deshalb zurückschrauben.

Radrennfahrer in der Nacht bei Paris–Brest–Paris 1891.
Selbst der Sieger Charles Terront benötigte für das Monsterrennen drei Tage,
ehe er das Ziel erreichte. Ein weiterer Tag verging, bis er endlich Schlaf fand.

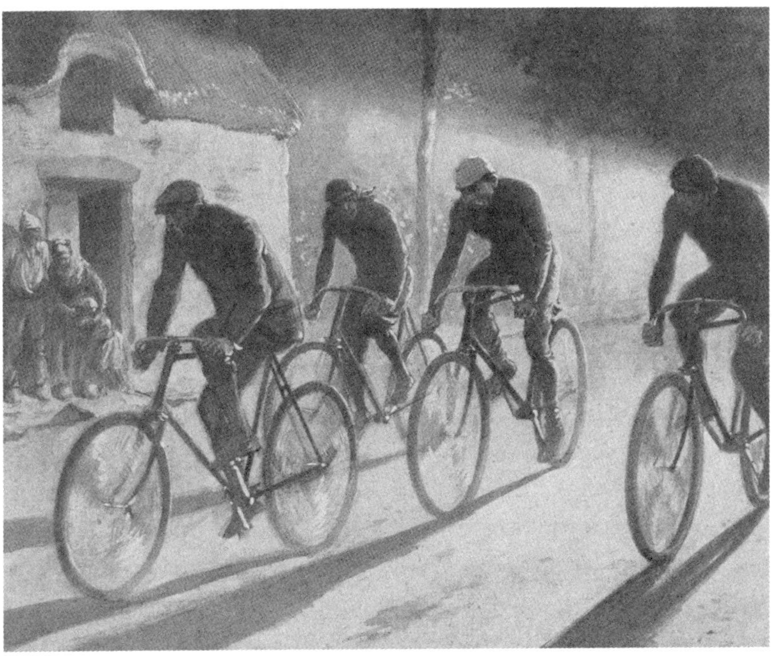

Glücklicherweise war es vorläufig nicht mehr notwendig, übermenschliche Leistungen von den Rennfahrern zu verlangen. Die Popularität des Radrennsports hatte nach Paris–Brest–Paris so stark zugenommen, dass auch Rennen über kürzere Distanzen mit Spannung verfolgt wurden. Das Interesse für Bahnrennen nahm ebenfalls auf beeindruckende Weise zu, vor allem, wenn die Helden der Straßenrennen an den Start gingen. Die improvisierten Pisten von früher wurden überall durch Velodrome mit festen Tribünen ersetzt, nicht nur in Frankreich, sondern auch in anderen Ländern. Vor allem die Herausforderungsrennen über lange Distanzen zogen viel Publikum an. So sahen über 20.000 Zuschauer auf der Winterbahn der Galerie des Machines in Paris zu, wie Terront und Corre ein Duell über 1.000 Kilometer in 2.500 Runden ausfochten. Terront gewann und verdiente mit seinem Sieg gut und gerne 12.500 Franc. Radrennen gerieten derart in Mode, dass Clovis Clère, der Direktor der Folies-Bergères, nicht nur ein Velodrom in Charenton baute, sondern außerdem in seinem Nachtclub Wettkämpfe auf Rollen ausrichtete.

Die Radsportblätter profitierten selbstverständlich ebenfalls von der wachsenden Popularität ihres Sportes und erzielten so hohe Auflagen wie nie zuvor. Für Pierre Giffard war dies 1893 der Grund, *Le Petit Journal* zu verlassen und ein Sportblatt zu gründen, das nicht nur ein oder zwei Mal pro Woche erschien wie die Konkurrenten, sondern jeden Tag: *Le Vélo*. Dieses Blatt eroberte schon bald den größten Teil des Lesermarktes, vor allem nachdem es Giffard gelungen war, die Organisation von Bordeaux–Paris, dem populärsten Rennen der Saison, von *Véloce-Sport* zu übernehmen. Für die Radsportzeitungen war das Organisieren von Straßenrennen das sicherste Mittel, um die Auflage zumindest vorübergehend zu steigern. Als Veranstalter nahmen sie selbstverständlich eine privilegierte Position ein und konnten die Informationen über den Rennverlauf dadurch größtenteils monopolisieren.

Die Sportpresse schrieb deshalb in dieser Zeit immer wieder neue Rennen aus. Die meisten davon erlebten lediglich eine einzige Auflage. Anderen war ein längeres Leben beschieden, und manche von ihnen gibt es sogar noch immer, so wie Paris–Roubaix und Paris–Tours, die beide im Jahr 1896 unter den Auspizien von *Paris-Vélo* zum ersten Mal ausgefahren wurden, und Paris–Brüssel, das im Jahr 1893 von *La Bicyclette* aus der Taufe gehoben wurde.

Aufgrund des großen Interesses waren diese Rennen für die Fahrradhersteller ein vorzügliches Mittel, um Werbung für ihre Produkte zu machen. Auch durch die spektakuläre Art und Weise, auf die Terront die Möglichkeiten des Fahrrads bei Paris–Brest–Paris demonstriert hatte, war der Absatz von Fahrrädern enorm gestiegen – trotz der hohen Preise, die noch immer dafür bezahlt werden mussten. Im Jahr 1890 hatte es noch keine 30.000 Fahrradbesitzer in Frankreich gegeben. Im Jahr 1893 war diese Zahl auf 130.000 gestiegen, vier Jahre später auf 375.000 und nochmals vier Jahre später auf eine Million. Um sich einen möglichst hohen Anteil an diesem expandierenden Markt zu sichern, waren die Hersteller bereit, die größten Champions mit hohen Summen an sich zu binden.

Die Reifenfirma Clincher etwa bot Terront 10.000 Franc, damit dieser im Jahr 1893 von Sankt Petersburg nach Paris fuhr; der englische Fahrradkonstrukteur Rudge stockte den Betrag noch um 2.000 Franc auf. Im selben Jahr hatten die beiden Unternehmen Terront bereits 5.000 Franc für ein Bahnrennen über 1.000 Kilometer gezahlt. Während der großen Rennen gaben die Hersteller zudem enorme Summen aus, um ihre Rennfahrer mit starken Schrittmachern zu versorgen und so gut wie möglich zu betreuen. So war die Marke Gladiator im Jahr 1897 dazu bereit, 60.000 Gulden in den ersten niederländischen Radsport-Star zu investieren, in den Limburger Matieu Cordang, der in jener Saison an Bordeaux–Paris und Paris–Roubaix teilnehmen sollte.

Ein maßgeblicher »Macher« des frühen Straßenradsports in einer zeitgenössischen Karikatur: Pierre Giffard, der das Sportmagazin *Le Vélo* ebenso aus der Taufe hob wie Paris–Brest–Paris.

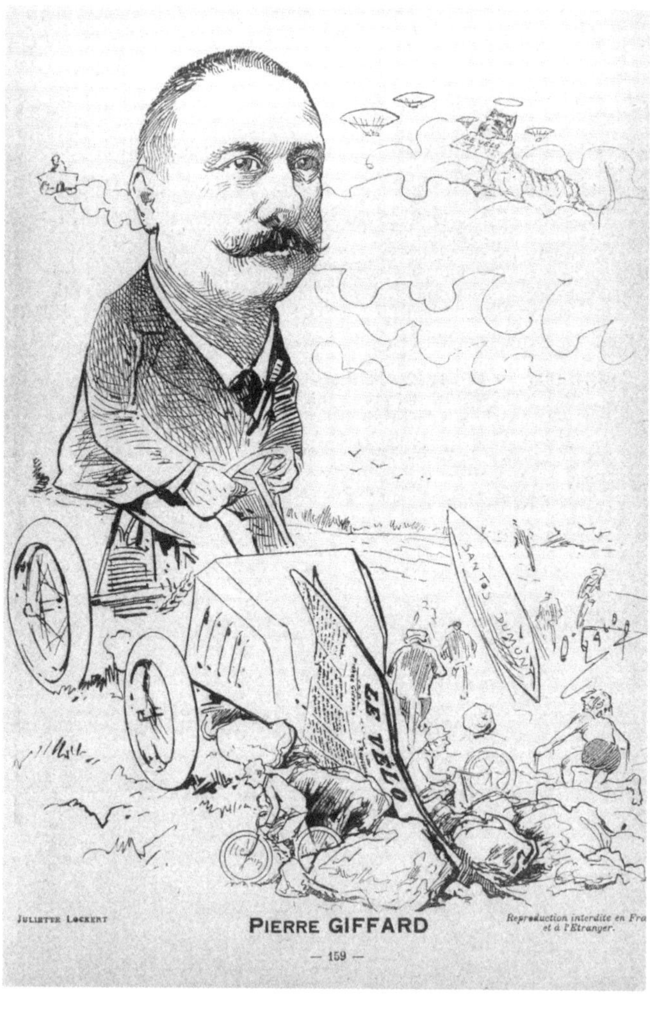

Es versteht sich von selbst, dass es nur wenige Hersteller gab, die sich solche Ausgaben leisten konnten. Die Bemühungen der kommerziellen Unternehmen standen denn auch völlig im Widerspruch zu jenem Ideal, das Pierre de Coubertin in dieser Zeit verkündete, nach dem der sportliche Wettstreit ein reines Kräftemessen zwischen den Athleten sein sollte. So waren Rennfahrer, die alleine fuhren oder für kleinere Teams antraten, nahezu chancenlos. Wegen der enormen Interessen, die auf dem Spiel standen, waren die Manager oft dazu bereit, ihre Investitionen mit allen möglichen legalen und illegalen Mitteln zu schützen. Trotz der Versuche der Organisatoren, einen fairen Rennverlauf zu garantieren, gab es unzählige Fälle von Bestechung und Betrug.

Wie wenig Wert die Hersteller dem sportlichen Aspekt des Radsports beimaßen, geht deutlich aus den Rennen hervor, die sie selbst organisierten. Dazu gehörte zum Beispiel der Course Michelin im Jahr 1892, ein Rennen über 400 Kilometer zwischen Paris und Clermont-Ferrand. Den Anlass dazu gab eine neue Erfindung der Michelins, der austauschbare Schlauch. Dieser ließ sich innerhalb von fünf Minuten wechseln, während die Reparatur der abnehmbaren Luftreifen, die Terront im Jahr zuvor bei Paris–Brest–Paris benutzte, fast eine halbe Stunde erforderte. Um ganz sicherzugehen, dass es genügend platte Reifen gab, damit die Vorteile des neuen Systems auch deutlich zutage treten konnten, übersäten die Organisatoren den Teil der Strecke, der nachts bezwungen werden sollte, mit fünfundzwanzig Kilogramm Sieben-Zoll-Nägeln. Der achtzehnjährige Engländer Farman, der schnellste Teilnehmer, der Michelin-Reifen montiert hatte, wurde als Sieger ausgerufen. Doch hatte er die Ziellinie nicht als Erster überquert. Das war Stéphane gewesen, ein Rennfahrer, der auf Dunlop-Reifen fuhr. Dieser wurde aber umgehend disqualifiziert, weil er unterwegs einige Male das Fahrrad gewechselt hatte, was durch die Rennordnung verboten war. Stéphane hatte daraus kein Geheimnis gemacht, und er wusste natürlich sehr wohl, dass er keinen Anspruch auf den Sieg erheben konnte, doch das war nicht weiter wichtig. Das einzige Ziel seines Rennens war es, seinen Reifenhersteller in die Lage zu versetzen, die Werbeschlacht mit den Gebrüdern Michelin durchzuhalten. Der französische Dunlop-Vertreter ließ denn auch nach dem Rennen große Anzeigen veröffentlichen, in denen behauptet wurde, dass »das Ergebnis von Paris–Clermont-Ferrand einmal mehr die große Überlegenheit der Dunlop-Reifen unter Beweis stellt«. Woraufhin sich die Michelins wiederum gezwungen sahen, die Behauptungen ihres Konkurrenten in Sonderveröffentlichungen der Sportblätter en détail zu widerlegen.

Trotz der eigenartigen Vorgehensweisen, derer sich die Organisatoren und Hersteller mitunter bedienten, war die Popularität des Radsports zu Beginn der 1890er Jahre scheinbar durch nichts zu erschüttern. Das Interesse für die Rennen, die auf der Bahn und auf der Straße abgehalten wurden, war so groß, dass das Publikum die weniger positiven Seiten billigend in Kauf nahm. Doch als der Radsport dann immer mehr Konkurrenz von anderen Sportarten bekam, drohten ihm diese Schwächen zum Verhängnis zu werden. Die Rennfahrer und Journalisten wussten noch nicht, wie sie die Aufmerksamkeit des Publikums an sich binden konnten. Die einzigen, die die Möglichkeiten des Radsports voll und ganz zu nutzen wussten, waren die Hersteller. Leider schadete ihr Engagement dem sportlichen Spektakel mehr, als es ihm nutzte.

Um 1900 herum zog es das Publikum, das bis dahin die Tribünen der Velodrome bevölkert hatte, immer mehr zu den Fußball- und Rugbyspielen, die ein viel aufregenderes Schauspiel boten als die Langstreckenrennen auf der Bahn, bei denen manchmal stundenlang nichts passierte, was von Interesse war. Lediglich die Sprintrennen zogen weiterhin viel Publikum an, vor allem, wenn einer der amerikanischen Stars den Kampf mit einem lokalen Favoriten aufnahm. Bei anderen Gelegenheiten erschienen oftmals so wenige Zuschauer, dass viele Radrennbahnen letzten Endes geschlossen werden mussten. Sogar das berühmte Velodrom Buffalo in Paris wurde 1901 abgerissen. In Belgien und Deutschland ging das Interesse in dieser Zeit so weit zurück, dass noch nicht mal mehr nationale Bahnmeisterschaften ausgefahren wurden.

Die Straßenradrennen, die nur in der Presse und nicht von einer Tribüne aus mitverfolgt werden konnten, hatten weniger unter dem Siegeszug von Fußball und Rugby als Publikumssportarten zu leiden als die Bahnrennen. Doch durch die Erfindung des Automobils und die Veranstaltung der ersten Autorennen drohte der Straßenradsport ebenfalls in den Hintergrund gedrängt zu werden. Fahrradfabriken wie Humber und Triumph, die als Sponsoren im Radsport eine wichtige Rolle gespielt hatten, konzentrierten sich mehr und mehr auf die Produktion von Autos. Manche Radrennfahrer stiegen genauso um und wurden Autorennfahrer. Das galt zum Beispiel für Farman und auch für Albert Champion, den Sieger von Paris–Roubaix 1899, der später ein berühmter Zündkerzenhersteller werden sollte.

Auch die Leser der Sportblätter zeigten ein wachsendes Interesse an den Autorennen, die mit immer höheren Geschwindigkeiten bestritten wurden und deshalb jedes Mal wieder etwas Neues boten. So inspirierten sie in den Augen vieler auch zu einer wesentlich spannenderen Zeitungslektüre als die großen Radrennen, die schon seit Jahren immer nach demselben Schema ausgefahren wurden. Die Wiederauflage von Paris–Brest–Paris im Jahr 1901 weckte zwar großes Interesse, jedoch bei weitem nicht so viel wie die erste Ausgabe oder wie das Autorennen von Paris nach Berlin im selben Jahr. Die öffentliche Begeisterung für die Autorennen wurde so groß, dass die neue Sporttageszeitung, die im Jahr 1900 gegründet wurde, den Namen *L'Auto-Vélo* erhielt. Als dann ein Richter zugunsten der Direktion des Konkurrenten *Le Vélo* urteilte, die gegen den Namen des neuen Blattes protestiert hatte, machte dessen Chefredakteur Henri Desgrange daraus sogar kurzerhand *L'Auto*.

Der Radrennsport, der fast dreißig Jahre lang das Interesse der Sportliebhaber monopolisiert hatte, drohte an den Rand gedrängt zu werden. Doch ausgerechnet in dem Jahr, in dem Desgrange das Wort »Vélo« aus dem Namen seiner Zeitung strich, sollte er dem Radsport einen Impuls geben, durch den dessen Popularität größer denn je wurde: ein Etappenrennen, das die Rennfahrer durch ganz Frankreich führte, die Tour de France.

Kapitel II

EIN SPORTLICHES EPOS

Das Entstehen der Tour de France ist von so vielen Legenden umwoben, dass sich die Wahrheit kaum mehr herausfinden lässt, umso mehr, als die Archive der Veranstalterzeitung während des Zweiten Weltkriegs verloren gegangen sind. Es beginnt bereits mit der Gründung des Blattes *L'Auto-Vélo,* das ab 1903 nur noch *L'Auto* heißen sollte. Es geht die Rede, dass Pierre Giffard, der Chefredakteur von *Le Vélo,* das mit einer täglichen Auflage von 80.000 Exemplaren bei weitem das größte Sportblatt dieser Zeit war, während der Dreyfus-Affäre Partei für den unglücklichen Hauptmann ergriffen hatte. Dies habe dann eine Reihe wohlhabender Vertreter des anderen Lagers dazu veranlasst, eine eigene Sporttageszeitung herauszugeben. Bis zu einem gewissen Grad ist diese Geschichte zweifellos richtig. Mit seiner Haltung während der Dreyfus-Affäre hatte Giffard sich tatsächlich die Feindschaft des Automobilherstellers Graf de Dion eingehandelt, welcher der Generaldirektor der neuen Sportzeitung werden sollte. Doch die erste Ausgabe von *L'Auto-Vélo* datiert auf Oktober 1900, als Dreyfus schon ein Jahr lang wieder auf freiem Fuß war. Außerdem kündigte Henri Desgrange, der neue Chefredakteur, sofort an, dass es in den Spalten seines Blattes keinen Platz für Äußerungen über die Affäre gebe: »In *L'Auto-Vélo* wird niemals die Rede von politischen Fragen sein. Werte Leser, ob Sie nun für oder gegen ..., Sie wissen schon wen, sind, rechnen Sie nicht damit, dass *L'Auto-Vélo* sich darüber auslassen wird.« Desgrange war außerdem alles andere als ein glühender Dreyfus-Gegner. So begann der Artikel, mit dem er am 1. Juli 1903 den Start der Tour de France ankündigte, sogar mit einem Verweis auf Dreyfus' berühmtesten Fürsprecher: Émile Zola.

Es ist denn auch viel wahrscheinlicher, dass die Gründung von *L'Auto-Vélo* in erster Linie kommerzielle Motive hatte. Die größten Anteilseigner des neuen Blattes waren prominente Personen aus der Industrie: die Autobauer Dion, Zwilen de Nyevelt und Chasseloup-Lambot, der Fahrradhersteller Adolphe Clément und dazu Edmond Michelin, Miteigentümer der berühmten Reifenfirma. Die Sportpresse bildete für die Industrie damals ein wichtiges Massenmedium, und ihre Vertreter waren wenig angetan von der dominierenden Stellung von *Le Vélo*, die es Giffard ermöglichte, hohe Anzeigentarife zu verlangen und im redaktionellen Teil seine Gunst nach eigenem Gutdünken zu gewähren oder zu versagen. Mit ihrer Initiative versuchten die Industriellen, Giffard einen gefährlichen Konkurrenten zur Seite zu stellen, in der Hoffnung, seine Macht damit zu brechen.

Henri Desgrange, der nach einer kurzen Karriere als Amateurrennfahrer ein paar Jahre lang Werbemanager von Clément gewesen war, tat, was von ihm verlangt wurde. So gelang es ihm im Jahr 1901, *Le Petit Journal* dazu zu überreden, ihm die Organisation der zweiten Auflage von Paris–Brest–Paris anzuvertrauen, das wohlgemerkt eine Schöpfung von Giffard war. Im Jahr danach schrieb er ein eigenes Rennen Bordeaux–Paris aus, um die Ausgabe die im selben Jahr schon von *Le Vélo* organisiert worden war, ihres Glanzes zu berauben. Außerdem schuf er ein eigenes Monsterrennen: Marseille–Paris über eine Distanz von gut 800 Kilometern. All diese Initiativen waren taktische Meisterleistungen, doch ihr Ertrag war bescheiden. Ende 1902 erreichte die

Bevor er Chefredakteur von *L'Auto* wurde und die Legende Tour de France auf den Weg brachte, war Henri Desgrange – nicht ganz ohne Erfolg – im Rennsattel aktiv. Immerhin stellte er 1893 mit 35,325 km den ersten Stundenweltrekord auf.

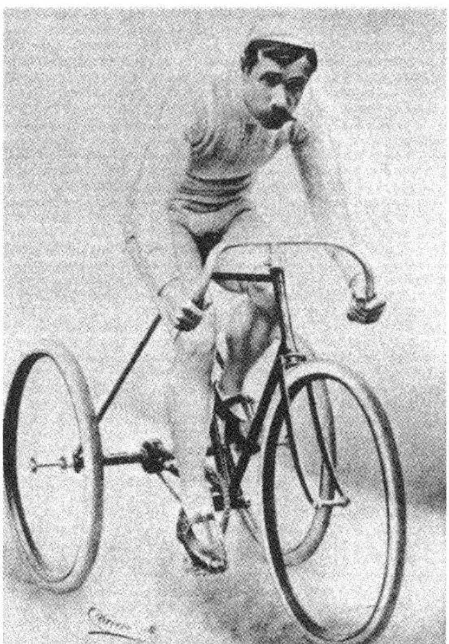

Auflage von *L'Auto-Vélo* eine Höhe von 30.000 Exemplaren, was für ein junges Blatt zwar ziemlich gut war, sich im Vergleich zu den 80.000 Exemplaren, mit denen sich *Le Vélo* brüsten konnte, jedoch eher bescheiden ausnahm.

Der Richterspruch vom 15. Januar 1903, der die Direktion von *L'Auto-Vélo* dazu zwang, den Namen des Blattes wegen »Plagiates« zu ändern, war ein neuerlicher Rückschlag. Die Auflage sank auf 20.000 Exemplare, und so war es denn auch kein Zufall, dass Desgrange vier Tage später beschloss, seinen Plan von einem Etappenrennen durch ganz Frankreich anzukündigen.

Das bedeutete nicht, dass er sich besonders viel von dieser Initiative erhoffte. Wie aus dem neuen Namen des Blattes deutlich wurde, glaubte Desgrange, dass die Zukunft im Automobilrennsport lag und nicht im Radsport. In den Monaten, die auf seine Ankündigung folgten, schenkte er dem für den 25. Mai geplanten Autorennen Paris–Madrid denn auch viel mehr Aufmerksamkeit als seiner eigenen Tour de France, die eine Woche später starten sollte. Die Berichterstattung darüber delegierte er zum größten Teil an seinen Assistenten Géo Lefèvre, den Mann, der als Erster auf die Idee gekommen war, ein Radrennen zu organisieren, das in mehreren Etappen durch ganz Frankreich führen sollte.

Die neue Tour de France war mit viel Aplomb angekündigt worden, doch die meisten berühmten Champions des Metiers zeigten so wenig Interesse für die Initiative von *L'Auto*, dass es in den ersten Monaten kaum Anmeldungen gab. Die sechs Etappen sollten durchschnittlich 400 Kilometer haben, und es sollte etwa eine Etappe pro Woche bestritten werden, was darauf hinauslief, dass die Teilnehmer gut einen Monat von zu Hause fort sein würden. Außerdem hatte Desgrange beschlossen, nur am letzten Tag Schrittmacher zuzulassen, weil die Hersteller sonst mit zu hohen Kosten konfrontiert worden wären. Das bedeutete, dass die Rennfahrer fast 2.000 Kilometer aus eigener Kraft würden fahren müssen. Letzten Endes war das Preisgeld ein trauriges Abbild des Niedergangs, den der Radsport in jenen Tagen erlebte: Es betrug insgesamt nur 20.000 Franc, wovon der Gewinner des Gesamtklassements 3.000 einstreichen sollte. Dies war sogar noch weniger als die Beträge, die Terront manchmal für ein einziges Rennen erhalten hatte. Erst als die Redaktion die finanziellen Konditionen verbesserte und die Zahl der Ruhetage begrenzte, sodass das Rennen nur neunzehn Tage dauern würde, gingen genügend Anmeldungen ein, um starten zu können. Trotzdem hatte Desgrange so wenig Vertrauen in das Gelingen der Rundfahrt, dass er beschloss, sein eigenes Prestige nicht aufs Spiel zu setzen und Géo Lefèvre die Leitung des Rennens zu überlassen.

Anfangs schien Desgranges Pessimismus gerechtfertigt zu sein. Den Start der Tour verfolgten nur ein paar hundert Interessierte. Der Ankunft bei der ersten Etappe räumte Desgrange denn auch erheblich weniger Platz auf der Titelseite von *L'Auto* ein als der Leistung des Autorennfahrers René de Knyff beim Gordon-Bennett-Cup. Doch je weiter die Tour voranschritt, desto größer wurden die Überschriften. Die Bekanntgabe des Ergebnisses der vierten Etappe ging schon über die volle Breite der Titelseite, wenn diese ansonsten auch mit Betrachtungen über die Bahnsprinter-Duelle zwischen dem populären Jacquelin und dem »Fliegenden Neger« Major Taylor gefüllt war. Drei Tage später wanderten die Flieger von der Piste in den Innenteil. Und nach der letzten Etappe nahmen die Nachrichten über die Tour die gesamte Titelseite in Beschlag.

Der Grund für diese Entwicklung lag darin, dass sich die Haltung des Publikums im Laufe der Tour radikal geändert hatte. Die Berichte, die von Lefèvre und seinen Kollegen nach Paris telegrafiert worden waren, hatten so viel Interesse geweckt, dass bei den letzten Etappen nur noch wenig von der anfänglichen Gleichgültigkeit zu spüren war. Die Auflage von *L'Auto* war von 20.000 auf 65.000 Exemplare gestiegen, und Zehntausende Pariser waren auf den Beinen, um die Ankunft der übrig

Selbstredend ließ es sich der Fahrradhersteller La Française nicht nehmen, die Dominanz seiner Fahrer bei der Tour de France von 1903 in der Publikumswerbung herauszustellen.

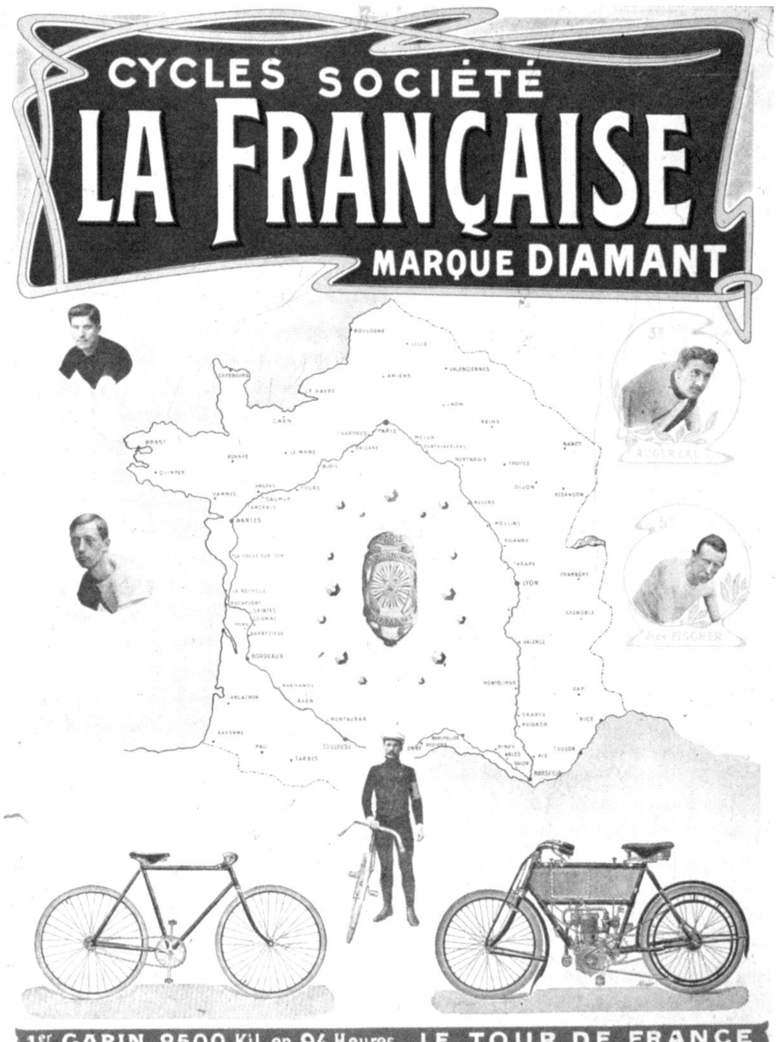

gebliebenen Rennfahrer mitzuerleben. Zu Ehren des Siegers Maurice Garin wurde, genauso wie zwölf Jahre vorher für Terront, eine Reihe von Banketten organisiert. Der Metzgerjunge Lucien Pothier, der Zweiter geworden war, bekam vom Sportbund seiner Innung eine Goldmedaille überreicht, und andere Rennfahrer, die sich hervorgetan hatten, wurden in ihren Heimatorten als Helden empfangen.

Die Tour weckte so viel Begeisterung, dass das Publikum sich im Jahr danach aktiv mit dem Rennverlauf zu beschäftigen begann. Die Zuschauer streuten zig Kilogramm Kopfnägel, Heftzwecken, Krähenfüße und Glasscherben auf die Straßen. In der Nähe von Saint-Etienne wurden die Rennfahrer der Spitzengruppe von den Fans des lokalen Favoriten Faure angegriffen und mit Knüppeln traktiert, sodass Renndirektor Géo Lefèvre sie mit Pistolenschüssen befreien musste. In Nîmes versuchte eine Gruppe von Radsportfans aus dem benachbarten Alais, die Rennfahrer Jousselin und Aucouturier zu lynchen, aus Protest gegen den Ausschluss des Lokalmatadors Payan, der sich von einem Auto hatte ziehen lassen.

Payan war nicht der Einzige, der sich Unregelmäßigkeiten zuschulden kommen ließ. Im ersten Jahr wussten die Rennfahrer noch nicht genau, was sie erwartete, doch 1904 waren sie besser vorbereitet. Viele hatten sich mit Kursbüchern und Generalstabskarten versorgt, in denen die Möglichkeiten, Streckenteile abzukürzen, sorgfältig notiert waren. Die Straßen der Tour de France waren noch nicht abgesperrt, sodass jeder Radfahrer oder Automobilist das Recht hatte, sich zum Peloton zu gesellen. Und da die Etappen außerdem teilweise bei Nacht ausgefahren wurden, gab es fast unerschöpflich viele Möglichkeiten zum Betrug. Zuschauer schworen, sie hätten gesehen, wie Rennfahrer sich an einem Eisendraht, den sie mit Hilfe eines Korkens im Mund festhielten, von Autos hatten ziehen lassen. Um den Schein eines sportlichen Verlaufs zu wahren, verhängten Lefèvre und Desgrange anfangs hohe Geldbußen für relativ geringe Vergehen – so wurde es jedenfalls in *L'Auto* beschrieben. Später wurden sogar zwei Rennfahrer ausgeschlossen. Damit geriet Desgrange in Konflikt mit dem französischen Radsportverband, welcher der Satzung zufolge als einziger das Recht besaß, Strafen zu verhängen. Der Verband weigerte sich, das Ergebnis der Tour anzuerkennen, und beschloss einige Monate später, die ersten vier Fahrer der Gesamtwertung zu disqualifizieren. Dies hatte zur Folge, dass der Sieg des neunzehnjährigen Cornet – der mit einer Rüge davonkam – kaum einen sportlichen Wert besaß. Kein Wunder, dass Desgrange nur noch wenig Heil in der Fortführung seines Unternehmens sah. Er schrieb:

> Die Tour de France ist vorbei, und die zweite Auflage ist, befürchte ich, zugleich die letzte. Sie ist an ihrem eigenen Erfolg zugrunde gegangen, an den blinden Leidenschaften, die sie entfesselt hat.

Seinen Artikel beendete Desgrange mit den Worten:

> Wir geben deshalb vorläufig anderen die Gelegenheit dazu, Abenteuer wie die Tour de France zu organisieren. Was das nächste Jahr betrifft, so werden wir untersuchen, welche anderen Möglichkeiten es gibt.

Viele andere Möglichkeiten gab es leider nicht. Der Automobilrennsport, der Desgrange so sehr am Herzen lag, hatte noch viel schlimmere Schläge erlitten als die Tour. Das Autorennen Paris–Madrid, das als der Höhepunkt des Jahres 1903 angekündigt worden war, musste nach einer Reihe von tödlichen Unfällen auf halbem Wege abgebrochen werden. Die Organisatoren hatten zwar vorhergesehen, dass es Todesopfer geben würde, doch glaubten sie, dass die Zahl auf drei bis vier beschränkt bleiben würde. Und dies war Desgrange zufolge, der als

Radrennen auf öffentlichen, nicht abgesperrten Straßen: eine Gruppe von Fahrern bei der Tour de France 1904 – mit Vorjahressieger Maurice Garin an der Spitze.

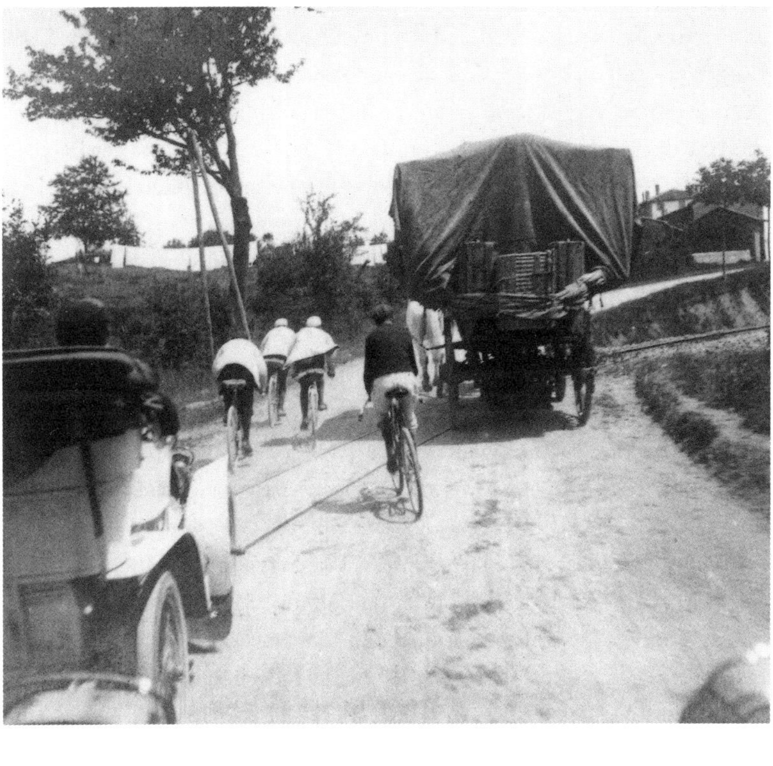

Bewunderer Napoleons offenbar auch dem Sprichwort des Kaisers huldigte, dass man nun mal kein Omelett braten könne, ohne dabei Eier zu zerbrechen, ein »vertretbares Maximum, ein geringer Preis, der für den Fortschritt in einem so wichtigen Wirtschaftszweig wie der Automobilindustrie bezahlt werden musste«. Doch als die Rennfahrer, darunter der frühere Radsportler Farman und die Konstrukteure Renault, Bugatti und Rolls, Bordeaux erreichten, war dieses »Maximum« schon bei weitem überschritten. Die Fortsetzung des Rennens wurde durch die Behörden verboten. Zugleich fanden damit die populären Autorennen zwischen den europäischen Hauptstädten, die für den Verkauf von *L'Auto* ein so wichtiger Stimulus gewesen waren, ein Ende.

Es blieb Desgrange deshalb kaum etwas anderes übrig, als der Tour eine neue Chance zu geben. Jedoch beschloss er, eine Zahl von Vorkehrungen zu treffen, um die Gefahr von Unregelmäßigkeiten möglichst zu begrenzen. So vergrößerte er die Zahl der Etappen, verringerte jedoch die Entfernungen, sodass die Rennfahrer den größten Teil der Strecke bei helllichtem Tage würden zurücklegen müssen. Um den chaotischen Szenen bei den Ankünften vorzubeugen, ersann er ein äußerst originelles Verfahren, das übrigens unterstrich, dass Straßenradrennen für Leser und nicht für Zuschauer organisiert wurden: Der Ort, an dem die Ziellinie gezogen wurde, sollte geheim gehalten werden. Auch dank dieser Maßnahmen wurde die Tour ein Erfolg. Bei den ersten Etappen ereigneten sich noch viele äußerst fragwürdige Zwischenfälle, doch am weiteren Verlauf gab es wenig auszusetzen. Das Interesse des Publikums war noch größer als bei den vorigen Ausgaben, und die Auflage von *L'Auto* stieg auf über 100.000 Exemplare.

So kündigte Desgrange im Jahr 1905 an, dass er zum ersten Mal auch Berge in die Strecke seiner Tour aufnehmen werde, nämlich den Ballon d'Alsace, die Côte de Laffrey und den Col Bayard. Zwei Jahre später erweiterte er die Zahl der Bergprüfungen mit einer Etappe durch das Chartreuse-Massiv. Im Jahr 1910 folgten die Pyrenäen, 1911 der Galibier. Dieser war mit seinen gut 2.600 Metern Höhe vorerst der höchste französische *col,* der mit dem Fahrrad erklommen werden konnte, sodass damit vorläufig eine neue Grenze erreicht war. Trotzdem nahm die Begeisterung des Publikums für die Tour auch danach weiter zu. Der Grund dafür war, dass Desgrange und seine Assistenten nicht nur eine neue Rennformel entwickelt hatten, sondern auch eine neue Form des Sportjournalismus. Die Berichte über Bordeaux–Paris oder Paris–Roubaix waren kurze Geschichten; die Reportagen über die Tour de France aber bildeten ein Feuilleton, welches die Redakteure mit allen klassischen Ingredienzen versahen, die zu einem solchen Genre dazugehören.

Seit dem ersten Straßenrennen, seit Paris–Rouen im Jahr 1869, hatten die Radsportjournalisten stets ihr Bestes gegeben, um den Rennverlauf so getreu wie möglich zu rekonstruieren. Das bedeutete, dass ihre Berichte nur dann interessant waren, wenn die Rennen, über die sie schrieben, ausreichend Anlass dazu gaben. Deshalb sahen sich die organisierenden Blätter gezwungen, immer wieder neue, noch sensationellere Strecken zu finden. Wie die Redakteure von *L'Auto* nun aber mehr oder weniger durch Zufall herausfanden, war dies überhaupt nicht notwendig. Was die Leser von Sportblättern fasziniert, ist nicht der Rennverlauf als solcher, sondern die Art und Weise, wie er beschrieben wird. Evert Straat, der jahrelange Schachredakteur der niederländischen Tageszeitung *de Volkskrant,* hat einmal gesagt, dass Homer das große Vorbild eines jeden Sportjournalisten sein müsse: ein Dichter, der aus einem Streit zweier Räuberbanden um eine Hure ein unsterbliches Epos zu machen verstand.

Der erste Redakteur von *L'Auto,* der diese Erkenntnis in die Praxis umsetzte, war Géo Lefèvre. Die Tour de France war sein Kind. Er war der Erste gewesen, der die Idee einer solchen Rundfahrt geäußert hatte, und sorgte nun anfangs nicht nur für die Organisation, sondern auch für die Berichterstattung über das Ereignis. Im Frühjahr 1903 hatte es den Anschein, dass seine Initiative in einem Fiasko enden würde, weil keiner der großen Stars die Absicht zu haben schien, sich an dieses Abenteuer heranzuwagen. Deshalb beschloss Lefèvre, neue Stars zu erschaffen. Rennfahrer wie Pagie, Fourreaux und Pothier, die noch kein Rennen gewonnen hatten, wurden mit homerischen Epitheta versehen und der Leserschaft als »der Prinz der Bergwerke«, »der Champion der Tischler« und »der schreckliche Metzger von Lens« verkauft. Besondere Aufmerksamkeit schenkte Lefèvre dem Fahrer Dargassies, dem »strammen Schmied aus Grisolles«, der noch nie an einem Radrennen teilgenommen hatte, der jedoch, um diesen Mangel wettzumachen, von seinem Dorf im Languedoc aus mit dem Fahrrad nach Paris gefahren war. Die Heldentaten von Dargassies, der eine vorzügliche Tour fuhr und am Ende Elfter werden sollte, wurden in den Berichten, die Lefèvre nach Paris telegrafierte, zu einem täglich wiederkehrenden Motiv.

Desgrange, der sich in dem Maße, wie sich der Erfolg der Tour deutlicher abzuzeichnen begann, aktiver mit der Berichterstattung beschäftigte, übernahm die Vorgehensweise von Lefèvre und verstand es, diese auf ein hohes Niveau zu steigern. So schrieb er nach dem Ende der letzten Etappe nicht, dass »die Herren Garin, Pothier und Augereau nicht müde wirkten«, wie es seine Vorgänger getan hätten, sondern spickte seinen Bericht mit Phrasen wie dieser:

> Steile Berge, kalte und dunkle Nächte, heftige und schneidende Winde, ständige und ungerechte Rückschläge, unwegsame Pfade, endlose Anstiege, Straßen, die immer weiter und weiter gehen – nichts konnte die Unbeugsamkeit und die Willenskraft dieser Männer brechen.

Mit derart schwülstiger Prosa wurde Desgrange der wichtigste Architekt des Mythos von den »Giganten der Landstraße«, ein Ausdruck, den er am Abend vor der Ankunft in Paris zum ersten Mal benutze. In seinen Beschreibungen verliefen die Rennen immer viel heroischer, dramatischer und sportlicher, als es in der Wirklichkeit jemals der Fall gewesen sein kann. Allen Informationen, die diesem Bild hätten abträglich sein können, wurde die Aufnahme in die Spalten von *L'Auto* weitestgehend verwehrt. So machte er für die vielen Nägel, die immer wieder auf die Straßen gestreut wurden, ausnahmslos »Vandalen« oder »Vagabunden« verantwortlich, während er ganz genau wusste, dass auch manche Fahrer diese Methode anwandten, um ihre Konkurrenten zu schädigen. Der deutsche Rennfahrer Hans Ludwig, der 1913 ein kleines Buch mit »Tipps« für seine angehenden Kollegen schrieb, schildert zum Beispiel, wie die Rennfahrer von früher niemals vergaßen, ein Säckchen mit Nägeln mitzunehmen. Diese hatten einen verstärkten runden Kopf, sodass ihre Spitzen immer nach oben zeigten, wenn sie auf den Boden geworfen wurden. Als die Organisatoren der großen Rennen dazu übergingen, das Gepäck der Teilnehmer zu durchsuchen, versteckten die Rennfahrer ihre Nägel in ihrer Trinkflasche oder in ihrem Lenker.

Ein charakteristisches Beispiel für die Art und Weise, wie Desgrange und seine Assistenten ihrem Rennen ein heroisches Ansehen zu geben versuchten, ist die Einführung der Bergetappen im Jahr 1905. Desgrange präsentierte diese als ein unerhörtes und gefährliches Experiment, dessen Ausgang niemand vorherzusagen vermochte. So schrieb er über den ersten Berg, der in jenem Jahr erklommen werden sollte:

> Keiner von uns weiß, was uns der Ballon d'Alsace bringen wird. Die Passage durch die Berge ist die größte Neuerung dieses Jahres. Unsere Angst ist genauso groß wie die der Rennfahrer.

In dem Bericht über die entsprechende Etappe hob er nochmals den einzigartigen Charakter des Ereignisses hervor:

> Die fünf Rennfahrer an der Spitze lieferten sich einen Kampf, den ich ohne die geringste Übertreibung als ein sportliches Epos charakterisieren muss ... Es war glänzend, ja, ergreifend. Die Bezwingung des Ballon d'Alsace ist eines der aufregendsten Ereignisse, die ich jemals erlebt habe, und bestätigt zum x-ten Male, dass die menschliche Unerschrockenheit keine Grenzen kennt und dass ein gut trainierter Athlet zu den unwahrscheinlichsten Leistungen in der Lage ist.

Doch ganz gleich, was Desgrange auch behauptete, Radrennen durch die Berge waren nichts Neues. Es ist äußerst unwahrscheinlich, dass Desgrange nichts von dem Rennen über den Brennerpass im Jahr 1894 wusste, doch es kann ihm unmöglich entgangen sein, dass auch die Teilnehmer der Frankreich-Rundfahrten von 1903 und 1904 schon einen echten Berg überqueren mussten: den Col de la République, der mit seinen 1.161 Metern nur siebzehn Meter kleiner war als der Ballon d'Alsace. Desgrange hatte dem Ereignis damals tatsächlich keine große Beachtung geschenkt; das Konzept der Rundfahrt war noch so neu, dass er die rhetorischen Möglichkeiten einer Bergprüfung noch nicht erkannt hatte. Als er 1905 sein Versäumnis gutmachte, erwähnte er den République mit keinem Wort, weil er damit die Dramatik seines Exposés geschmälert hätte. Und die Suggestion, die von seiner Prosa ausging, war offensichtlich so stark, dass in nahezu allen Nachschlagewerken das Tour-Jahr 1905 noch immer als das Jahr der ersten Bergetappen bezeichnet wird.

Auch seine Präsentation der Pyrenäenpässe im Jahr 1910 ist eine Meisterleistung der Rhetorik. In dieser Zeit konnte von Massentourismus noch keine Rede sein, und die Pyrenäen waren für die meisten Franzosen noch ein vollkommen unbekanntes Terrain, ein scheinbar unzugängliches Gebiet zwischen dem Seebad Biarritz und dem Wallfahrtsort Lourdes, bevölkert von Bergbewohnern mit seltsamen Bräuchen, die einen unverständlichen Dialekt sprachen. Dank der Unwissenheit des Publikums hatte Desgrange in seinen Vorberichten freie Hand. Er schrieb über »Bären, die aus Spanien kamen, auf der Suche nach Futter«, und zitierte Berichte, in denen das Gebiet der Pässe »der Kreis des Todes« genannt wurde. Seine Schlussfolgerung lautete:

> Wir schicken unsere Männer in die mysteriösen, unbekannten Gegenden, und niemand weiß, ob wir nicht die Grenzen überschreiten, ob wir die menschliche Energie nicht vor zu schwere Aufgaben stellen.

In den Tagen vor der Pyrenäenetappe wurde die Spannung immer weiter gesteigert, wobei Desgrange es natürlich nicht versäumte, beiläufig Werbung für sein Blatt zu machen:

> Die Erstürmung der furchtbaren Pyrenäen-Anstiege durch diese Männer wird für diejenigen, die sie mitverfolgen können, ein herrliches Schauspiel sein, und niemand wird dem Bedürfnis widerstehen können, die Geschichte ihrer grandiosen Leistungen Zeile für Zeile zu verschlingen.

Aus dem Startort Luchon meldete der Reporter von *L'Auto* noch:

> Diejenigen, welche die Pässe des Tages erkundet haben, erschaudern noch vor dem Gedanken daran und glauben, dass die Rennfahrer vor einer unlösbaren Aufgabe stehen.

Aber nein, schrieb Desgrange, das menschliche Durchhaltevermögen kenne keine Grenzen und ihm zufolge würden gewiss sechs, vielleicht sogar auch acht Rennfahrer dazu in der Lage sein, den Schrecken, die sie erwarteten, zu trotzen. Was er verschwieg, war, dass der Touring

Aus den »Verbrechern«, als die er die Tour-Direktion verfluchte, wurden in der Überlieferung alsbald »Mörder«: Octave Lapize bei der Tour de France 1910 am Col d'Aubisque.

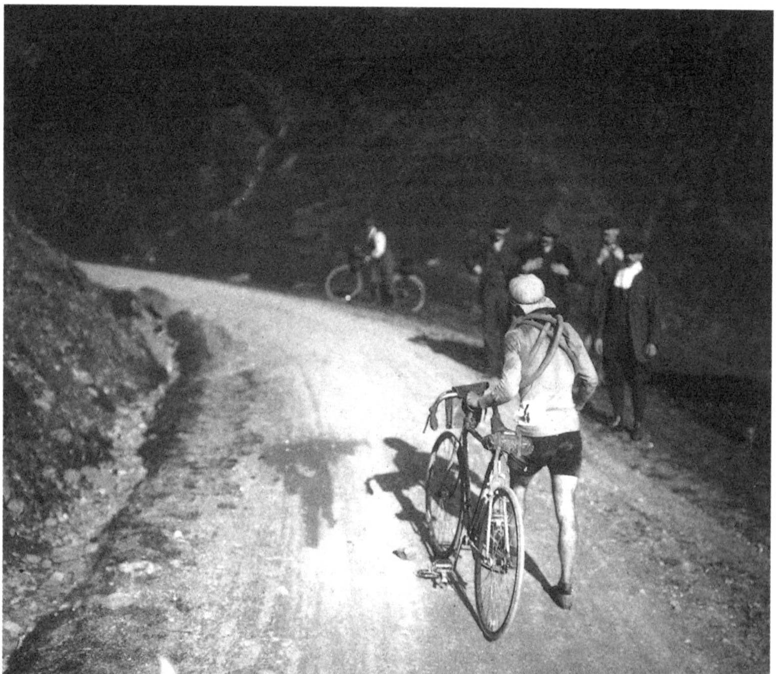

Club de France schon 1902 ein Radrennen organisiert hatte, das zwei Mal über den höchsten Pyrenäenpass, den Col du Tourmalet, führte. Und es ist nicht anzunehmen, dass Desgrange davon keine Kenntnis hatte: Sein eigenes Blatt hatte damals einen Bericht über das Rennen veröffentlicht.

Die Pyrenäenetappe war 326 Kilometer lang, und die Straßen über die vier *cols*, die in die Strecke aufgenommen wurden, waren noch nicht gepflastert, sodass die meisten Rennfahrer ihr Fahrrad nach oben schieben mussten. Tatsächlich war dies eine Aufgabe, die, auch in einer Zeit, in der Monsteretappen keine Ausnahme bildeten, als außergewöhnlich schwer galt. Zu schwer, wie manche Rennfahrer meinten. So berichtete Victor Breyer, einer der Mitarbeiter von Desgrange (der seinerseits in Paris weilte), am nächsten Tag in *L'Auto* von der Konversation, die er »bei einer brütenden Hitze« im Anstieg zum Aubisque mit Octave Lapize geführt hatte:

> »Nun, was ist los, Lapize?«
>
> »Was los ist, ist, dass ihr alle Verbrecher seid! Hören Sie das? Sagen Sie das in meinem Namen mal Desgrange, solche Strapazen kann man von niemand verlangen. Ich habe genug davon.«

Trotzdem machte Lapize weiter und gewann die Etappe, die trotz aller düsteren Prophezeiungen von sechsundvierzig Fahrern beendet wurde. Von einer wirklich unmenschlichen Aufgabe konnte offenbar keine Rede sein. Doch selbstverständlich ließen Desgrange und sein Stab auf keine Weise durchblicken, dass sie in ihren Vorberichten vielleicht einen Tick übertrieben hatten. Die Rennfahrer hatten ihnen zufolge bewiesen, »Helden« zu sein, auch die dreizehn Ausgeschiedenen, denn diese waren »lediglich einige Stunden nach Kontrollschluss ins Ziel gekommen«. Dass ihre Zahl so gering war, lag an »dem herrlichen, sonnigen Wetter«. (Als ein Jahr später ebenso wenig Rede von einem

Gemetzel war, sollte es dann »ein erfrischender Regenschauer« sein, der die Rennfahrer vor Schlimmerem bewahrte.)

In Anbetracht der schauerlichen Szenen, auf welche die Redakteure von *L'Auto* das Publikum vorbereitet hatten, bildete die Pyrenäenetappe eigentlich einen Antiklimax. Doch es ist Desgranges apokalyptische Vision, die in die Radsportgeschichte einging, und nicht die viel mildere Wirklichkeit. In dem Maße, wie die Zeit verstrich, wurde das Wetter immer schlechter und die Organisatoren verwandelten sich von »Verbrechern« zu »Mördern«. Eine bezeichnende moderne Version der Episode ist in Jean Nelissens *Tour de France. Hemel en hel op een stukje leer* zu finden:

> In den Pyrenäen spielten sich im Jahr 1910 herzzerreißende Szenen ab. In der Einöde aus Stein und Schnee, in der es bitterkalt war und bei einem Hagelschauer manchmal große Eiskörner auf die Arme und Beine der Rennfahrer niederprasselten, hatten Arbeiter einen schmalen Weg zwischen hohe Schneemauern gegraben. Mehrfach wurden erschöpfte und halb erfrorene Rennfahrer weinend in eine Berghütte hineingetragen... Ein erschöpfter Rennfahrer rief Henri Desgranges [sic!] zu, dass er ein Mörder sei.

Derartige Geschichten bilden einen Hinweis auf den enormen Erfolg der Tour. Sieben Jahre nach dem mühsamen Beginn war die Frankreich-Rundfahrt dem Stadium eines normalen Radrennens bereits entwachsen und zu einer Quelle von Legenden geworden, die im Laufe der Zeit immer hübscher wurden. Dieser Erfolg ist zu einem beträchtlichen Teil das Werk von Henri Desgrange selbst gewesen. Ohne seine Anstrengungen hätte sich diese Entwicklung sicher nicht so schnell und so gründlich vollzogen. Von Beginn an hat Desgrange mit voller Überzeugung danach gestrebt, seinem Unternehmen eine mythische Dimension zu verleihen. Natürlich spielten dabei auch wirtschaftliche Motive eine sehr wichtige Rolle. Desgrange war vor allem ein Geschäftsmann, und er verlor den Erfolg seines Blattes keinen Moment lang aus den Augen. Doch das heißt nicht, dass er ein Zyniker oder Komödiant war. Er konnte seine Rolle nur so perfekt spielen, weil er fromm an den moralischen Wert seiner Schöpfung glaubte. Er war in der Zeit nach dem Deutsch-Französischen Krieg aufgewachsen, als viele Franzosen im Sport ein wichtiges Mittel sahen, um ihrem Land jenen neuen Elan zu geben, der notwendig war, um die Niederlage zu rächen. Desgrange war ein überzeugter Anhänger dieser Auffassung und glaubte, dass die Tour einen wichtigen Beitrag zu einer nationalen Genesung leisten könne:

> Wie viele von den Tausenden, die die Tour vorbeifahren sehen, fühlen sich nicht durch die sportliche Gnade berührt und schämen sich nicht des Mangels an körperlicher Anstrengung, den sie immer an den Tag gelegt haben? Und wie viele von ihnen fassen nicht den mutigen Entschluss, ein neues Leben zu beginnen, ein Leben voller Aktivität und Kampf?

Die Rennfahrer, und namentlich die französischen Rennfahrer, sollten Desgrange zufolge ein Vorbild für die ganze Nation sein, und er versäumte denn auch nie, ihre Heroik und ihr Durchhaltevermögen zu betonen und wenn nötig aufzubauschen. Und er war nicht dazu bereit, auch nur das geringste Verständnis für Rennfahrer aufzubringen, die seinem Ideal nicht entsprachen. Es geht die Geschichte, dass der Sieger von 1905, Trousselier, ihn während eines schweren Anstiegs für alles und jedes beschimpfte, woraufhin Desgrange aus seinem komfortablen Sportwagen heraus geantwortet haben soll: »Leiden, Trousselier, das ist die vollständige Entfaltung der Willenskraft. Beweisen Sie, dass Sie ein Mann sind!«

Trousselier scheint mit einem Fluch geantwortet zu haben. Dennoch hatten er und seine Kollegen allen Grund dazu, Desgrange dankbar zu sein. Durch die großen Anstrengungen, welche die Rennfahrer während der Tour erbringen mussten, und die Art und Weise, wie diese in der Sportpresse verherrlicht wurden, hatte der Radrennsport einen neuen Impuls erhalten. Die »Giganten der Landstraße« verschafften den Eintagesklassikern und den anderen Rennen, an denen sie teilnahmen, ein enormes Prestige, und wenn sie auf der Bahn auftauchten, strömte das Publikum in Massen in die Velodrome. Ihr Ruhm erstreckte sich bis weit über die Grenzen ihres eigenen Landes hinaus, und vor allem die italienischen Hersteller rissen sich um ihre Dienste. Und mit ihrer Popularität stieg auch ihr Einkommen. 12.000 Franc, einschließlich der Herstellerprämien, verdiente Maurice Garin mit seinem Tour-Sieg im Jahr 1903. Vier Jahre später kassierte Lucien Petit-Breton mehr als das Zweieinhalbfache. Die goldenen Zeiten des Radsports hatten begonnen.

Kapitel III

DIE MÄCHTIGEN MARKEN

Es hatte Desgrange im Jahr 1903 große Mühe gekostet, die Industrie für sein Unternehmen zu interessieren. Anfangs schätzten die Hersteller die Aussichten der Tour der France mindestens genauso pessimistisch ein wie er selbst. Sie hatten große Zweifel, ob das öffentliche Interesse wohl groß genug sein würde, um die Investitionen, die von ihnen verlangt wurden, zu rechtfertigen. Sie brauchten keine Schrittmacher einzustellen, doch die Kosten für die Versorgung der Rennfahrer, die sie beschäftigt hatten, waren selbstverständlich viel höher als bei einem Eintagesrennen. Ihr Zögern war so stark, dass einer der Favoriten auf den Gesamtsieg, der Deutsche Josef Fischer, ehemaliger Sieger von Paris–Roubaix, Bordeaux–Paris und vielen anderen Rennen, im redaktionellen Teil von *L'Auto* sogar Werbung in eigener Sache machen musste, um einen Sponsor zu finden.

Als die Begeisterung des Publikums im Laufe der ersten Tour immer weiter zunahm, veränderte sich die Haltung der Hersteller radikal. Desgrange hatte im Reglement strikt festgelegt, dass das Rennen von Einzelstartern bestritten werden musste, doch die Hersteller fanden schon bald Wege, um diese Bestimmung zu umgehen. Die Veranstalter machten sich so große Sorgen darüber, dass zu wenig Rennfahrer an den Start gehen könnten, dass sie den ausgeschiedenen Fahrern erlaubten, an den restlichen Etappen teilzunehmen und dort noch um die Tagespreise zu kämpfen. Die Hersteller nutzten dies sofort aus, indem sie Fahrer, die aufgegeben hatten, als verkappte Schrittmacher für ihre Mannschaftskapitäne anwarben, sodass Desgrange spezielle Maßnahmen ergreifen musste, um dies zu unterbinden.

Im Jahr 1904 hatten die Fahrradhersteller ihre reservierte Haltung vollständig aufgegeben, doch Desgrange hielt nichts davon, das Konzept, das im Jahr davor so viel Erfolg gehabt hatte, zu ändern. Seine Kritiker hatten prophezeit, dass Fahrer, die ohne Schrittmacher fahren müssten, nicht in der Lage oder dazu bereit seien, offensiv zu Werke zu gehen und im Rennen die Initiative zu ergreifen. Sie sollten nicht Recht behalten; die Etappen der Tour de France gestalteten sich äußerst lebendig, mit Fluchten, die manchmal über Hunderte von Kilometern gingen. Außerdem gelang es vollkommen unbekannten Rennfahrern, sich in Szene zu setzen. Lucien Pothier, »der schreckliche Metzger von Lens« wurde sogar Zweiter, während Dargassies, der Belgier Samson und verschiedene andere krasse Außenseiter ebenfalls im Kampf um die Ehrenplätze mitmischten. Ihre Leistungen sorgten beim Publikum für große Begeisterung und trugen in erheblichem Maße zum Verkauf von *L'Auto* bei. Wie Géo Lefèvre schrieb, wären derartige Überraschungen praktisch ausgeschlossen, wenn diese Rennfahrer »alleine und ohne Betreuung gegen die großen Cracks, die von mächtigen Marken unterstützt wurden, kämpfen müssten«.

Die mächtigen Marken selbst liebten indes keine Überraschungen und unternahmen 1904 alles Mögliche, um sie zu vermeiden. Trotz Desgranges Bestimmung, dass das Rennen einen streng individuellen Charakter haben müsse, wurden von Alcyon und La Française Fahrer wie Dargassies und Pothier engagiert, damit diese den Stars der beiden Firmen wie Aucouturier und Maurice Garin zur Seite standen. Und dies waren wohl nicht die einzigen Maßnahmen, welche die kommerziellen Unternehmen ergriffen. Niemand zweifelte daran, dass die Hersteller bei den Unregelmäßigkeiten der Frankreich-Rundfahrt von 1904 eine aktive Rolle gespielt hatten – genau so, wie sie dies auch einige Monate vorher bei Bordeaux–Paris getan hatten, als, ebenso wie bei der Tour, die ersten vier Rennfahrer vom französischen Radsportverband disqualifiziert wurden.

Desgrange war zweifellos vollständig darüber im Bilde, auf welche Weise die großen Firmen versuchten, die Rennordnung zu unterlaufen; doch in seinem Blatt versuchte er kaum einmal, ihre Machenschaften anzuprangern. Die Kritik, die er übte, bezog sich ausschließlich auf einzelne Rennfahrer. Sein Stillschweigen im Hinblick auf die Rolle, welche die Hersteller bei den zahlreichen Unregelmäßigkeiten spielten, war so augenscheinlich, dass er sogar öffentlich beschuldigt wurde, ein Abkommen mit der mächtigen Firma La Française geschlossen zu haben. Ganz unbegründet waren derartige Vorwürfe nicht. Denn es gab ein nicht zu leugnendes Einvernehmen zwischen Desgrange und den großen Firmen. Der Grund dafür war, dass die Tour ohne die Unterstützung der wichtigsten Fahrradhersteller schlechthin nicht zu organisieren war.

Bis Ende der zwanziger Jahre des vorigen Jahrhunderts musste *L'Auto* die Organisation der Tour ganz aus eigener Tasche finanzieren. Die Direktion des Blattes war deshalb nicht dazu in der Lage, die Kosten für die Unterbringung und Versorgung der Teilnehmer zu übernehmen. Für manche Rennfahrer war dies kein Problem. Die Anmeldung stand in den ersten Jahren im Prinzip für jedermann offen, und begeisterte Radamateure der begüterten Klasse konnten der Versuchung, sich einmal selbst mit den »Giganten der Landstraße« zu messen, oft nicht widerstehen. Einer von ihnen war ein enorm wohlhabender südfranzösischer Adliger, der Baron Henri Pépin de Gontaud, der 1907 an der Tour teilnahm. Weil er sich aber nicht dazu in der Lage sah, die Strecke aus eigener Kraft zurückzulegen, sicherte er sich die Dienste von zwei Berufsrennfahrern. Diese mussten zu bestimmten

Zeiten vorausfahren, um in einem Restaurant eine luxuriöse Mahlzeit zu bestellen, die sofort serviert werden konnte, wenn der Baron höchstselbst eintraf. Einer dieser beiden Helfer war niemand Geringeres als Dargassies, »der stramme Schmied aus Grisolles«, dessen Karriere nach einem vierten Platz im Jahr 1904 in eine Sackgasse geraten war.

Die meisten Teilnehmer waren jedoch von erheblich einfacherer Herkunft, und wenn sie für die Preisgelder nicht in Betracht kamen, mussten sie manchmal auf alle möglichen Weisen versuchen, den Tagelohn von fünf Franc, den sie von der Organisation erhielten, aufzubessern. So verkaufte Marcel Dozol im Jahr 1907 in den Ankunftsorten Ansichtskarten, während Jules Deloffre nach dem Ende jeder Etappe Salti mortali und andere akrobatische Kunststückchen vorführte, um anschließend mit der Mütze Geld einzusammeln.

Die einzige Möglichkeit, einem solchen Schicksal zu entgehen, bestand darin, einen Vertrag mit einem Fahrradhersteller oder einer Reifenfirma abzuschließen. Die Rennfahrer, denen dies gelungen war, bekamen außer einem festen Gehalt kostenloses Material und im Falle eines Sieges Sonderprämien. Außerdem wurden ihre Unkosten übernommen. Im Gegenzug forderten die Firmen für sich nicht nur das Recht, die Namen der Rennfahrer in Anzeigen zu verwenden, sondern verlangten auch absolute Loyalität. Es kam selten vor, dass ein Fahrer diese Regel verletzte. Eine der wenigen Ausnahmen war Marcel Buysse, der sich 1914 ohne Erlaubnis seiner Firma für die Flandern-Rundfahrt anmeldete. Ein solcher Akt der Unabhängigkeit war so außergewöhnlich, dass der Organisator des Rennens, der Journalist Karel Van Wijnendaele, noch dreißig Jahre später mit großem Respekt darüber schrieb.

Um ein starkes Fahrerfeld zusammenzubekommen, waren die Rennveranstalter vollständig auf das Wohlwollen der Hersteller angewiesen, die alle wichtigen Rennfahrer beschäftigten und jeder Neuentdeckung sofort einen Vertrag anboten. Schon allein aus diesem Grund konnte

Desgrange es sich nicht erlauben, den großen Firmen vor den Kopf zu stoßen. Doch es gab noch einen zweiten Grund: So wie jede Zeitung war *L'Auto* in seiner Existenz vom Anzeigenerlös abhängig. Auf diesem Gebiet waren die Fahrrad- und Reifenhersteller nicht knauserig. Beim Sieg eines ihrer Rennfahrer schalteten sie nahezu immer eine Anzeige von mindestens einer halben Seite. Sie waren umso mehr dazu bereit, als sie bei *L'Auto* viel für ihr Geld geboten bekamen. Die großen Inserenten konnten nämlich damit rechnen, dass sie auch im redaktionellen Teil des Blattes äußerst wohlwollend behandelt wurden.

Negativer Publizität für die Hersteller, in welcher Form auch immer, enthielt sich das Blatt generell, und die Redakteure ließen auch kaum eine Gelegenheit aus, die Produkte der wichtigsten Firmen en passant anzupreisen. Die Tour de France gab dazu reichlich Gelegenheit. In fast jedem Artikel konnten die Reporter gut und gern auf die solide Konstruktion der Begleitfahrzeuge hinweisen, auf die Zuverlässigkeit der Reifen und Fahrräder. Ein bezeichnendes Beispiel liefert der Kommentar zum Sieg von Petit-Breton im Jahr 1907, abgedruckt neben einer ganzseitigen Anzeige von Peugeot und Dunlop:

> So schenkt der argentinische Rennfahrer [Petit-Breton hatte seine Jugend in Buenos Aires verbracht] der großen Marke Peugeot einen glänzenden und unanfechtbaren Sieg. Der Sieg geht auch an die vorzüglichen Dunlop-Reifen, die immer öfter an den großen Siegen auf der Straße beteiligt sind. Natürlich hat Petit-Breton Dunlop-Reifen gewählt, denn welche Marke ist 5.000 herausfordernden Straßenkilometern besser gewachsen? Keine einzige, und Petit-Breton, der immer auf alles bestens vorbereitet ist, wusste ganz genau, was er tat.

Diese Lobpreisungen an die Adresse von Peugeot und Dunlop bedeuteten aber nicht, dass *L'Auto* zu diesen Marken in einer besonderen

Verbindung stand. Als Petit-Breton einige Jahre später einen Vertrag mit zwei anderen Firmen schloss und diese ebenfalls große Anzeigen schalteten, schrieb einer der Redakteure prompt:

> Die Qualitäten von Automoto und Continental, die aus unserem Petit-Breton einen noch überragenderen Champion als jemals zuvor gemacht haben, können gar nicht oft genug gepriesen werden.

Trotz des klaren Einvernehmens zwischen *L'Auto* und der Industrie begriff Desgrange sehr wohl, dass seine Interessen sich nur zum Teil mit denen der Hersteller deckten. Nichts belebte die Auflage seines Blattes so stark wie ein abwechslungsreiches Rennen voller *coups de théâtre* und unerwarteter Vorfälle. Die Direktoren der Fahrradfabriken hatten indes ganz andere Vorstellungen von einem idealen Rennverlauf. Wenn sie viel Geld in eine Mannschaft gesteckt hatten, dann versuchten sie auch, unvorhergesehene Ereignisse auszuschließen und den Lauf der Dinge so weit wie möglich unter Kontrolle zu behalten. Und zur Erreichung dieses Ziels waren sie oft bereit, beträchtliche finanzielle Opfer zu bringen. Schließlich war die Tour de France für die Fahrradhersteller eine potenzielle Goldgrube. Die Werbewirksamkeit des Rennens war riesig, und wenn ein Konstrukteur bei der Tour Erfolg hatte, konnte er mit einer enormen Steigerung seiner Absatzzahlen rechnen. Kein Wunder, dass die Hersteller nicht zögerten, Zehntausende von Franc in einen möglichen Tour-Sieg zu investieren. Das beste Mittel dazu war, so viele Favoriten wie möglich anzuwerben. Die großen Firmen wetteiferten um die Dienste der Stars, die infolgedessen zur Zeit vor Beginn des Ersten Weltkriegs immerhin Monatsgehälter von 3.000 Franc einstreichen konnten, zuzüglich der Preisgelder – wesentlich mehr, als ein Minister seinerzeit verdiente. Peugeot saß bei diesem Konkurrenzkampf anfangs am längeren Hebel und gewann die Tour in den

Die Köpfe der Sieger waren beinahe »austauschbar«: In den Jahren 1909 bis 1911 gewann jedes Mal ein Alcyon-Fahrer die Tour. Nach Faber und Lapize war Garrigou an der Reihe.

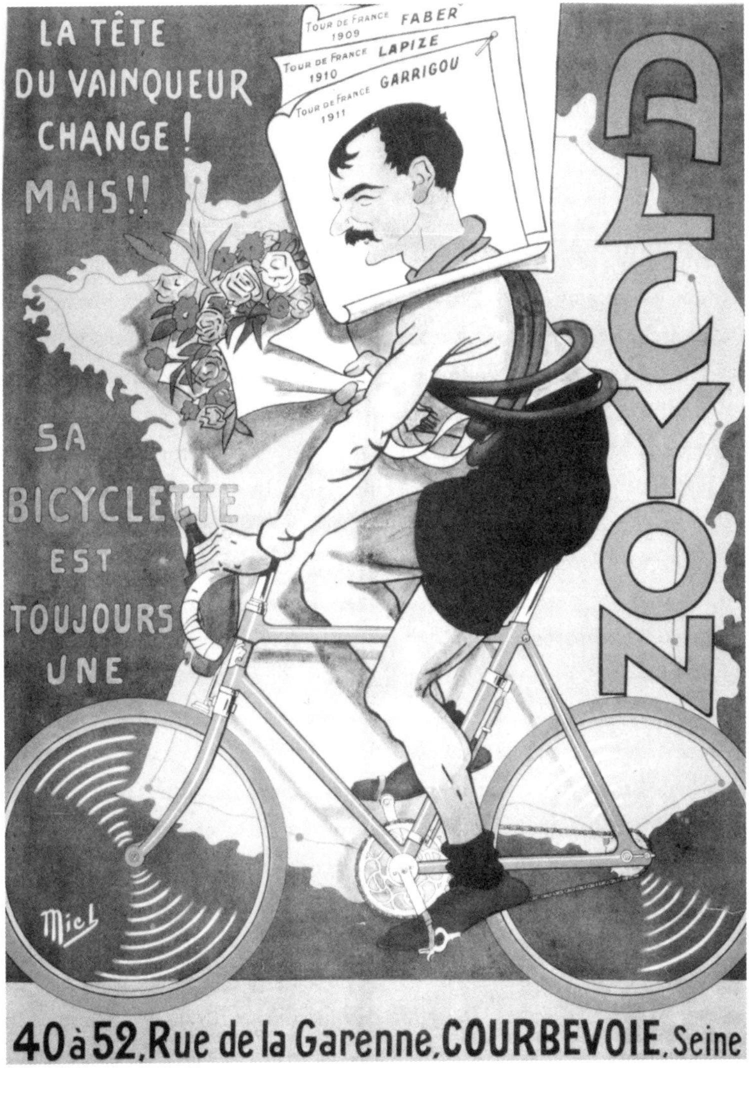

Jahren 1906, 1907 und 1908. Doch im Jahr darauf brachte Alcyon eine derart starke Mannschaft zusammen, dass Peugeot sich schon im Voraus für chancenlos erachtete. Anstatt also an Desgranges Tour de France teilzunehmen, organisierte der Hersteller eine eigene Frankreich-Rundfahrt für »Unabhängige«, eine Kategorie von Rennfahrern, die sowohl an Profi- als auch an Amateurrennen teilnehmen durften. Das hatte zur Folge, dass Alcyon in den Jahren 1909 und 1910 kaum ernsthafte Konkurrenz hatte. Im Jahr 1911 jedoch hatten sich die Verantwortlichen von Alcyon verrechnet, denn ihre teuer bezahlten Champions schienen dem Außenseiter Duboc von La Française nicht gewachsen zu sein. Die Tour drohte für Alcyon in einem finanziellen Debakel zu enden, bis Duboc in den Pyrenäen ein Bidon von einem Zuschauer ergriff. Nach ein paar Schlucken fiel er todkrank vom Fahrrad und erbrach eine schwarze Flüssigkeit. Erst nach einigen Stunden war er wieder so weit genesen, dass er seine Fahrt fortsetzen konnte, doch er hatte selbstverständlich keine Aussicht mehr auf den Sieg. Alle waren davon überzeugt, dass Duboc vergiftet wurde, doch Desgrange, der das Drama mit eigenen Augen gesehen hatte, wollte nichts von diesem Makel an seiner Tour wissen. In *L'Auto* tat er den Fall als ein »leichtes Unwohlsein« ab. Doch schickte er Calais, den Teamchef von Alcyon, nach Hause und verbot ihm, jemals wieder zur Tour zurückzukehren.

Dank Desgranges wohlwollender Haltung hatte Alcyon wenig Nachteile durch den Skandal, und die Absatzzahlen des Unternehmens stiegen so rasant, dass Peugeot es sich nicht mehr erlauben konnte, der Tour fernzubleiben. Im Jahr 1912 hatte das Unternehmen noch zu wenig investiert, um einen Erfolg verbuchen zu können, doch danach scheute die Direktion weder Kosten noch Mühen, um so viele große Champions wie möglich zu beschäftigen. Das hatte zur Folge, dass die Fahrer in Diensten von Peugeot bei der Tour 1913 die ersten fünf Plätze der Gesamtwertung belegten und 1914 die ersten drei.

Das große Problem für Desgrange war, dass die Gehälter und Herstellerprämien durch die Rivalität der Marken so deutlich gestiegen waren, dass es sich höchstens zwei oder drei Fahrradfabriken leisten konnten, Mannschaften zu bezahlen, die eine Chance auf den Gesamtsieg hatten. Wenn diese ungefähr gleich stark waren, konnte dies einen spannenden Kampf ergeben. Doch es kam auch vor, dass die Überlegenheit eines Teams so groß war, dass Überraschungen praktisch ausgeschlossen waren. Dies führte oft dazu, dass einige Hersteller ihre Rennfahrer bereits frühzeitig während der Rundfahrt wieder zurückzogen, damit keine weiteren Kosten entstanden. So schickte der Teamchef von Alcyon seine Rennfahrer 1907 schon nach zwei Etappen nach Hause, weil es ihm zufolge »angesichts der geringen Chancen auf einen Sieg kaum noch Sinn hatte, die 40.000 Franc, die uns das Rennen kostet, auszugeben«. Einen Tag später folgte der Direktor von Labor dem Beispiel seines Kollegen, sodass die Rennfahrer von Peugeot im weiteren Verlauf der Tour kaum noch Konkurrenz zu fürchten hatten. Auch in den Jahren 1908 und 1913 gab die Alcyon-Mannschaft lange vor dem Ende der Tour den Kampf auf, ebenso wie La Française 1912.

Um den starken Einfluss der Fahrradfabriken einzugrenzen, war Desgrange immerzu auf der Suche nach Mitteln, die ein möglichst individuelles Rennen garantierten. Im Jahr 1908 glaubte er, in dem System der »verplombten« Fahrräder eine effektive Waffe gefunden zu haben. Dieses wurde erstmalig im Jahr 1905 angewandt, als Desgrange eine Sonderwertung für Rennfahrer einführte, welche die gesamte Tour mit ein und demselben Fahrrad zurücklegten. Eventuelle Schäden mussten ohne fremde Hilfe repariert werden. Anfangs zeigten die Hersteller wenig Interesse für diese Wertung; als diese zum ersten Mal ausgefahren wurde, meldeten sich nur unbedeutende Fahrer dazu an. Ein Jahr später war dann aber auch der Fahrradindustrie bewusst geworden, welch großer propagandistischer Effekt von der Vorstellung ausging, dass ein Radrennfahrer 5.000 Kilometer ohne fremde Hilfe auf ein und demselben Fahrrad zurücklegte. Zu Beginn des Jahrhunderts kam auf vierzig Franzosen nur ein Fahrradbesitzer; der enorme Markt lag praktisch noch brach. Die Tour de France war eine gewaltige Werbung für das Fahrrad, vor allem, weil sie durch Teile von Frankreich führte, in denen vorher noch nie Radrennen stattgefunden hatten. Doch die Hersteller konnten die potenziellen Käufer nur von den Möglichkeiten ihrer Produkte überzeugen, wenn auch die Teilnehmer der Tour unter den gleichen Bedingungen wie der durchschnittliche Franzose fuhren. Und weil dieser normalerweise nicht von einem Begleitfahrzeug mit Ersatzmaterial eskortiert wurde, war es wichtig, dass die Rennfahrer unter Beweis stellten, dass dies auch nicht notwendig war. Die Gewinner in der Kategorie der verplombten Fahrräder (zur Kontrolle waren alle Teile dieser Räder mit Bleisiegeln versehen) demonstrierten weitaus überzeugender die Alltagstauglichkeit ihres Materials als die Kollegen, die bei einer Panne das Fahrrad wechseln durften. Es verstand sich außerdem von selbst, dass die Redaktion von *L'Auto* die Zuverlässigkeit der Siegermarke stets in den höchsten Tönen lobte.

Im Jahr 1906 war das Interesse an der Wertung der verplombten Fahrräder deshalb beträchtlich größer als im Jahr davor. So meldete Peugeot für diese Kategorie immerhin Lucien Petit-Breton an, obschon dieser sonst bestimmt zu den großen Favoriten für den Gesamtsieg gehört hätte. Dem »Argentinier« wurde diese zweifelhafte Ehre zuteil, weil er ein besserer Mechaniker war als Pothier und Trousselier, die anderen Trümpfe seines Herstellers, die das Fahrrad wohl wechseln durften. Die Direktion von Alcyon, die in jenem Jahr keinen potenziellen Tour-Sieger beschäftigt hatte, ging sogar noch weiter und entschied, all ihre Rennfahrer mit verplombten Rädern fahren zu lassen. Die »freie« Kategorie war in jenem Jahr denn auch beträchtlich kleiner als die »verplombte«: elf zu vierundsechzig. Im Jahr 1907 betrug das Verhältnis dann sogar acht zu fünfundachtzig, und Petit-Breton, der in jenem Jahr erneut auf einem verplombten Fahrrad fuhr, gelang es, sich auch vor allen Fahrern der freien Kategorie zu platzieren, sodass er zugleich Gesamtsieger wurde. Dies war für Desgrange der Anlass zu der Ankündigung, dass künftig alle Rennfahrer ihr Material verplomben lassen mussten. Das Austauschen von Fahrrädern oder Fahrradteilen war von diesem Moment an für jedermann verboten, und wenn jemand eine Panne hatte, musste er den Defekt selbst beheben.

Diese drakonischen Maßnahmen führten tatsächlich zu großen Überraschungen, jedoch nicht so, wie Desgrange es sich vorgestellt hatte. Viele dieser unerwarteten Wendungen standen nämlich im krassen Widerspruch zu der Idee eines reinen Kräftemessens, aus der Sportwettkämpfe seiner Meinung nach ihre Berechtigung bezogen. Bei fast jeder Tour gab es einen Favoriten, der seine Chance auf den Gesamtsieg durch Materialpannen verspielte, auch wenn dies in *L'Auto* selten erörtert wurde. Als Marcel Buysse, der 1913 allen Konkurrenten haushoch überlegen war, der Lenker brach und er aus Verzweiflung den Kampf aufgeben wollte, war Desgranges einziger Kommentar, dass französische Rennfahrer in solchen Situationen viel tapferer seien. Fast genauso wortkarg nahm er den Gabelbruch zur Kenntnis, den Eugène Christophe im selben Jahr während der Abfahrt vom Col du Tourmalet erlitt und durch den er über vier Stunden an Zeit verlor. Desgrange, der in seinem Peugeot-Cabriolet (»eine Marke, die keines Lobes bedarf«) hinter Christophe herfuhr, schrieb nur, dass er einige Minuten gewartet und den unglücklichen Rennfahrer ferner seinem Schicksal überlassen habe, »weil der Kampf an der Spitze die ganze Aufmerksamkeit forderte«. Erst einige Tage später wurde die Episode von *L'Auto* in einem kurzen Bericht erwähnt. Als Christophe sechs Jahre später bei der vorletzten Etappe der Tour erneut die Gabel brach und er über zweieinhalb Stunden verlor, kam Desgrange dann aber nicht umhin, ausführlich auf diesen Zwischenfall einzugehen. Denn diesmal belegte Christophe mit einem Vorsprung von 28 Minuten auf seinen nächsten Verfolger den ersten Platz, sodass der Tour-Sieg für

Erst mit einiger Verspätung avancierte die Episode zu einer der berühmtesten Tour-Legenden: Nach einem Gabelbruch am Tourmalet musste Eugène Christophe seine Qualitäten als Schmied beweisen.

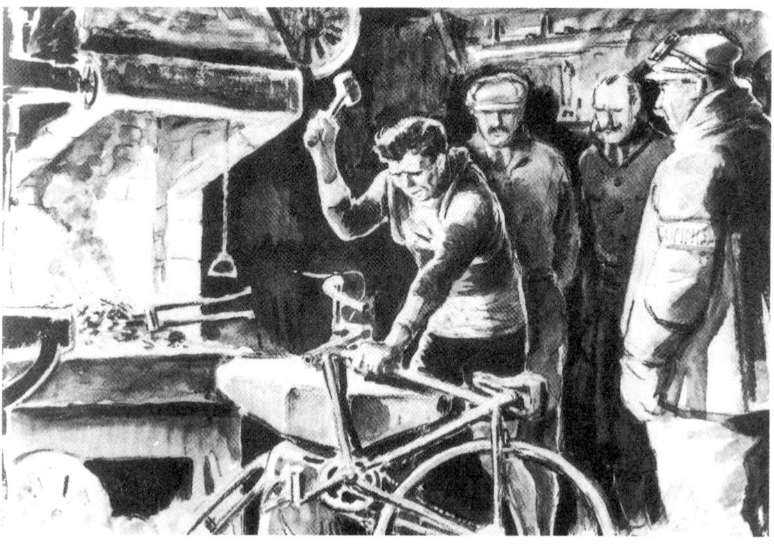

ihn in greifbarer Nähe lag. Dieser ging nun an einen Belgier, an Firmin Lambot, wodurch das Missgeschick »des alten Galliers« als eine nationale Katastrophe betrachtet wurde. Desgrange setzte alles daran, um Christophes Heldenstatus zu stärken (»und als ein großartiger Kämpfer, vom Schicksal besiegt, zieht er weiter, während er der Vorsehung direkt ins Auge schaut«), und bat außerdem das Publikum, den unglücklichen Fahrer für den finanziellen Verlust, den er durch sein Missgeschick erlitten hatte, zu entschädigen. Der Aufruf brachte 13.000 Franc ein, was ein imposantes Ergebnis war. Weniger schön waren für Desgrange die vielen Briefe von Sportliebhabern, die schrieben, man könne es doch nicht zulassen, dass ein Rennfahrer auf diese Weise die Tour verliere.

Das Konzept der verplombten Fahrräder stand aber nicht nur im Widerspruch zu den sportlichen Prinzipien. Es bildete auch kein wirksames Mittel, um den Einfluss der großen Firmen einzudämmen. Zuallererst war es für Hersteller, die über die nötige technische Expertise zur Produktion von Fahrrädern verfügten, gewiss kein unüberwindbares Problem, Bleisiegel anzufertigen. Außerdem konnte Desgrange unmöglich verhindern, dass die Rennfahrer einer Mannschaft sich gegenseitig Windschatten spendeten oder einander auf andere Weise halfen. Im Jahr 1909 entschied er deshalb, dem Druck der Fahrradfabriken teilweise nachzugeben und die Tour von Markenteams ausfahren zu lassen, auch wenn er weiter an dem System der verplombten Fahrräder festhielt. Im Jahr 1911 kehrte er wieder zu dem früheren Konzept zurück, ein Jahr später ließ er die Fabrikteams erneut zu. Zugleich betonte er, dass die Einführung des Mannschaftssystems nicht bedeute, dass das Rennen seinen individuellen Charakter verloren habe. Desgranges Zwiespältigkeit und seine unaufhörlichen Versuche, einen Ausgleich zwischen dem Mannschaftssystem und dem individuellen Wettkampf zu finden, sind ein perfektes Abbild seiner Haltung gegenüber den Herstellern: Sie waren seine Gegner, doch zugleich war er von ihnen abhängig. Auch in den folgenden Jahren versuchte er, durch ständige Änderungen der Rennordnung eine Lösung für diese widersprüchliche Position zu finden. Doch solange der Fahrradabsatz jedes Jahr zunahm und die wirtschaftliche Macht der Konstrukteure groß war, gab es eine solche Lösung schlichtweg nicht.

Desgrange erlebte in seinem jahrelangen Kampf gegen die Hersteller mehr Niederlagen als Siege. Trotzdem wäre die Tour de France ohne seine Versuche, dem Einfluss der Marken Zügel anzulegen, nicht zu dem Monument geworden, das sie ist. Die Wirkung von Desgranges Auftreten zeigt sich vor allem im Vergleich zwischen der Tour de France und jenem Radsportereignis, das ihr – was die Reichweite und das Rennformat betrifft – noch am ehesten gleichkommt, dem Giro d'Italia. Dieser wurde im Jahr 1909 von der *Gazzetta dello Sport*, dem italienischen Äquivalent von *L'Auto*, ins Leben gerufen. Die Gründungsinitiative war eine Art Panikreaktion der *Gazzetta*-Redaktion auf einen Tipp, den sie von dem Fahrradfabrikanten Atala erhalten hatte. Demzufolge erwog der *Corriere dello Sport*, zusammen mit Atalas Hauptkonkurrenten Bianchi, ebenfalls eine Italien-Rundfahrt zu organisieren. Dies deutet schon darauf hin, dass die Konstrukteure in Italien von Anfang an eine viel wichtigere Rolle spielten als in Frankreich.

Die italienischen Sportblätter verfügten über beträchtlich weniger Mittel als *L'Auto* oder *Le Vélo*. Der Lesermarkt in Italien, wo über 40 Prozent Analphabeten lebten, blieb vorläufig so klein, dass die *Gazzetta* und der *Corriere dello Sport* es sich bis 1919 nicht leisten konnten, täglich zu erscheinen. Im Jahr 1909 konnte die Redaktion der *Gazzetta dello Sport* die Organisation des Giro sogar nur dank eines Bankdarlehens und einer Subvention des *Corriere della Sera*, einer allgemeinen Tageszeitung, finanzieren. Von den 65.000 bis 70.000 Lire an Prämien sollte das veranstaltende Blatt nicht einmal 14.000 selbst bezahlen. Im Jahr danach nahm die *Gazzetta* die finanzielle Unterstützung der großen Konstrukteure an, die genauso wie in Frankreich eine nationale Rundfahrt als ein wichtiges Propagandamittel für die Entwicklung der Fahrradindustrie betrachteten. Dank dieser Unterstützung erhielten die Hersteller viel mehr Verfügungsgewalt bei der Organisation als ihre französischen Kollegen. Während Desgrange stets dafür kämpfte, aus der Tour ein individuelles Rennen zu machen, erkannte die *Gazzetta* den Marken schon von vornherein eine entscheidende Rolle zu. »Der Giro d'Italia ist ein Mannschaftsrennen«, lautete der Eröffnungssatz des Leitartikels an dem Tag, an dem die erste Italien-Rundfahrt startete. Diese Haltung führte auch dazu, dass die Strecke des Giro viel leichter war als die der Tour. Denn die großen Fahrradfirmen wollten das Rennen möglichst stark kontrollieren und hatten deshalb wenig Bedarf an schweren Bergetappen, bei denen schon allein das Wetter für unvorhersehbare Ergebnisse und eine hohe Anzahl von ausgeschiedenen Fahrern sorgen konnte. Die Dolomiten und die Alpen wurden darum erst in den dreißiger und vierziger Jahren in die Strecke aufgenommen, als die Straßen über die Pässe einigermaßen befahrbar waren. Dies ist einer der Gründe, weshalb beim Giro viel weniger Rede von jener Heroik war, die der Tour in ihren Anfangsjahren eine solch wichtige mythische Dimension gab.

Auch in der Rennordnung des Giro fanden die Interessen der Konstrukteure eine beträchtlich stärkere Berücksichtigung als bei der Tour. Im Jahr 1912 gab es sogar ausschließlich eine Mannschaftswertung, eine individuelle Rangliste wurde nicht erstellt. Ein Fabrikantentraum, der den Fortbestand des Giro ernsthaft bedroht hätte, wenn ihm nicht schnell ein Ende gesetzt worden wäre – die italienischen Radsportliebhaber konnten sich nun mal beträchtlich weniger für ein Duell zwischen Atala und Bianchi erwärmen als für einen Kampf zwischen Galetti, Gerbi und Pavesi. Ein Jahr später wurde die Einzelwertung wieder eingeführt, doch auch weiterhin erhielten die italienischen Hersteller reichlich Gelegenheit, um eine relativ strikte Mannschaftsdisziplin einzuführen. Dies ist der Hauptgrund, weshalb sich das Domestikensystem in Italien viel stärker und viel früher entwickelt hat als in Frankreich und in anderen Ländern.

Durch das Mannschaftskonzept war bei der italienischen Landesrundfahrt oft die Rede von einem reineren Kräftemessen der Stars als bei der Tour. Trotzdem fehlte dem Giro dadurch eines der grundlegendsten Elemente, welches die klassische Tragödie seit der Antike besitzt: der Kampf des Individuums gegen das Schicksal. In dem Moment, in dem sie geschahen, werden Zwischenfälle wie das Missgeschick von Eugène Christophe den Tour-Direktor Desgrange mehr als nur ein Mal in Verlegenheit gebracht haben. Doch gehörten sie gemeinsam mit dem »heroischen Kampf des Menschen gegen die Natur« zu den Hauptzutaten, die die Legende der Tour de France prägten. So wurde Christophe nach seiner dramatischen Niederlage 1919 sofort zum »unglücklichsten Champion, den man je gekannt hat« erklärt. Um dieses Bild zu verstärken, wurde auch sein Gabelbruch aus dem Jahr 1913, der seinerzeit kaum Beachtung gefunden hatte, erneut aufgewärmt. Nun wurde in epischer Breite geschildert, wie Christophe damals zweieinhalb Stunden hatte laufen müssen, bis er Sainte-Marie-de-Campan, das nächstgelegene Dorf, erreichte. Dort schmiedete er in der örtlichen Schmiede eine neue Vordergabel, was ihn weitere anderthalb Stunden kostete. Und als ob das noch nicht genug gewesen wäre, erhielt er aus Anlass einer Beschwerde seitens des Alcyon-Sportdirektors Deschamps, der die Verrichtungen des Peugeot-Fahrers Christophe mit Argusaugen beobachtet hatte, noch einmal eine dreiminütige Zeitstrafe, weil er die Kurbel der Bohrmaschine oder den Schwengel des Blasebalges – die Quellen divergieren – durch den Schmied oder dessen Gehilfen hatte bedienen lassen.

Diese Episode, die von der Sportpresse noch um viele hübsche Details angereichert wurde, war so pittoresk, dass sie die Geschichte von Christophes zweitem Gabelbruch vollständig verdrängt hat. Die französi-

Das Rennen, das der Tour de France noch am ehesten gleichkommt:
Am 30. Mai 1909 ging in Mailand vor großem Publikum der erste Giro d'Italia zu Ende.

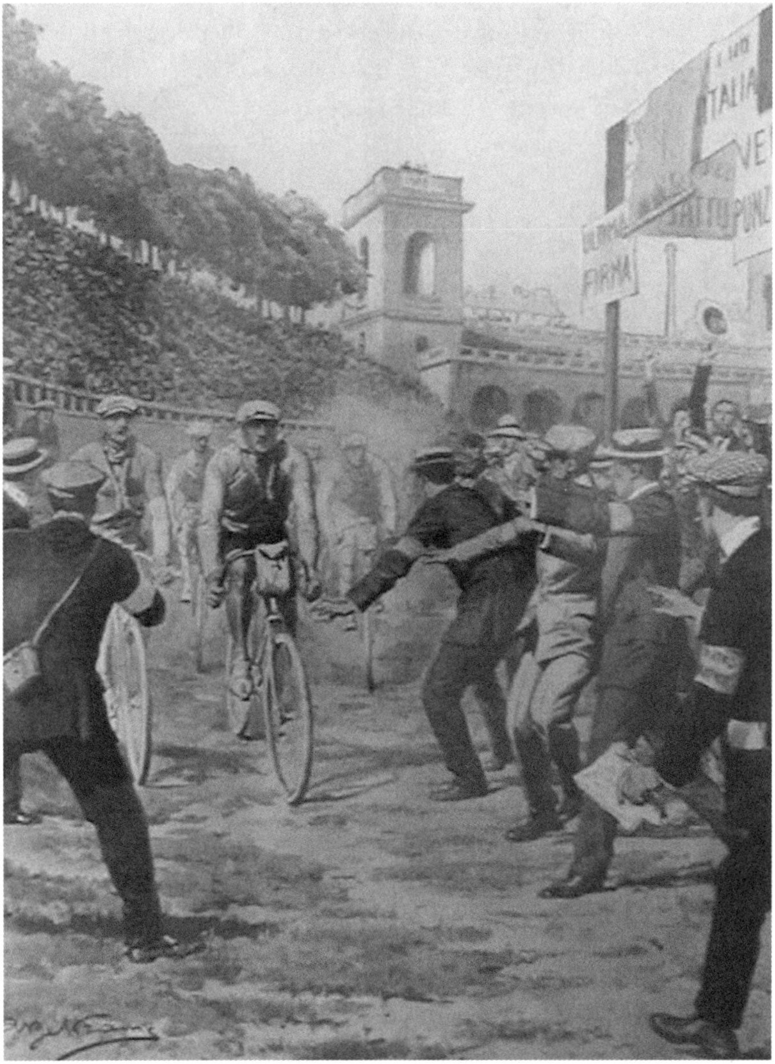

schen und belgischen Sportblätter hatten 1913 jeweils Petit-Breton und Marcel Buysse zum »moralischen Sieger« der Tour erklärt, doch in den zwanziger Jahren wurde dieser Titel dann nachträglich Christophe zuerkannt, obwohl dieser in der Gesamtwertung über vierzehn Stunden Rückstand hatte. Und als seine Bewunderer ihrem Champion ein Denkmal setzen wollten, errichteten sie es nicht in Valenciennes, wo er 1919 die Tour verlor, sondern in der Schmiede von Sainte-Marie-de-Campan. Unbewusst deuteten sie damit an, dass die Legende bedeutend stärker war als die Wirklichkeit.

Dank der Entwicklung solcher Mythen wurde die Tour de France zu einem Sportereignis, das, was das Prestige betraf, alle anderen Rennen bei weitem überragte. Dies trug außerdem dazu bei, dass Frankreich jahrelang eine dominierende Stellung im internationalen Straßenradsport einnehmen sollte. In Spanien hatten die Straßenrennen lediglich regionalen Charakter, während sie in Deutschland gegenüber den Bahnrennen eine untergeordnete Rolle spielten. Dies veranlasste Josef Fischer, Gewinner von Mailand–München und Wien–Berlin, sich 1896, nach seinem Sieg bei Paris–Roubaix, in Frankreich niederzulassen. In Italien gelangte der Radsport zwar zu ähnlich großer Blüte wie in Frankreich, doch die wichtigsten Rennen, die in dieser Zeit entstanden – die Lombardei-Rundfahrt (1905), Mailand–Sanremo (1907) und der Giro d'Italia (1909) – erhielten erst einen zwingenden Status, nachdem es den Organisatoren gelungen war, auch die Stars der Tour an den Start zu locken.

Der Radsport in Belgien besaß derweil noch so wenig Prestige, dass die dortigen Fahrer erst dann für voll genommen wurden, wenn sie auch Erfolge bei französischen Rennen erzielten. Es sollte noch relativ lange dauern, bis es so weit war, und erst ab 1907 sollte jene Entwicklung, durch die Belgien neben Frankreich und Italien zur dritten klassischen Radsportnation aufstieg, wirklich in Schwung kommen. Der Mann, der dazu den Anstoß gab, war Cyriel Van Hauwaert, »der Löwe von Flandern«. Dieser machte sich im Frühjahr 1907 auf zu den Büros von La Française in Paris, in der Hoffnung, für Paris–Roubaix engagiert zu werden. Aber die Direktion hatte natürlich nicht vor, einen vollkommen unbekannten Rennfahrer mit teuer bezahlten Schrittmachern zu versehen, und wimmelte ihn mit ein paar Ersatzreifen ab. Doch als dann im Rennen alle Fahrer von La Française schon weit abgeschlagen waren, fuhr Van Hauwaert noch immer in der Spitzengruppe mit. Sofort wurde er nachträglich eingestellt und bekam die Schrittmacher der Mannschaft zur Verfügung gestellt. In Roubaix beendete er das Rennen trotz eines Sturzes als Zweiter. Als er zwei Monate später außerdem Bordeaux–Paris zu gewinnen vermochte, vor Tour-Stars wie Petit-Breton, Trousselier, Faber, Garrigou, Comet und Christophe, wurde er in Belgien als Nationalheld gefeiert. Doch es waren nicht nur seine Siege, welche die Fantasie beflügelten. Van Hauwaert bewies nämlich auch, dass ein erfolgreicher Rennfahrer ein reicher Mann werden konnte. Im Jahr 1908 wurde er bei Alcyon für ein Monatsgehalt von 3.000 Franc eingestellt, während ein belgischer Landarbeiter in dieser Zeit für einen fünfzehnstündigen Arbeitstag gerade mal einen Franc bekam. Kein Wunder, dass viele Jungen auf dem Land, sobald sie sich ein Fahrrad leisten konnten, nur den einen Wunsch hatten: Radrennfahrer zu werden. Die Bedingungen dafür waren nach den Triumphen von Van Hauwaert besonders günstig, denn in Belgien entstand ein wahres Radsportfieber. Überall wurden Rennen organisiert, wo es selbst für Amateure stattliche Preise zu gewinnen gab. Schon im Jahr 1908 entstanden die Meisterschaft von Flandern und die Limburg-Rundfahrt, auch der Klassiker Lüttich–Bastogne–Lüttich, den man vierzehn Jahre lang nicht ausgefahren hatte, wurde in allen Ehren wiedereingeführt, und Belgien erhielt ein nationales Etappenrennen, zu dem bekannte Tour-Fahrer wie Petit-Breton, Garrigou und Émile Georget eingeladen wurden. Fünf Jahre später organisierte Karel Van

Wijnendaele, der Chefredakteur von *Sportwereld*, die erste Flandern-Rundfahrt, ein Eintagesrennen, das im »reichen flämischen Radsportleben« eine fast ebenso große Bedeutung erlangte wie die Tour in Frankreich.

Van Hauwaert musste für seine Arbeitgeber natürlich auch bei der Tour de France starten, wo er in den Jahren 1907 und 1908 vorzeitig ausstieg und in den beiden darauffolgenden Jahren Fünfter und Vierter wurde. Im Jahr 1911 ging er nicht mehr an den Start. Inzwischen war eine neue Generation von belgischen Rennfahrern herangereift, die, inspiriert durch Van Hauwaerts Beispiel, ebenfalls ihr Glück außerhalb der Landesgrenzen suchte. Sie bestand überwiegend aus Söhnen von Landarbeitern und Kleinbauern, die von Kindesbeinen an hart hatten arbeiten müssen und es gewohnt waren, auf den berüchtigt schlechten belgischen Straßen zu trainieren. Deshalb waren sie den Entbehrungen der Tour und der Klassiker oft besser gewachsen als die französischen Rennfahrer, die meist aus einem städtischen Milieu stammten. Weil ihre Gehälter außerdem relativ bescheiden waren, stellten die Hersteller sie gerne ein. Vor allem nach dem Sieg von Odile Defraye im Jahr 1912 wollte jeder Konstrukteur Belgier in seiner Mannschaft haben. Von den 51 Rennfahrern, die 1913 bei der Tour für ein Werksteam an den Start gingen – die übrigen Teilnehmer fuhren als »Isolierte« – kamen 22 aus Belgien. Darunter der Sieger Philippe Thys sowie Marcel Buysse und Firmin Lambot, die Dritter und Vierter wurden.

Desgrange war von dieser neuen Politik der Fabrikanten wenig angetan. Er begrüßte zwar den internationalen Charakter seines Rennens, doch er wusste, dass seine Leser sich nur dann wirklich für die Tour begeisterten, wenn diese von einem Franzosen gewonnen wurde. Als die Überlegenheit des Brüsselers Philippe Thys 1914 so groß war, dass die Auflage von *L'Auto* zu sinken begann, beschloss Desgrange einzugreifen: Auf der vorletzten Etappe verhängte er aus zweifelhaften Gründen eine halbstündige Zeitstrafe gegen Thys, sodass dessen Vorsprung auf die Nummer zwei, den Franzosen Henri Pélissier, plötzlich auf unter zwei Minuten zusammenschmolz. Das französische Publikum entwickelte durch die Aussicht, vielleicht könne doch ein Landsmann siegen, eine solche Begeisterung, dass Zehntausende zugleich auf die Straße strömten und Pélissier, der einen kleinen Vorsprung auf seinen Rivalen errungen hatte, den Weg versperrten – mit der Folge, dass Thys doch noch die Tour gewann. Trotzdem hatte Desgrange sein Ziel erreicht: Die Auflage von *L'Auto* stieg an diesem Tag auf eine neue Rekordmarke.

Diese Tour im Jahre 1914 sollte vorläufig die letzte sein. An dem Tag, an dem die erste Etappe startete, wurden Franz-Ferdinand von Habsburg und seine Frau in Sarajevo ermordet, und acht Tage nach der Ankunft in Paris erklärte Deutschland Frankreich den Krieg. Desgrange vergaß alle frommen Betrachtungen über die internationale Verbrüderung, die gelegentlich in *L'Auto* erschienen waren, und hatte nur noch ein Auge für die Funktion, die er wie so viele seiner Landsleute dem Sport immer zugewiesen hatte: Mit roter Tinte schrieb er einen Aufruf an seine »lieben französischen Jungen«, die Lektion, die sie bei der Tour de France gelernt hatten, in die Tat zu setzen und die Preußen, »die Schufte mit ihren schmierigen quadratischen Köpfen«, gnadenlos abzuschlachten. Fünf Jahre lang sollte seine Frankreich-Rundfahrt für *le Grand Match,* wie er den Krieg nannte, Platz machen müssen, ein Match, in dem drei ehemalige Sieger der Tour den Tod finden würden: Petit-Breton, Lapize und Faber.

Kapitel IV

STRAFGEFANGENE DER LANDSTRASSE

Während des Ersten Weltkriegs kam das Radsportleben nicht gänzlich zum Erliegen. Vor allem in Italien, das sich erst im Jahr 1915 zu den kämpfenden Parteien gefügt hatte, wurden viele Rennen organisiert. Die Lombardei- und die Piemont-Rundfahrt fanden jedes Jahr wie gewohnt statt. Mailand–Sanremo wurde 1915 und 1916 abgesagt, stand jedoch ab 1917 wieder auf dem Programm. Auch in Frankreich fanden hinter der Front verschiedene Rennen statt. Die Tour und Paris–Roubaix konnten natürlich nicht abgehalten werden, wohl aber wurde 1917 und 1918 Paris–Tours ausgefahren. Sogar in dem von den Deutschen besetzten Belgien wurden von Zeit zu Zeit Radrennen organisiert. Das Fahrerfeld, das an diesen Rennen teilnahm, war selten besonders stark. Die meisten Champions waren unter Waffen und konnten nur während des Fronturlaubs schlecht trainiert und weitgehend unvorbereitet an den Start gehen.

Angesichts der enormen Verwüstungen, die der Krieg angerichtet hatte, fand der Radsport 1919 überraschend schnell zu neuer Blüte. Die Saison wurde mit einer Schlachtfelder-Rundfahrt in sieben Etappen eröffnet, organisiert von *Le Petit Journal,* als eine Hommage an die

Gefallenen. Die Strecke führte durch die Gegenden, in denen am heftigsten gekämpft worden war, und die Straßen, die über noch nicht aufgefüllte Bombenkrater und Schützengräben verliefen, waren vollkommen unbefahrbar. Sieger wurde der Belgier Charles Deruyter, doch es hatte so viele Unregelmäßigkeiten gegeben, dass sogar der glühende Radsportpropagandist Karel Van Wijnendaele, der normalerweise den Standpunkt vertrat, man solle nicht »im Sumpf des Betruges herumstochern«, wenn es auch »schöne Dinge zu erzählen« gab, eingestehen musste: Ob der Sieger die gesamte Strecke mit dem Fahrrad zurückgelegt habe, ließe sich nicht mit Sicherheit sagen. Auch Paris–Roubaix, das einige Wochen später stattfand, wurde ein extrem schweres Rennen, über Straßen, die durch Hunderte halb geschlossener Granattrichter noch schlechter als sonst waren. Das Wetter war an diesem Tag außerdem scheußlich, und die Landschaft, welche die Rennfahrer durchquerten, machte mit ihren vielen Bombenkratern, eingestürzten Häusern und verkohlten Bäumen einen solch desolaten Eindruck, dass ein Journalist von *L'Auto* die Gegend »die Hölle des Nordens« taufte, ein Ausdruck, der Geschichte gemacht hat.

Es versteht sich von selbst, dass die fetten Jahre der Vorkriegsära vorläufig vorbei waren. Die wirtschaftliche Lage der französischen Fahrradhersteller war so schlecht, dass selbst große Marken wie Peugeot, Alcyon, La Française, Automoto und Labor es sich nicht leisten konnten, eine eigene Mannschaft zu finanzieren. Weil sie aber trotzdem im Radsport weiterhin eine Rolle spielen wollten – wenn auch nur aus dem Grund, um ihren ausländischen Konkurrenten keine Gelegenheit zu geben, das Vakuum zu füllen –, vereinigten sie sich zu einem Konsortium, das sie La Sportive nannten. Dies war auch der einzige Name, der in den Anzeigen erwähnt wurde. Die meisten Rennfahrer, die von La Sportive angeworben wurden, fuhren »für ein Trikot und eine Hose« und bekamen nur ihre Unkosten erstattet. Einige Stars erhielten zwar ein Gehalt, doch dieses war meist nur sehr gering. So musste Henri Pélissier, die Nummer zwei bei der Tour von 1914 und ehemaliger Sieger von Mailand–Sanremo und der Lombardei-Rundfahrt, sich mit 300 Franc pro Monat zufriedengeben, einem Zehntel des Betrages, den er vor dem Krieg erhalten hatte, und angesichts der Geldentwertung eigentlich noch viel weniger wert.

In Italien, das weniger unter dem Krieg gelitten hatte, war die Situation viel günstiger. Die größten Hersteller trafen zwar Vereinbarungen, um einen geldverschlingenden gegenseitigen Konkurrenzkampf zu vermeiden, doch verfügten sie über ausreichend Mittel, um eigene Radrennteams aufrechtzuerhalten. Viele belgische und französische Rennfahrer, die im eigenen Land keine Beschäftigung finden konnten, zogen nach Italien, um bei einem dortigen Hersteller den Dienst anzutreten. Meist geschah dies nur für eine begrenzte Zahl von Rennen, manchmal aber auch im Rahmen einer festen Anstellung, wie sie zum Beispiel die Brüder Marcel und Lucien Buysse erhielten. Normalerweise bekamen die ausländischen Rennfahrer in solchen Fällen die Aufgabe, einem der italienischen Stars aus jener Zeit beizustehen, weil der Sieg eines Landsmannes für die Hersteller natürlich einen beträchtlich höheren Werbewert hatte als der Erfolg eines Franzosen oder Belgiers.

Das Domestikensystem erreichte in den italienischen Mannschaften bereits ein solch hohes Niveau, dass die wichtigsten Rennen faktisch zu Wettkämpfen zwischen ein paar Mannschaftskapitänen reduziert wurden. Diese erlangten auf diese Weise derart viele Siege, dass sie zu Superchampions erklärt werden konnten: zu *campionissimi*. So wurden die zwanziger Jahre von vier Rennfahrern dominiert, von Costante Girardengo, Gaetano Belloni, Giovanni Brunero und Alfredo Binda. Dieses Quartett gewann zwischen 1919 und 1929 alle italienischen Meisterschaften, alle Italien-Rundfahrten (mit Ausnahme des Jahres 1924, als die großen Firmen wegen eines Startgeldkonfliktes ihre Rennfahrer zu Hause ließen) und bis auf vier alle großen Klassiker. Die »großen Vier« waren selbst mit Trostpreisen wie den Etappensiegen beim Giro nicht gerade großzügig: Sie selbst gewannen 75 Etappen von insgesamt 113. Durch die fast unantastbare Position einer Hand voll Teams entstand auch eine Art von Radrennen, die jahrzehntelang als typisch italienisch galt: Bei schweren Rennen wurde der Kampf auf einen relativ kleinen Teil der Strecke beschränkt; für den Rest der Zeit wurde das Rennen praktisch neutralisiert, und das Peloton fuhr über viele Kilometer in einem gemächlichen Tempo weiter. Um sich in diesem System hervorzutun, mussten die italienischen Radprofis über ganz andere Qualitäten verfügen als die Eigenschaften, die für einen erfolgreichen Tour-Fahrer der zwanziger Jahren unentbehrlich waren, namentlich Zähigkeit und Durchhaltevermögen. Daher versagten die damaligen italienischen *campionissimi* bei der Frankreich-Rundfahrt auf ganzer Linie. Alle vier gingen sie ein Mal an den Start (Belloni sogar zwei Mal), doch keiner von ihnen hat jemals Paris erreicht. Der einzige Italiener, der in dieser Zeit die Tour gewinnen konnte, Ottavio Bottecchia, war eine ganz andere Sorte von Rennfahrer als seine berühmten Kollegen. Gerade deshalb sollte er im eigenen Land ihnen gegenüber den Kürzeren ziehen, und es ist ihm niemals gelungen, ein wichtiges italienisches Rennen zu gewinnen.

Die schwierige Situation, in der sich die französischen Fahrradhersteller nach dem Krieg befanden, brachte Henri Desgrange dazu, einen neuen Versuch zu wagen, seinen alten Traum zu verwirklichen: Die Tour von 1919 sollte wieder als individuelles Rennen ausgefahren werden, komplett mit »verplombten« Rädern. Er kümmerte sich nicht darum, dass eine solche Aufgabe im Jahr 1919 kaum zu verwirklichen war: Das Material stammte größtenteils aus der Vorkriegszeit und war von schlechter Qualität, während angesichts des erbärmlichen Zustandes, in dem sich die Straßen nach vier Jahren Krieg befanden, gerade doch eine besonders hohe Qualität erforderlich gewesen wäre. Infolgedessen gelang es nur elf Fahrern, Paris zu erreichen. Erst zwei Jahre später beschloss Desgrange, seine Rennordnung zu ändern: Wenn ein Fahrrad ganz oder teilweise irreparabel war, durften die Rennfahrer das Material austauschen. Jedoch waren sie verpflichtet, die unbrauchbaren Teile nach ihrer Ankunft von Kampfrichtern inspizieren zu lassen. Dies bedeutete zum Beispiel, dass der Sieger jenes Jahres, Léon Scieur, einmal dreihundert Kilometer mit einem verbogenen Hinterrad auf dem Rücken fahren musste, was zur Folge hatte, dass sich die Zahnkränze so tief in sein Fleisch bohrten, dass die Narben bis zu seinem Tode sichtbar bleiben sollten.

Im Jahr 1922 begann sich die wirtschaftliche Lage zu bessern, wodurch der Fahrradabsatz beträchtlich stieg. Die Direktionen der großen Firmen glaubten deshalb, dass es an der Zeit sei, die Struktur von La Sportive zu verändern. Selbstverständlich hatten sie keine Lust, ihre äußerst günstige Position aufzugeben, und verwandelten das Konsortium deshalb in ein Kartell. Die Konstrukteure sollten wieder mit eigenständigen Mannschaften antreten und mit ihrem eigenen Namen werben. Gleichzeitig trafen sie aber Verabredungen über das aufzuwendende Budget und die Gehälter der Rennfahrer. Außerdem beschlossen sie, ihre gemeinsame Front gegen die Konstrukteure, die sich nicht La Sportive angeschlossen hatten, aufrechtzuerhalten. Von der Opposition hatten sie nicht viel zu befürchten, weil sie selbst inzwischen fast 130 Rennfahrer, darunter viele Cracks, unter Vertrag hatten – eine Übermacht, gegen die nichts zu machen schien.

Die Hauptleidtragenden dieser Verabredungen waren natürlich die Rennfahrer, denen es nicht gelang, von dem wirtschaftlichen Aufschwung zu profitieren, da ihre Gehälter und die Herstellerprämien künstlich niedrig gehalten wurden. Es gab einen Radprofi, der sich damit nicht abfinden wollte: Henri Pélissier. Er hatte 1921 zum zweiten Mal Paris–Roubaix gewonnen und glaubte aufgrund dessen, Recht auf eine Gehaltserhöhung zu haben. Doch der Teamchef von

La Sportive, »Marschall« Alphonse Baugé, sich seiner Macht voll bewusst, wollte nichts davon wissen. Daraufhin kündigte Henri Pélissier zusammen mit seinem Bruder Francis und wechselte zu einem kleinen unabhängigen Konstrukteur, J.B. Louvet. Pierre Chany schreibt in seinen Standardwerken über die Geschichte des Radsports, dass Maisonnas, der Direktor von Louvet, die Brüder ursprünglich nur für Paris–Roubaix engagieren wollte. Lediglich für den Fall, dass einer von ihnen dieses Rennen gewinnen sollte, habe er ihnen einen längerfristigen Vertrag versprochen:

> Der Einsatz der beiden Brüder, die den Widerstand von 130 Rennfahrern zu überwinden haben, ist enorm, denn der »Marschall« hat den Befehl gegeben: »Die beiden dürfen kein einziges Rennen gewinnen, und schon gar nicht Paris–Roubaix! Tut, was ihr könnt!« Nun, wenn kein Pélissier gewinnt, zieht J.B. Louvet seine Mannschaft aus dem Radsport zurück und die beiden Champions stehen auf der Straße, gezwungen, nach Italien ins Exil zu gehen.

Das Ergebnis: Henri Pélissier Erster, Francis Pélissier Zweiter. Es klingt wie ein Märchen, und das ist es auch. Tatsächlich beendeten die Pélissiers Paris–Roubaix 1921 auf den ersten beiden Plätzen, doch sie waren damals noch immer Teil von La Sportive. Erst Anfang 1922 kündigten sie und unterschrieben bei J.B. Louvet. Das erste große Rennen, das sie für ihre neue Marke bestritten, war die Flandern-Rundfahrt, bei der Henri Dritter wurde. Wohl gewann er in jenem Jahr Paris–Tours, während Francis bei Bordeaux–Paris siegte. Das ändert natürlich nichts daran, dass die Pélissiers eine heroische Tat vollbrachten, indem sie mit dem Konsortium brachen, und es ist nur gerecht, dass sich ihre Rebellion zu einer der berühmtesten Legenden des Radsports entwickelt hat. Die Pélissiers waren außergewöhnliche Rennfahrer und nahmen in vielerlei Hinsicht einen äußerst wichtigen Platz in der Radsportwelt ihrer Zeit ein. Sie entwickelten zum Beispiel ganz neue Erkenntnisse auf dem Gebiet des Trainings. Ihre Kollegen versuchten noch, so viele Kilometer pro Tag wie möglich zurückzulegen, um in Form zu kommen. Die Pélissiers entdeckten, dass kurze, intensivere Belastungen oft viel wirkungsvoller sind. Sie experimentierten auch mit neuen Ernährungsmethoden. Radrennen dauerten in jener Zeit viele Stunden, und die meisten Rennfahrer hatten tödliche Angst vor *la fringale*, dem berüchtigten Anfall von Heißhunger, bei dem plötzlich jegliche Energie aus dem Körper zu schwinden scheint. Um sich gegen einen solchen »Hungerast« zu wappnen, stopften sie sich schon vor dem Start mit Eiern, Koteletts, Bananen und anderer Nahrung voll, die so schwer im Magen lag, dass sie zu Beginn eines Rennens kaum von der Stelle kamen. Die Pélissiers beschränkten sich morgens auf ein leichtes Frühstück und griffen bevorzugt auf den ersten Kilometern an, wenn ihre Gegner am verwundbarsten waren. Sie kamen auch dahinter, dass sie während eines Rennens keinen Alkohol trinken sollten. Dies war eine sensationelle Entdeckung, denn ihre Zeitgenossen hatten nur Augen für dessen anregende Wirkung. Natürlich wusste jeder Rennfahrer, dass die stimulierende Wirkung des Alkohols nur von kurzer Dauer war, doch sie begegneten dem, indem sie immer wieder neue Dosen zu sich nahmen. So tranken die Fahrer von Alcyon während Bordeaux–Paris eine ganze Flasche Cognac plus ein paar Gläser Weißwein, Portwein und Champagner. Zum Glück bestritt ein Radprofi in jener Zeit selten mehr als vierzig Rennen pro Jahr, denn sonst hätte Leberzirrhose im Peloton wahre Verwüstungen angerichtet.

Noch viel wichtiger war, dass Henri Pélissier als erster Rennfahrer in Aktion trat, um die Macht der Organisatoren und Hersteller zu zügeln. Dies hatte zweifellos viel mit seinem gesellschaftlichen Hintergrund zu tun. Die meisten Rennfahrer stammten aus Familien, die bereits seit vielen Generationen in Armut lebten, sodass ein Leben im Wohlstand außerhalb ihres Blickfeldes lag. Sie verdienten mit dem Radsport mehr Geld, als sie sich jemals hätten träumen lassen, und waren nicht geneigt, die Verhältnisse, unter denen sie ihre Arbeit verrichten mussten, in Frage zu stellen. Henri Pélissier hatte einen ganz anderen Hintergrund. Er war der Sohn eines Mannes, der eine Romanfigur von Balzac hätte sein können, ein Bauer aus dem Cantal, der nach Paris gezogen war, um dort einen florierenden Milchbetrieb aufzubauen. Sein Vater hatte sich gegen Henris Plan, Radrennfahrer zu werden, heftig gewehrt. Radprofi war ein Beruf, der in jener Zeit von anständigen Menschen nicht viel höher geachtet wurde als der des Schaustellers. Henri hatte sein Streben nur verwirklichen können, indem er mit neunzehn Jahren von zu Hause weggelaufen war. Er hatte sich in seiner Jugend von niemand etwas vorschreiben lassen und hatte nicht die Absicht, dies als Erwachsener zu ändern. »Er betrachtet jeden Hersteller als seinen Gegner und jeden Veranstalter als seinen Feind«, schrieb Desgrange. Dies bedeutete jedoch nur, dass Pélissier den Radsport immer vom Standpunkt seines eigenen Metiers aus betrachtete und niemals tolerierte, dass die Hersteller und Veranstalter ihre eigenen Interessen über die der Rennfahrer stellten. Weil dies aber die gängige Praxis war (und auch heute noch ist), stand Pélissier ständig mit allen, die im Radsport etwas zu sagen hatten, auf Kriegsfuß – allen voran mit Desgrange, der in den zwanziger Jahren fast alle wichtigen französischen Rennen organisierte und außerdem die zwei wichtigsten Velodrome verwaltete. Pélissier konnte sich diese Haltung erlauben, weil er nicht nur der beste, sondern auch der populärste Rennfahrer seiner Zeit war und die Öffentlichkeit wegen seiner Unbeugsamkeit zunehmend auf seiner Seite stand.

Am stärksten lehnte sich Pélissier gegen die langen, schweren Etappen bei der Tour auf. So betrug die durchschnittliche Länge einer Etappe in den ersten Jahren nach dem Krieg ungefähr 360 Kilometer, die längste Etappe zählte sogar 482. Pélissier zufolge verwechselte

Desgrange, indem er eine derartige Strecke zusammenstellte, »Härte« mit »roher Gewalt«. Die Tour sei auf diese Weise ein Rennen für »Arbeitspferde« (womit er vor allem die belgischen Rennfahrer meinte) und nicht für »Rassepferde« (wie er selbst). In den Jahren 1919 und 1920 gab er nach einigen Etappen auf, während er 1921 und 1922 noch nicht mal an den Start ging. Sein Bruder Francis folgte ihm jedes Mal treu. Letztendlich sollte Desgrange einsehen, dass die Pélissiers Recht hatten, und die durchschnittliche Kilometerzahl pro Etappe auf 225 reduzieren. Doch dies geschah erst 1927, als Henris Karriere faktisch beendet war.

Trotz seiner Abneigung gegen die Tour sollte Henri Pélissier 1923 mit vierunddreißig Jahren doch noch Sieger werden. Da in Legenden so gut wie nie Platz für prosaische Elemente ist, ist die Geschichte entstanden, dass er nur deshalb an den Start gegangen sei, weil er sich in seiner Ehre gekränkt fühlte: Er habe sich herausgefordert gewähnt durch die vielen Artikel von Desgrange, in denen behauptet wurde, dass er in seinem Alter körperlich und geistig nicht mehr dazu in der Lage sei, ein so schweres Rennen wie die Tour de France zu gewinnen. Die Wirklichkeit indes war viel einfacher: Henri nahm an der Tour teil, weil er von seinem neuen Arbeitgeber dazu gezwungen wurde. Wie im Grunde nicht anders zu erwarten war, geriet er auch mit Maisonnas, dem Direktor von J.B. Louvet, in Streit. Dieser hatte nämlich einen Vertrag mit der Galeries Lafayette in Paris geschlossen, dass sein Bruder Francis bei Bordeaux–Paris nicht von einem normalen Materialwagen begleitet werden sollte, sondern von einem Lieferwagen des Kaufhauses, auf dem in großen Buchstaben der Firmenname geschrieben stand. Dieser war so langsam, dass Francis viele Minuten warten musste, als er eine Panne hatte, und dadurch seinen ersten Platz verspielte. Eine solche Vorgehensweise hatten die Pélissiers niemals toleriert, und sie beschlossen zu kündigen. Sie meldeten sich bei Automoto, einem

Hersteller, der sich kurz zuvor von La Sportive gelöst hatte, und erhielten einen Vertrag – jedoch unter der Bedingung, dass sie auch bei Desgranges Frankreich-Rundfahrt starten würden. Die Teilnahme an der Tour de France war das wichtigste publizistische Ziel der Firma. Auch dank einer sehr starken Mannschaft und verschiedener unklarer Zwischenfälle wie der Vergiftung von Léon Scieur, dem Sieger von 1921, gelang es Henri Pélissier tatsächlich, im Gelben Trikot in Paris anzukommen. Als erster Franzose seit 1911.

Für Desgrange, der die Auflage von *L'Auto* auf eine neue Rekordhöhe von 495.000 Exemplaren hatte steigen sehen, war damit alles vergessen und vergeben. Er wurde durch Pélissiers Sieg zu neuen lyrischen Höhenflügen inspiriert und verglich die Schönheit dieses Triumphes mit den prächtigsten Schöpfungen von Corneille, Michelangelo und Wagner. Pélissier ließ sich nicht erweichen. Er blieb bei seiner Kritik an den übertriebenen Strapazen, die den Rennfahrern abverlangt wurden, und an den vielen Bestimmungen des Reglements, die das Rennen für die Fahrer unnötig erschwerten. So hatte Desgrange 1920 angeordnet, dass ein Fahrer nicht das Recht habe, das Material, das er von seinem Hersteller bekomme, zu verschleudern. Deshalb müsse jeder mit derselben Ausrüstung, mit der er losgefahren war, auch im Ziel ankommen. Der Tour-Direktor hatte in jenem Jahr nämlich schockiert zugesehen, wie Pélissier sich mit Blick auf den Endspurt allen überflüssigen Gepäcks wie Ersatzreifen, Luftpumpe, Essen und Reparaturmaterial entledigt hatte. Pélissier war kein Mann, der sich von solchen Bestimmungen stören ließ. Die Tour-Etappen waren so lang, dass der Start oft vor Sonnenaufgang stattfand, und wenn es noch nicht warm genug war, fuhr er mit zwei Trikots übereinander los. Später warf er dann eines weg. Im Jahr 1924 war er aber während der Etappe Le Havre–Cherbourg so unvernünftig gewesen, dies ausgerechnet vor den Augen von Eberardo Pavesi, dem Chef des konkurrierenden Legnano-Teams, zu tun. Der Italiener legte sofort Protest ein. Pélissier stellte nichts in Abrede, führte jedoch an, dass das Trikot, das er weggeworfen hatte, sein persönliches Eigentum sei und dass er deshalb damit tun könne, was er wolle. Desgrange schob daraufhin seine Entscheidung hinaus. Einer der Kampfrichter, André Trialoux, konnte es im Hinblick auf mögliche Sanktionen jedoch am nächsten Morgen nicht lassen, vor dem Start zu überprüfen, mit wie vielen Trikots Pélissier diesmal losfuhr. Dieser rief wütend, dass er kein Schuljunge sei und dass sich die Tour für ihn erledigt habe. Er fuhr zwar noch los, doch ließ er sich nach einigen Dutzend Kilometern zusammen mit Francis an das hintere Ende des Pelotons zurückfallen, wonach beide Brüder den Kampf aufgaben.

In diesem Jahr wurde die Tour von Albert Londres verfolgt, der seit seiner Reportage über die Zwangsarbeiter in dem Bagno von Cayenne als »der Prinz der Journalisten« bekannt war. Londres war kein Sportreporter und verstand wenig von Radrennen. Doch wie jeder gute Reporter hatte er den richtigen Riecher für Neuigkeiten. Während all seine Kollegen mit dem Peloton mitfuhren, kehrte er um und machte sich auf die Suche nach den Pélissiers. Er fand sie in Coutances in einem Café gegenüber vom Bahnhof und führte mit ihnen ein Interview, das am nächsten Tag in *Le Petit Parisien* veröffentlicht wurde:

> »War es eine Entscheidung aus dem Bauch heraus?«
>
> »Das nicht«, sagt Henri, »wir sind nur keine Hunde.«
>
> »Was ist passiert?«
>
> »Eine Sache, bei der es um nichts weiter ging als um Trikots! Heute früh kommt in Cherbourg ein Kommissär auf mich zu und lupft mein Trikot – wortlos. Er vergewisserte sich, ob ich darunter kein zweites trug. Was würden Sie sagen, wenn ich Ihre Weste hochzöge, um zu sehen, ob Sie ein weißes Oberhemd anhaben? Ich mag ein solches Verhalten nicht, das ist alles.«

»Was macht das schon, ob Sie zwei Trikots tragen?«

»Ich könnte fünfzehn anhaben, aber ich darf nicht mit zwei starten und mit einem Trikot ins Ziel kommen.«

»Warum nicht?«

»Das steht im Reglement. Wir müssen nicht nur kämpfen wie die wilden Tiere, sondern auch vor Kälte zittern oder in der Hitze ersticken. Das gehört, so scheint es, ebenfalls zum Sport.« [...] »Sie haben keine Vorstellung davon, was die Tour de France ist«, sagt Henri, »sie ist ein Leidensweg. Dabei besteht der Kreuzweg nur aus vierzehn Stationen, der unsrige aber hat fünfzehn. [...] Und die richtigen Brocken – die Pyrenäen – kommen erst noch ... Wir tun das, was wir keinem Maulesel antun würden. Wir sind keine Faulenzer, aber man lege uns in Gottes Namen keine Steine in den Weg. Qualen akzeptieren wir, jedoch keine Schikanen! Mein Name ist Pélissier und nicht Hasso oder Rex! ... Ich habe mir eine Zeitung unters Trikot gesteckt, bin damit gestartet und muss damit ins Ziel kommen. Falls ich sie wegwerfe, brummt man mir eine Zeitstrafe auf! ... Wenn wir in der sengenden Hitze Durst leiden und fließendes Wasser in unsere Trinkflasche füllen, müssen wir uns vergewissern, ob nicht irgendein Heinzelmännchen, fünfzig Meter weiter, das Wasser für uns pumpt, andernfalls folgt die Strafe auf dem Fuße. Nochmals: Wir müssen selber pumpen! Es kommt noch der Tag, an dem sie uns Blei in die Taschen stopfen, weil sie behaupten werden, dass Gott den Menschen zu leicht geschaffen hat.«

Dank dieses Interviews geriet den Gebrüdern Pélissier ihre Aufgabe nicht zum Nachteil. Ganz im Gegenteil, sie wurden beliebter als je zuvor. Ihre Legende wurde durch die Überschrift, die Londres über seinen Artikel setzte, noch weiter ausgeschmückt: »Die Märtyrer der

Eine Gesprächsrunde bei Trinkschokolade, die Radsportgeschichte schrieb: In einem Café am Bahnhof von Coutances interviewte der berühmte Reporter Albert Londres (links sitzend, mit Hut) die Gebrüder Henri und Francis Pélissier und den mit ihnen aus der Tour ausgestiegenen Maurice Ville.

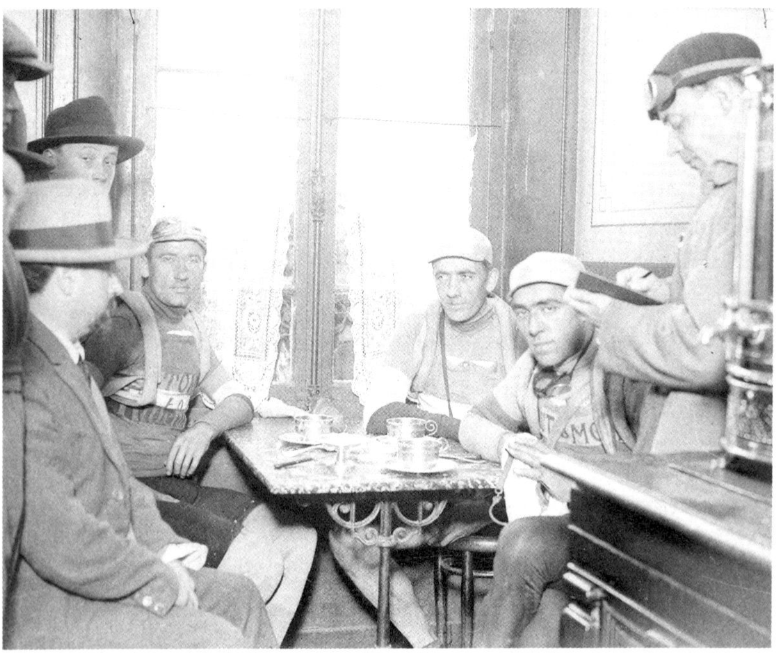

Landstraße«, eine Bezeichnung, die in den Berichten über den Zwischenfall schon bald durch das noch schönere »Die Strafgefangenen der Landstraße« ersetzt wurde, eine Bezeichnung, die in den Jahren davor bereits einige Male verwendet worden war – unter anderem von Henri Pélissier selbst –, die jedoch eingedenk der Reportage über das Bagno von Cayenne von diesem Moment an Albert Londres zugeschrieben wurde. Die Tour konnte nicht nur Rennfahrern, sondern auch Journalisten einen mythischen Status verschaffen.

Die Pélissiers ließen es nicht bei Interviews bewenden. Ein paar Monate nach dem Zwischenfall in Coutances gaben sie den Impuls zur Gründung der ersten Radprofi-Gewerkschaft. Kurz vor dem Ersten Weltkrieg wäre eine derartige Initiative sinnlos gewesen, weil die Beschwerlichkeiten, welche die Rennfahrer auf sich nehmen mussten, finanziell in reichem Maße kompensiert wurden. Im Jahr 1925 aber gelang es den Herstellern und Organisatoren noch immer, die Gehälter, Prämien und Preise niedrig zu halten, obwohl sie mehr Fahrräder denn je verkauften. Die Pélissiers stießen deshalb mit ihren Plänen bei vielen ihrer Kollegen auf offene Ohren. Im Frühjahr 1925 trat die neue Fahrervereinigung zum ersten Mal in Aktion. Der unmittelbare Anlass war Desgranges Plan, die Proviantversorgung zu standardisieren, sodass alle Rennfahrer Verpflegungsbeutel mit identischem Inhalt erhalten würden, statt der von ihnen selbst bevorzugten Nahrungsmittel. Dieses System sollte bei Paris–Tours zum ersten Mal angewandt werden. Die Führung des Fahrer-Gewerkschaft beschloss daraufhin, einen Streik auszurufen.

Desgrange hatte nicht die Absicht, in dieser Frage nachzugeben – und schon gar nicht gegenüber Henri Pélissier. Es verstand sich von selbst, dass man diesen zum Vorsitzenden der Profi-Gewerkschaft bestimmt hatte, doch das bedeutete nicht, dass er auch der am besten geeignete Mann für diese Funktion war. Pélissier hatte nicht nur ein äußerst schlechtes Verhältnis zu dem mächtigen Desgrange, er hatte außerdem auch viele Feinde unter den Rennfahrern, vor allem unter den Belgiern. Diese wurden von ihren französischen Kollegen noch immer als Eindringlinge betrachtet und standen oft schwer unter Beschuss. Auch bei diesen Aktionen trat Henri Pélissier natürlich als Anführer auf. Sein Aufruf zum Streik wurde von den Belgiern nahezu einhellig ignoriert. Als auch eine Anzahl französischer Fahrer unter dem Druck ihrer Firmen, denen wenig an einer Vereinigung der Rennfahrer gelegen war und die deshalb mit Desgrange auf einer Linie lagen, nachgab, konnte Paris–Tours wie gewohnt stattfinden. Dies bedeutete zugleich das Ende für die Gewerkschaft der Radprofis.

Vielleicht hätte Desgrange besser daran getan, Pélissier seinen Willen zu lassen, denn dann hätte die Fahrer-Vereinigung ein Gegengewicht zu der wachsenden Macht der Hersteller bilden können, die den sportlichen Ablauf der Tour zunehmend beeinträchtigte. Denn nun, da sich die wirtschaftliche Lage gebessert hatte, war es den Konstrukteuren gelungen, etwa die gleiche Situation herzustellen wie vor dem Krieg.

Anfangs hatte Automoto die Vorherrschaft zu erlangen gewusst. Die Mannschaftskapitäne der Firma, Henri Pélissier, Bottecchia und Lucien Buysse, sorgten von 1923 bis 1926 für vier Siege, zwei zweite und einen dritten Platz. Durch diese Erfolge stiegen die Verkaufszahlen dieser Marke derart an, dass die Direktion beschloss, ihre Geschäfte kräftig auszuweiten. Der Zeitpunkt dafür war schlecht gewählt, da der Fahrradabsatz in Frankreich ab 1926 zu stagnieren begann. Das hatte zur Folge, dass die Investitionen von Automoto nicht genug Rendite einbrachten und das Unternehmen in solch große finanzielle Schwierigkeiten geriet, dass die Vorstandsherren auf eine Tour-Teilnahme verzichteten und ihre Fahrer nur für die Klassiker anmeldeten. Obwohl das Budget, das sie für ihre Radsportaktivitäten zur Verfügung stellten, beträchtlich geringer ausfiel als in den Jahren davor, wurde das Geld so gut angelegt, dass die Firma einige klangvolle Siege zu erringen wusste.

Insbesondere der phänomenale Georges Ronsse gewann verschiedene wichtige Rennen, darunter Paris–Roubaix im Jahr 1927. Anfangs war der französische Peugeot-Fahrer Benoit zum Sieger erklärt worden, und die Marseillaise war bereits erklungen, als der Zielrichter seine Entscheidung plötzlich revidierte. Dies war kein Geringerer als André Trialoux, der Mann, der die Pélissiers drei Jahre zuvor zur Aufgabe bei der Tour provoziert hatte. Als Automoto 1929 seine Tore doch schließen musste und von Peugeot übernommen wurde, fand die neue Direktion in dem Archiv ihres früheren Konkurrenten eine Empfangsbestätigung für einen ordentlichen Geldbetrag, datiert auf den Tag von Paris–Roubaix und unterschrieben von André Trialoux ...

Nun, da die Rennfahrer von Automoto, darunter Lucien Buysse, der Sieger von 1926, bei der Tour nicht an den Start gingen, hatte die zweite große Marke jener Zeit, Alcyon, freie Hand. Im Jahr 1927 belegten die Rennfahrer dieser Firma die ersten vier Plätze der Gesamtwertung, im Jahr danach sogar die ersten fünf. Auch 1929 gewann ein Alcyon-Fahrer die Tour. Die Übermacht des Unternehmens war so groß, dass die Teamchefs von Dilecta und Alleluia beschlossen, sich nicht länger dagegen zu wehren. Sie begnügten sich mit den Trostpreisen, die sie im Tausch für ihre wohlwollende Haltung zugeschoben bekamen. Dies führte zu einem Rennverlauf, der so langweilig war, dass er sogar in den barocken Schilderungen von *L'Auto* keine spannende Geschichte ergab.

Ebenso wie vor dem Ersten Weltkrieg versuchte Desgrange, die Situation durch Anpassung des Reglements zu verändern. Seine Gegenmaßnahmen waren nicht alle gleichermaßen glücklich. Um zu verhindern, dass ein Team wie Alcyon das Rennen lahmlegte, so wie es die großen Marken beim Giro taten, ließ er zum Beispiel die flachen Etappen als Mannschaftszeitfahren austragen. Die Rennfahrer wurden hierdurch tatsächlich dazu gezwungen, große Anstrengungen zu vollbringen, doch das hatte zur Folge, dass die stärksten Teams enorm

Egal, ob Franzose oder nicht: Alcyon-Sportdirektor Feuillet war zufrieden, wenn einer seiner Fahrer die Tour gewann. So wie 1929 der Belgier Maurice Dewaele.

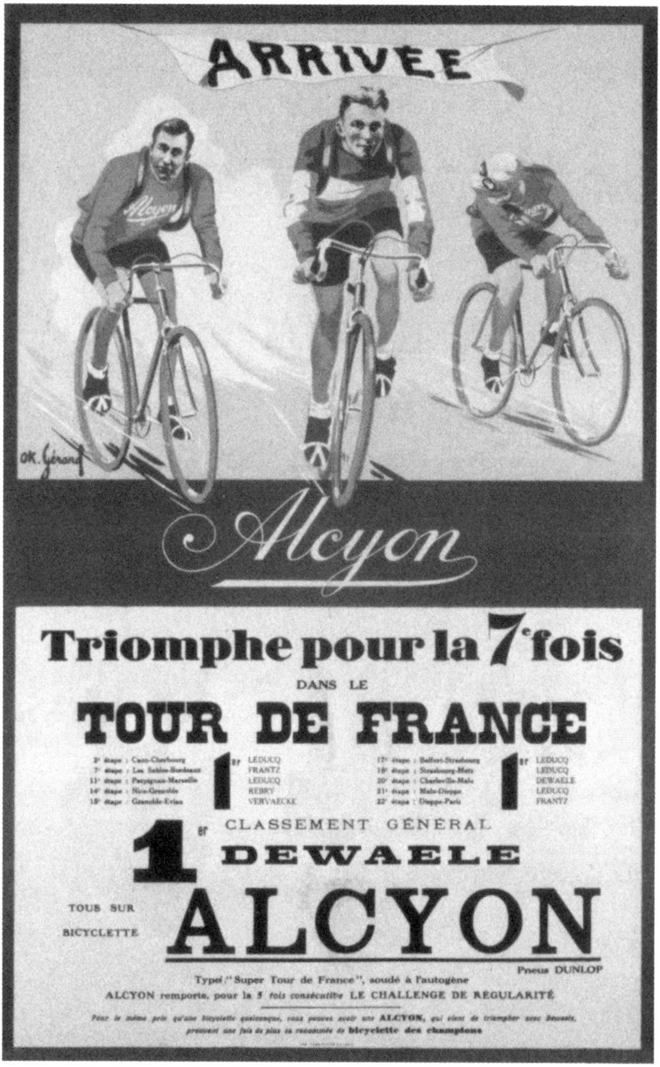

begünstigt wurden. Der beste Kletterer der Tour von 1928, Victor Fontan aus dem Béarn, der mit sechsunddreißig Jahren seine zweite Frankreich-Rundfahrt bestritt, war am Fuße der Pyrenäen bereits vollkommen chancenlos. Denn er fuhr in einer schwachen *équipe regionale* und hatte bei den Flachetappen bereits mehr als fünf Stunden auf den späteren Sieger Nicolas Frantz verloren, der schon zu diesem Zeitpunkt von dem Alcyon-Zug hatte profitieren können.

Ein anderes Problem, mit dem Desgrange zu kämpfen hatte, war, dass zwischen 1911 und 1929 die Tour jedes Mal von einem Ausländer gewonnen wurde. Die einzige Ausnahme bildete 1923, als Henri Pélissier siegte. Frankreich verfügte nur noch über wenige gute Rennfahrer. Die potenziellen Champions, die Pélissier und Christophe hätten nachfolgen müssen, waren größtenteils auf den nordfranzösischen Schlachtfeldern gefallen. Erst Ende der zwanziger Jahre, als eine Generation nachwuchs, die zu jung gewesen war, um im Krieg einberufen zu werden, sollten französische Rennfahrer bei ihrer nationalen Rundfahrt wieder Erfolge verbuchen können. Vor dieser Zeit wurden sie von Fahrern überflügelt, die aus Ländern stammten, die nicht so viele Menschenleben hatten opfern müssen.

Natürlich waren die vielen ausländischen Siege so gar nicht im Sinne des französischen Publikums. Das interessierte sich nur mäßig für all die Lambots, Scieurs, Heusghems, Buysses und Dewaeles – für Rennfahrer, die noch nicht mal klangvolle Spitznamen erhielten. Die Hersteller ihrerseits störte dies kaum. Die meisten von ihnen waren sich zweifellos einig mit Ludovic Feuillet, dem mächtigen Sportdirektor von Alcyon, der erklärte, dass es ihm absolut egal sei, wer die Tour gewinne, wenn der Sieger nur ein Fahrrad seiner Marke fuhr. Französische Sieger brachten für eine Firma natürlich mehr Publizität, doch dem stand gegenüber, dass sie auch besser bezahlt werden mussten: Automoto zahlte Pélissier im Jahr 1923 für seinen Sieg 31.000 Franc; der Italiener Ottavio Bottecchia bekam dafür ein Jahr später nur 4.000 Franc.

Desgrange sah voller Bedauern zu, wie die großen Marken einen uninteressanten Sieger nach dem anderen aufbauten, während ein vielversprechender Franzose wie Leducq gezwungen wurde, seine Chancen für den Luxemburger Frantz zu opfern, über den es nichts Ergreifenderes zu berichten gab, als dass dieser »die Vorsicht in Person« sei. Nach dessen Siegen in den Jahren 1927 und 1928 erwägte Desgrange deshalb, die Markenteams durch Nationalmannschaften zu ersetzen. Da er den Widerstand der Hersteller fürchtete, entschied er sich für eine andere Lösung: Er griff erneut auf das Konzept des individuell zu bestreitenden Rennens zurück. Doch es war natürlich ein vollkommen irrealer Gedanke, dass die Macht der großen Firmen auf diese Weise zu brechen sei, und Desgrange musste hilflos zusehen, wie auf jede erdenkliche Weise gegen die Rennordnung verstoßen wurde. Die Unregelmäßigkeiten erreichten ihren Höhepunkt, als der Träger des Gelben Trikots, Maurice Dewaele, der für Alcyon fuhr, in Grenoble krank wurde und von den anderen Rennfahrern seiner Marke über die Alpen geschleppt wurde. Sie taten dies ungestraft, weil Desgrange sich keinen Konflikt mit seinem wichtigsten Anzeigenkunden erlauben konnte und außerdem die Illusion wahren musste, dass seine Tour fair ablief. Schließlich beschloss Desgrange, nur die Nummer zwei der Gesamtwertung zu bestrafen, den ebenfalls in Diensten Alcyons stehenden Belgier Demuysere, und das Ergebnis ansonsten so zu lassen, wie es war.

Diesmal stand für Desgrange fest, dass das Konzept seines Rennens radikal geändert werden musste. Die Auflage von *L'Auto*, die seit 1923 in etwa konstant geblieben war, begann zum ersten Mal nach dem Krieg spürbar zu sinken, und es war klar, dass der Fortbestand der Tour auf dem Spiel stand. Am 25. September 1929 kündigte er an, dass seine Rundfahrt im kommenden Jahr von Nationalteams bestritten werden sollte. Noch bevor die Hersteller darauf reagieren konnten, kam es an der Wall Street zu dem Börsencrash, der die größte Wirtschaftskrise des zwanzigsten Jahrhunderts einläuten sollte. Eine Folge dessen war, dass die Macht der Fahrradhersteller ein Ende fand, womit eine ganz neue Ära im Radsport begann.

Kapitel V

EINE LEKTION IN UNBEUGSAMKEIT

Mit seinem Plan, die Tour de France ab 1930 von Nationalmannschaften ausfahren zu lassen, hoffte Henri Desgrange, den Machenschaften der Hersteller, welche die vorherigen Rundfahrten verdorben hatten, ein Ende zu setzen. Um den Einfluss der großen Firmen weitestgehend zu beschränken, beschloss er aber noch etwas anderes: Alle Teilnehmer sollten auf Rädern einer »unbekannten Marke« fahren, die von der Organisation zur Verfügung gestellt würden. Die Fahrer sollten sich achtundvierzig Stunden vor dem Start mit ihren eigenen Lenkern und Sätteln melden; diese wurden anschließend auf gelb lackierten Rahmen montiert, die lediglich den Namen der Veranstalterzeitung *L'Auto* trugen. Es verstand sich von selbst, dass die Tour-Direktion auch die Kosten für Kost und Logis der Rennfahrer übernehmen würde.

Desgrange konnte diese radikalen Maßnahmen natürlich nicht ohne Mitwirkung der Hersteller ergreifen. Schließlich verfügten diese über die Macht, ihren Rennfahrern die Teilnahme an der Tour zu verbieten. Doch Desgrange hatte die Konjunktur auf seiner Seite. Die meisten kleineren Marken waren sogar äußerst zufrieden damit, dass sie in der schwierigen wirtschaftlichen Lage, in der sie sich befanden, nicht für die

Versorgung und das Material ihrer Rennfahrer aufkommen mussten. Der einzige Sportdirektor, der lauthals gegen die neuen Pläne protestierte, war Ludovic Feuillet. Doch auch ihn konnte Desgrange mehr oder weniger mit dem neuen Konzept versöhnen, als er durchsickern ließ, dass die »unbekannte Marke«, auf der die Teilnehmer fahren sollten, Alcyon hieß. Daraufhin beschloss Feuillet, die Drohung, seinen Fahrern ein Startverbot zu erteilen, nicht wahr zu machen. Wohl aber befand er es für notwendig, protesthalber einige starke Fahrer wie die Belgier Rebry und Vervaecke, die sonst gewiss für die Tour nominiert worden wären, für ein viel weniger wichtigeres Rennen zu melden.

Es gab noch einen zweiten Grund, weshalb Desgrange von den großen Firmen abhängig blieb. Es war üblich, dass diese bei einem Sieg eines ihrer Rennfahrer große Anzeigen in *L'Auto* schalteten, und die Einnahmen, die dies einbrachte, waren für das Fortbestehen des Blattes unverzichtbar. Desgrange erlaubte deshalb den Herstellern, mit den Leistungen der Rennfahrer, die den Rest des Jahres in ihren Diensten fuhren, zu werben, auch wenn diese bei der Tour anderes Material benutzten. Dies war eine Regelung, von der beide Parteien profitierten, doch erhielten die Firmen dadurch indirekt wieder einen Teil ihres Einflusses auf den Rennverlauf zurück. Im Jahr 1931 sollte Antonin Magne dadurch sogar fast den Sieg verspielen. Wegen der Wirtschaftsrezession hatte sich sein Arbeitgeber Alleluia in jenem Jahr aus dem Radsport zurückgezogen, und trotz seines dritten Platzes bei der Tour de France 1930 war es Magne nicht gelungen, einen neuen Sponsor zu finden. Sein Material stammte von einem kleinen Konstrukteur aus seiner Heimatregion, dem Cantal. Weil dieser nur für den lokalen Markt tätig war, dachte er gar nicht daran, große Anzeigen in dem organisierenden Blatt aufzugeben, die sowieso viel zu teuer für ihn waren. Desgrange sah zu seinem Schrecken, wie ihm eine wichtige Einnahmequelle entging. So versuchte er, Magnes Teamkameraden auf diskrete Weise dazu zu überreden, ihren Mannschaftskapitän etwas weniger großzügig als sonst zu unterstützen. Da die Fahrer des französischen Teams allesamt nicht dazu in der Lage waren, Magnes Rolle zu übernehmen, und sie sich ihren Anteil an dem Preisgeld für den Gesamtsieg nicht entgehen lassen wollten, blieben Desgranges Versuche erfolglos. Doch der Tour-Direktor hatte nicht die Absicht, nochmals solch einen Fehler zu begehen: Als André Leducq, der Sieger von 1930 und 1932, im Jahr 1934 von seinem Vertrag mit der mächtigen Firma Alcyon zurücktrat und bei der kleinen, neuen Marke Mercier anheuerte, die obendrein von Francis Pélissier geführt wurde, erhielt er schlichtweg keine Starterlaubnis bei der Tour.

Desgranges Entschluss, die Kosten für das Material und die Versorgung der Rennfahrer zu übernehmen, bedeutete selbstverständlich eine große Belastung für die veranstaltende Sportzeitung. Diese konnte die Kosten nur deshalb tragen, weil es Desgrange gelungen war, neue Geldquellen anzuzapfen. Diese stammten hauptsächlich aus jenen Wirtschaftssektoren, die nicht unmittelbar an der Herstellung von Fahrrädern oder Fahrradteilen beteiligt waren, den Radsport aber trotzdem dazu benutzen wollten, Werbung für ihre Produkte zu machen. Die Versuche der Galeries Lafayette bei Bordeaux–Paris 1922 waren diesbezüglich nicht sehr glücklich gewesen, doch wurde es seitdem immer üblicher, dass das Peloton bei wichtigen Rennen von einem oder mehreren Werbefahrzeugen begleitet wurde. Viel Wirkung hatte dies übrigens nicht, weil die Zuschauer meist längst verschwunden waren, wenn die Wagen vorbeikamen. Dies änderte sich erst, als die Schokoladenfabrik Menier für die Tour 1930 von Desgrange die Erlaubnis erhielt, einen Wagen der Firma vor den Rennfahrern herfahren zu lassen. Die Direktion des Unternehmens nutzte die Gelegenheit und startete eine riesige Kampagne. Sie bemannte einen Firmenlastwagen mit Angestellten, die insgesamt eine halbe Million Mützen mit Werbeaufdruck und einige tausend Kilogramm Schokoladenriegel an das wartende Publikum verteilten. Oben auf den Passhöhen schenkte das Menier-Team heiße Schokolade an die Rennfahrer und ihre Begleiter aus, während das Unternehmen außerdem eine Art Bergpreis auslobte.

Die Kampagne hatte solch einen Erfolg, dass viele Unternehmen dem Beispiel von Menier folgten und ebenfalls Werbeautos zur Tour schickten. Manche von ihnen, wie etwa Perrier, Pernod, Martini und Banania, sollten über Jahre im Radsport präsent bleiben. All diese Unternehmen genossen in den Spalten von *L'Auto* die gleiche Vorzugsbehandlung wie die anderen Inserenten. Das Blatt veröffentlichte sogar eine Extra-Beilage mit einer Übersicht der Prämien, welche die Teilnehmer der Werbekarawane zur Verfügung stellten, wobei die Redaktion selbstverständlich nicht versäumte, en passant die Produkte ihrer Sponsoren zu rühmen. In den Augen von Desgrange bedeutete dies zweifellos nur ein kleines Opfer, das er für ihre Mithilfe erbringen musste. Natürlich ging er Verpflichtungen ein, indem er diese Firmen anwarb, doch diese belasteten ihn viel weniger als seine Abhängigkeit von den Fahrradherstellern, die andauernd versuchten, in den Rennverlauf einzugreifen. Auch die »außersportlichen« Unternehmen übten darauf natürlich einen beträchtlichen Einfluss aus, anfangs jedoch nur indirekt, zum Beispiel durch das Ausloben von Prämien. Trotzdem hatte die Initiative von Desgrange tiefer greifende Konsequenzen, als er wahrscheinlich vermutete. Der Profiradsport war bis zu dieser Zeit eine mehr oder weniger in sich geschlossene Welt, die im Prinzip ganz in den Händen derjenigen lag, die davon direkt abhängig waren: die Rennfahrer, die Veranstalter, die Sportjournalisten und die Vertreter der Fahrradindustrie. Indem er sich nun teilweise von der Werbekarawane abhängig machte, öffnete Desgrange zum ersten Mal Außenstehenden die Tür, wenn auch vorläufig nur einen Spalt breit.

Ein anderes Problem, das Desgrange bei der Einführung des Systems der Nationalmannschaften zu lösen hatte, war die Frage, wie er ein starkes internationales Rennfahrerfeld zusammenbekommen konnte. Ihm zufolge gab es nur fünf Länder, die dazu in der Lage waren, eine vollwertige, acht Mann starke Nationalmannschaft aufzustellen: Frankreich, Belgien, Italien, Deutschland und Spanien. Die Schweiz besaß nach Einschätzung des Tour-Direktors nur drei Fahrer, die seiner Rundfahrt würdig waren, Luxemburg nur einen und Österreich kaum einen. Es war diesen Fahrern unbenommen, an der Tour teilzunehmen, ebenso wie den nicht nominierten Franzosen, Belgiern und Italienern, jedoch ohne die Vergünstigungen, die den fünf Nationalteams gewährt wurden. Um zu verhindern, dass sie sich im Wettkampf unter die »Asse« mengten, durften diese »*touristes-routiers*« bei sechs flachen Etappen erst zehn Minuten später starten. Die Bestürzung war denn auch groß, als es dem Österreicher Max Bulla 1931 gelang, die zweite Etappe trotz dieses Handicaps in der kürzesten Zeit zurückzulegen und das Gelbe Trikot zu erobern.

Es kostete wenig Mühe, den belgischen Radsportverband zu überreden, eine Mannschaft zu entsenden. Da die Fahrradindustrie in Belgien keine große Bedeutung hatte, fuhren alle belgischen Cracks für französische Marken und konnten es sich schon allein deswegen nicht erlauben, bei der Tour zu fehlen. Das einzige Problem bestand in der Person des Vorjahressiegers Maurice Dewaele. Desgrange hatte angekündigt, dass er die Mannschaften selbst zusammenstellen werde, und weil er davon überzeugt war, dass Dewaele die Tour nicht auf ehrliche Weise gewonnen hatte, wollte er ihn nicht an den Start gehen lassen. Der belgische Verband und sein Vertreter Karel Van Wijnendaele versuchten zunächst, Desgrange umzustimmen, und sie waren mit dessen Bedingungen erst einverstanden, als dieser versprach, dass das Startverbot für Dewaele für die Tour 1931 wieder aufgehoben werde.

Die Teilnahme der Italiener brachte mehr Probleme mit sich. Es war alles andere als selbstverständlich, dass diese an den Start gehen würden. Der Radsport hatte 1930 noch kaum internationalen Charakter. Erst 1927 war eine Straßenweltmeisterschaft durchgeführt worden, und dies war das einzige Rennen, bei dem die besten Fahrer aus jedem

Land antraten. Die übrigen Rennen wurden hauptsächlich von Profis aus dem jeweiligen Land bestritten, mit Ausnahme der wichtigen Straßenrennen in Frankreich, wo die belgischen Rennfahrer, die für französische Firmen fuhren, natürlich nicht fehlten. Die meisten italienischen Radprofis ließen sich normalerweise nur ein einziges Mal außerhalb der Grenzen ihres eigenen Landes blicken. Die Hersteller, bei denen sie beschäftigt waren, konzentrierten sich nahezu ausschließlich auf den Binnenmarkt und waren selten dazu bereit, die Teilnahme einer Mannschaft an einem Rennen im Ausland zu finanzieren.

Desgrange versuchte, diese Haltung zu durchbrechen, weil er mit Recht der Meinung war, dass seine Tour ohne eine starke italienische Beteiligung als Länderkampf unglaubwürdig sei. Dabei hatte er vor allem einen Mann im Auge: Alfredo Binda. Nun, da Girardengo und Belloni bereits Ende dreißig waren und Brunero seine Karriere beendet hatte, traf Binda in Italien kaum noch auf ernstzunehmende Konkurrenz. So war es ihm 1927 gelungen, abgesehen von einem zweiten Platz bei Mailand–Sanremo, alle Rennen, an denen er teilnahm, zu gewinnen. Auch die Weltmeisterschaft und den Giro, bei dem er außerdem zwölf der vierzehn Etappen für sich entscheiden konnte. Binda war ein begnadeter Kletterer, ein formidabler Rouleur und ein ausgezeichneter Sprinter. Außerdem war sein Stil so makellos, dass seine Kollegen behaupteten, er könne zweihundert Kilometer mit einer Schale Milch auf den Schultern fahren, ohne auch nur einen einzigen Tropfen zu verschütten. Er war so perfekt, dass er es nie schaffen würde, große Beliebtheit bei seinen Landsleuten zu erlangen, noch nicht mal aus chauvinistischen Gründen, weil er nahezu ausschließlich gegen andere Italiener fuhr. Trotzdem besaß Binda ein enormes Prestige, und Desgrange war so dringend auf seine Anwesenheit bei der Tour angewiesen, dass er dem *campionissimo* entgegen all seinen Prinzipien unter größter Geheimhaltung ein gigantisches Startgeld anbot. Finanziell war es für Binda ein gutes Jahr, weil er von den Organisatoren des Giro ebenfalls eine fantastische Summe erhalten hatte, um nicht teilzunehmen. Seine Übermacht war nämlich bei den letzten drei Ausgaben so groß gewesen, dass keine Spur von Spannung mehr zu spüren und die Auflage der Veranstalterzeitung *Gazzetta dello Sport* auf ein enttäuschendes Niveau gesunken war.

Die finanziellen Konditionen, die ihm für seine Teilnahme an der Tour geboten wurden, waren derart verlockend, dass Binda sich nach langem Zögern überreden ließ. Und Desgrange bekam für sein Geld etwas geboten. Allein schon durch die Ankündigung, dass der *campionissimo* an den Start gehen würde, schnellte die Auflage von *L'Auto* in die Höhe. Und als Binda bei der ersten Etappe so freundlich war, sich von dem neuen französischen Idol Charles Pélissier, dem jüngeren Bruder von Henri und Francis, im Sprint schlagen zu lassen, stieg der Absatz des Blattes, der nie mehr als eine halbe Million Exemplare betragen hatte, auf über 600.000.

Ab diesem Augenblick wuchs das Interesse für die Tour von Tag zu Tag. Binda gab zwar auf halbem Wege der Rundfahrt auf, doch das französische Team erzielte einen Erfolg nach dem anderen. Es gewann zwölf der insgesamt einundzwanzig Etappen und belegte in der Gesamtwertung den ersten, dritten, fünften, sechsten und neunten Platz. Zum ersten Mal wurde die Tour in Frankreich zu einem wirklich nationalen Ereignis. Selbst die nicht auf Sport spezialisierten Tageszeitungen brachten mehr Tour-Nachrichten als je zuvor. In jenem Jahr hielt auch das Radio Einzug in die Rundfahrt und widmete der Tour täglich drei Sendungen: um zwölf Uhr ein Stimmungsbild, nachmittags eine Reportage von der Zielankunft und abends ein Rückblick. Die Wochenschau in den Kinos schenkte der Rundfahrt ebenfalls regelmäßig ihre Aufmerksamkeit.

Die Rennfahrer der französischen *équipe nationale* verdankten ihre neue Popularität nicht nur ihren Siegen. Durch das Länderkonzept bekam

1930 lockte Henri Desgrange mit einem üppigen Startgeld auch den *campionissimo* jener Jahre zur ersten Tour de France, die von Nationalmannschaften bestritten wurde: Alfredo Binda zeigte sich mit einem Etappensieg in den Pyrenäen erkenntlich, dann glaubte er, genug geleistet zu haben, und beendete die Rundfahrt vorzeitig.

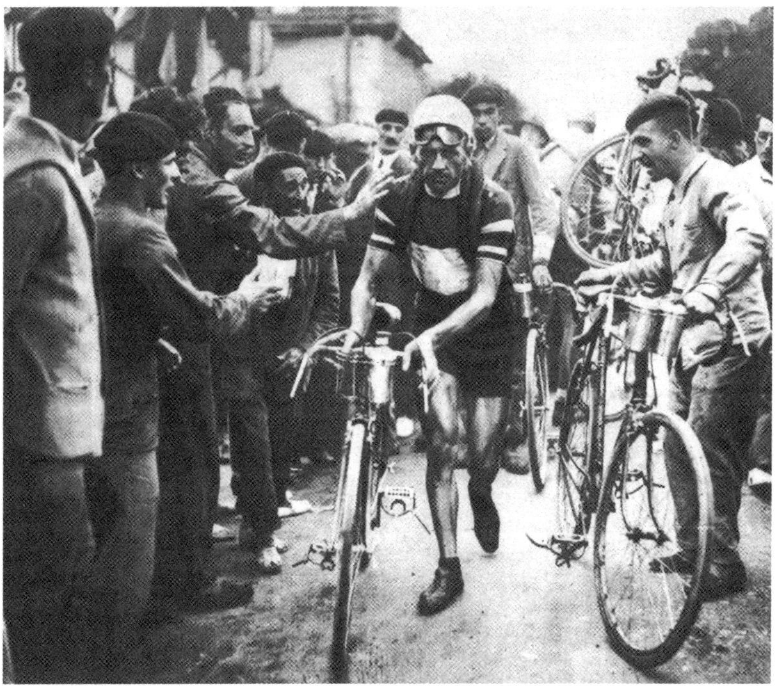

ihre ganze Art zu fahren eine andere Bedeutung. Desgrange hatte in der Rennordnung verfügt, dass ein gewisses Maß an Teamgeist toleriert würde, sofern dies nicht missbraucht werde. Damit zielte er auf die Art von Zwischenfällen ab, die sich 1929 abgespielt hatten, als die Mitglieder der Alcyon-Mannschaft den kranken Maurice Dewaele über die Alpen schleppten. Desgrange, der die Idee von einem individuellen Rennen noch immer nicht ganz aufgegeben hatte, graute es vor derartigen Aktionen. Für die Rennfahrer waren sie dagegen die normalste Sache der Welt, und als der Träger des Gelben Trikots, André Leducq, in den Alpen schwer stürzte und auf seine stärksten Konkurrenten zwölf Minuten in Rückstand geriet, reagierten seine Teamkameraden auf genau die gleiche Weise wie die Alcyon-Fahrer im Jahr zuvor. Mit dem verletzten Leducq im Schlepptau setzte die vollzählige Mannschaft zu einer erbitterten Verfolgungsjagd auf die Fahrer an der Spitze des Rennens an, die sie kurz vor dem Ziel einholten. Danach brachten sie ihren Mannschaftskapitän beim Schlusssprint außerdem noch in eine so günstige Position, dass dieser den Etappensieg errang. Diese Episode gilt noch immer als einer der Höhepunkte der Tour-Geschichte, und die Rennfahrer, die dieses Meisterstück vollbrachten, wurden umgehend zu Helden erklärt.

Dass die Mitglieder des Alcyon-Teams im Jahr zuvor nicht mit derartigen Ehren hatten rechnen können, lag auf der Hand. In den Augen des Publikums waren dies nur einfache Söldner gewesen, die den Interessen eines kommerziellen Unternehmens dienten. Nun aber, da die Fahrer für ihr Vaterland in die Pedale traten, konnten derartige Opfer als Ausdruck von »Freundschaft« oder »Patriotismus« dargestellt werden. Auch dank der dramatischen Radioreportage, in der Jean Antoine und Alex Virot von der Verfolgung berichtet hatten, und dank eines Fotos von dem blutenden, weinenden Leducq, das später den Bildhauer Arno Breker zu seiner Skulptur »Der Verwundete« inspirieren sollte, hinterließ das Ereignis einen solch tiefen Eindruck, dass es Anlass zu

Nationalstolz gab. Sogar in den politischen Tageszeitungen schaffte es die Episode bis auf die Titelseite, so wie im *L'Avenir*, in dem Maurice Duval schrieb:

> Interessieren Sie sich für die Berichte von den Tour-de-France-Etappen? Das sollten Sie tun. Denn diese tapferen jungen Männer erteilen uns täglich besondere Lektionen in Unbeugsamkeit, Energie und Willenskraft. Die Lektion von gestern war die schönste von allen, nun, da unsere Männer die Gelegenheit hatten, diesem Strauß von Qualitäten die exquisiten Blüten der rührendsten Kameradschaft und des prächtigsten Ehrgefühls hinzuzufügen!

In der Presse wurden die französischen Rennfahrer ständig als eine »Mannschaft von Freunden« dargestellt, und so präsentierten sie sich auch selbst dem Publikum. Die Fotos, auf denen sie mit einander über die Schultern gelegten Armen fahren, sind unzählbar. Später hat André Leducq enthüllt, dass er Charles Pélissier, mit dem er bei Bahnrennen ein festes Gespann bildete, eigentlich überhaupt nicht ausstehen konnte und nur aus geschäftlichen Gründen mit ihm zusammenarbeitete. Eine der wichtigsten Ursachen von Leducqs Mangel an Sympathie für Charles Pélissier war finanzieller Natur. Leducq war mit dem Gelben Trikot in Paris angekommen, doch Charles war der wirkliche Gewinner der Tour. Denn während das Startgeld von Leducq bei den Bahnrennen und Kriterien am Ende selten mehr als 2.500 Franc betrug, bekam sein Mannschaftskamerad für jeden Auftritt mindestens 3.000, öfter jedoch 3.500 oder 4.000 Franc. Leducq protestierte bei den Direktoren der Winterbahnen, jedoch vergebens. Was für das Publikum zählte, waren nicht die Leistungen beim Rennen, sondern deren Darstellung in den Medien. Und in dieser Hinsicht verfügte Charles Pélissier über viel mehr Trümpfe als Leducq. Bereits im Jahr 1929, als er abgesehen von einem Etappensieg bei der Tour noch kaum etwas Nennenswertes vorzuweisen hatte, wurde er in *L'Auto* zu Frankreichs beliebtestem Rennfahrer ernannt. Natürlich hatte er dies zu einem erheblichen Teil der Legende zu verdanken, die sich um seine Brüder Henri und Francis rankte. Zu Beginn seiner Karriere verhielt sich Charles denn auch vollkommen entsprechend dem Bild, das sich das Publikum von den Pélissiers gemacht hatte. Das erste Mal, dass sein Name bis in die Spalten von *L'Auto* vordrang, war bei der Tour 1925, als er als Zuschauer zum Tourmalet gekommen war, um den vorbeikommenden Rennfahrern zuzurufen, dass sie verrückt seien, derartige Strapazen auf sich zu nehmen, und lieber nach Hause fahren sollten. Dies war ganz im Sinne von Henri und Francis, mit dem Unterschied, dass diese beiden genug geleistet hatten, um so etwas mit Recht sagen zu können. Das galt nicht für Charles, der schon zwei Jahre lang Radprofi war und noch immer auf seinen ersten Sieg wartete. Am nächsten Tag schrieb Henry Decoin in *L'Auto*:

> Ich kenne Charles Pélissier nur dank seiner Brüder Henri und Francis, die bewundernswerte Leistungen vollbracht haben. Und ich weiß nur, dass Charles Pélissier Radrennfahrer ist, weil er als Radrennfahrer verkleidet herumläuft. Doch so sehr ich die Ergebnislisten auch absuche, ich finde keinen Pélissier mit dem Vornamen Charles. Henri und Francis sind Pfauen. Sie haben prachtvolle Federn, und Charles schneidet ab und zu ein paar davon ab, klebt sie sich auf den Rücken und wandelt so wie ein Eichelhäher auf den Wegen des Sports.

Seine Kontakte zur Presse waren zu Beginn also nicht sehr vielversprechend, und Charles beschloss schon bald, seine Haltung zu ändern. Im Gegensatz zu seinen Brüdern hatte er niemals um etwas kämpfen müssen, und die Rolle des Rebellen war ihm fremd. Außerdem reichten seine athletischen Fähigkeiten nicht aus, um es im Alleingang mit der etablierten Ordnung aufnehmen zu können. Doch er verfügte über andere Qualitäten. Sein wichtigster Trumpf war sein Äußeres, das er mit so großer Sorgfalt pflegte, dass er den Spitznamen »Beau Brummel« erhielt. Er sah aus wie ein Matinee-Star und bekam bei jeder Tour Dutzende von Heiratsanträgen, die er von seiner Frau, »la Pélisette«, beantworten ließ. Seine Brüder hatten damals neue Trainingsmethoden und Ernährungsgewohnheiten eingeführt, und auch Charles trug zur Entwicklung des Radsports bei: Er war der erste Rennfahrer, der weiße Socken trug, weil diese sich farblich so schön von seinen gebräunten Beinen absetzten.

Auf Drängen seiner Frau versuchte Charles, sich an Henri Desgrange anzunähern. Obwohl dieser anfangs einige Vorbehalte hatte, ließ er sich allmählich immer mehr von dem jungen Pélissier einnehmen. Während der Tour von 1930 bekam in *L'Auto* kein Rennfahrer so viel Aufmerksamkeit geschenkt wie Charles Pélissier. In den Jahren davor hatte Desgrange sich immer etwas abschätzig über Massensprints geäußert, doch nun, da »Beau Brummel« daran teilnahm und sie außerdem oft gewann, widmete er ihnen genauso leidenschaftliche Betrachtungen wie der Erstürmung des Galibier oder des Tourmalet.

Die Medien sind beim Straßenradsport nie mächtig genug gewesen, um einen Star aus dem Nichts erschaffen zu können, und wenn Charles Pélissier nicht dazu in der Lage gewesen wäre, eine Reihe von Etappensiegen bei der Tour zu erringen, wäre auch er ein weithin unbekannter kleiner Rennfahrer geblieben. Doch es gab wahrscheinlich keinen Radprofi, der mit so wenig Leistung so viel Ruhm erlangt hat wie er. Er selbst war sich sehr wohl bewusst, dass er als Rennfahrer niemals zur Spitze gehören würde, und er verwendete seine Energie deshalb vor allem auf die eigene Imagepflege – eine Kunst, in der er seine Kollegen bei weitem übertraf.

Dank seines Äußeren und eines bewundernswerten Talents zur Selbstvermarktung schaffte er es trotz limitierter sportlicher Klasse zum bestbezahlten Fahrer seiner Zeit: Charles Pélissier.

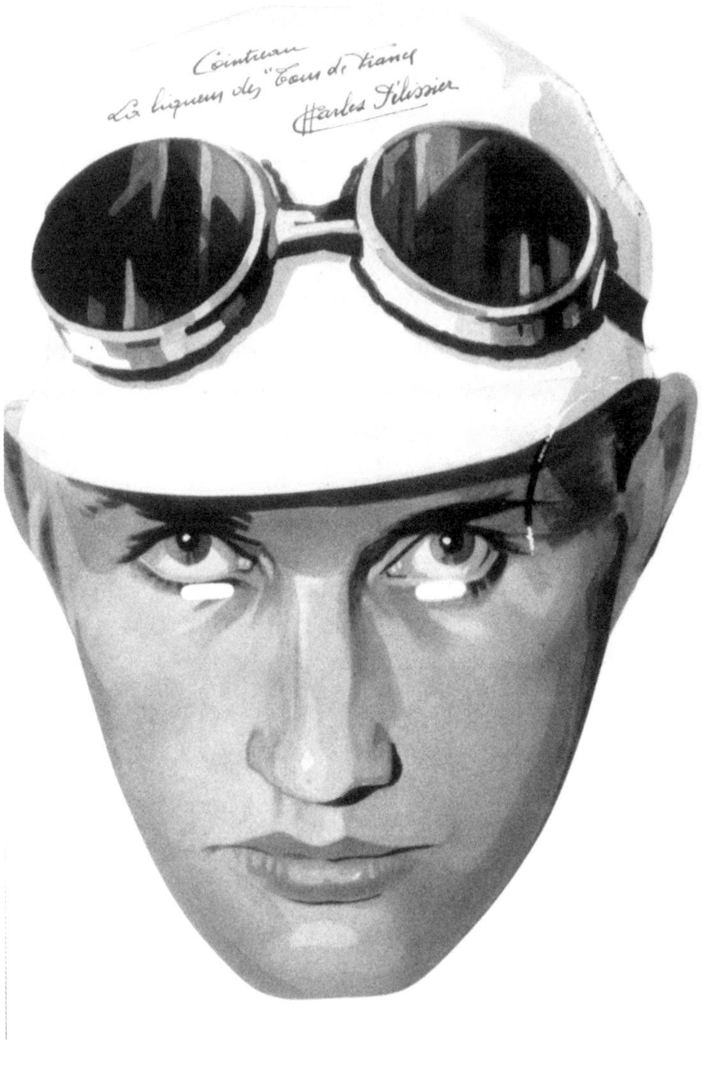

Seine größte Stunde kam im Jahr 1931, als sein Mannschaftskapitän Magne in den Alpen wegen einer tiefen Formkrise in Rückstand geraten war. Unter den bewundernden Blicken der versammelten Presse vollbrachte daraufhin der junge Pélissier ein perfektes Meisterstück. Er setzte sich an die Spitze und holte mit Magne an seinem Hinterrad auf sechzig Kilometern fast vier Minuten auf. Er gestattete seinem Teamkameraden noch nicht mal, von Zeit zu Zeit selbst die Führung zu übernehmen. Er verausgabte sich derart, dass er nach der Zielankunft zusammenbrach. Desgrange, der Charles Pélissier schon einmal den Voltaire und den Euripides des Radsports genannt hatte, fand nur noch eine einzige Steigerung, um Pélissiers Leiden adäquat zu beschreiben: Er verglich ihn mit Jesus auf Golgota und beendete seinen Artikel mit einem jener lyrischen Herzensergüsse, zu denen Charles Pélissier ihn öfters inspirierte:

> Wo seid Ihr, Pindar, um unseren Charles mit Euren Epinikien zu besingen? Warum wart Ihr nicht bei uns, Corneille, Prinz der Tragödie? Ihr hättet neue Gefühle in der menschlichen Seele gewahren können. Denn alles war da: Poesie, Majestät, Schmerz und außerdem der Sport.

Charles Pélissier wurde der erste Radrennfahrer, der Zutritt zur *beau monde* erhielt. Er frequentierte Aristokraten, Politiker, Schriftsteller, Maler und war persönlich mit Maurice Chevalier und Mistinguett befreundet. Er spielte sogar zwei Mal die Hauptrolle in einem Kinofilm. Als Radprofi indes ließ er sich nach seinem dreißigsten Geburtstag vornehmlich nur noch auf der Piste bewundern, wo ihm wohlgesinnte Rennbahndirektoren zu den Siegen verhalfen, die er aus eigener Kraft nicht mehr erringen konnte. Und lange, nachdem er seine Laufbahn beendet hatte, gelang es ihm noch immer, seinen Namen für viel Geld zu vermarkten.

Die Popularität, welche die Tour durch die Erfolge von Charles Pélissier und seinen Mannschaftskameraden bekam, war so groß und unerwartet, dass Desgrange bereit war, all seine früheren Prinzipien über Bord zu werfen. In den zwanziger Jahren hatte er immerzu Maßnahmen zur Vermeidung von Massensprints ergriffen, 1932 versuchte er, sie zu fördern, indem er den ersten drei jeder Etappe eine Zeitgutschrift von vier, drei und einer Minute gab. Auf diese Weise hoffte er, Charles Pélissier, der im Jahr 1930 mit Hilfe dieser Regel 56 Minuten Zeit gewonnen hätte, zum Tour-Sieg zu verhelfen. Vergeblich: Charles brach sich ein paar Wochen vor Beginn der Rundfahrt das Schlüsselbein und konnte nicht an den Start gehen. Nun war es André Leducq, ebenso wie Pélissier ein ausgezeichneter Sprinter und ein mittelmäßiger Kletterer, der von der neuen Regel profitierte. Er erhielt insgesamt eine Zeitgutschrift von 33 Minuten, 27 Minuten mehr als der Deutsche Kurt Stöpel, auf den er in der Gesamtwertung 24 Minuten Vorsprung hatte.

Ein anderes Prinzip, von dem Desgrange Abstand nahm, war das alte Ideal des individuellen Rennens, das er seit der ersten Tour gepflegt hatte. Das Publikum war hingerissen von der Art und Weise, wie sich die französischen Rennfahrer gegenseitig geholfen hatten, und es hatte sogar jene Art von moralischer Lektion daraus gezogen, die Desgrange so lieb und teuer war. Also ergriff er nun Maßnahmen, welche die Zusammenarbeit innerhalb der Mannschaft stärkten. So erlaubte er 1934 erstmalig, dass Mannschaftskameraden einander bei Pannen mit Material versorgen durften – eine Bestimmung, die es bei der Italien-Rundfahrt schon viel länger gab.

Durch diese Änderung der Rennordnung wurde ein Element in die Tour eingeführt, das zu einer Quelle für neue Legenden werden sollte: die Selbstaufopferung. Diese sorgte schon gleich im ersten Jahr für einen Helden: den zwanzigjährigen Debütanten René Vietto. Vietto kam aus Cannes und war schon mit achtzehn bei den Bergrennen an der

Côte d'Azur unschlagbar. Bei seiner ersten Tour gewann er drei von fünf Alpenetappen und stand danach mit großem Vorsprung auf dem ersten Platz der Bergwertung. Viel mehr als Klettern konnte er jedoch nicht, was dazu führte, dass er am Fuße der Pyrenäen auf den Träger des Gelben Trikots, seinen Mannschaftskameraden Antonin Magne, gut fünfunddreißig Minuten im Rückstand lag.

Das Drama begann bei der ersten Pyrenäenetappe, als Magne während der Abfahrt vom letzten *col* des Tages stürzte und die Felge seines Vorderrads brach. Vietto bot ihm sein eigenes Laufrad an, doch weil dieses nicht passte, nahm Magne das von Speicher, der ebenfalls angehalten hatte. Speicher, amtierender Weltmeister und Sieger der Tour von 1933, stand in der Mannschaftshierarchie natürlich viel weiter oben als Vietto. Außerdem galt er als der beste Abfahrer seiner Zeit, und weil die Kilometer, die noch zu fahren waren, bergab führten, würde er Magne noch wertvolle Dienste leisten können. Speicher nahm also das Laufrad von Vietto an. Es gelang ihm, es in seine Gabel einzubauen, und er nahm gemeinsam mit Magne die Verfolgung der Spitzengruppe auf. Vietto musste derweil auf den Materialwagen warten und geriet dadurch vier Minuten in Rückstand. Am nächsten Tag hatte Magne erneut eine Panne: Es riss seine Kette. Vietto gab ihm sein Rennrad und verlor auf diese Weise nochmals vier Minuten.

Derartige Zwischenfälle kamen während einer Tour so oft vor, dass Henri Desgrange am nächsten Tag kaum ein Wort darüber verlor. Doch während Vietto bei der ersten Pyrenäenetappe auf den Materialwagen wartete, wurde von ihm ein Foto gemacht, das sein Leben verändern würde. Das Bild zeigte einen schluchzenden Vietto, auf einem Mäuerchen sitzend, mit einem Fahrrad ohne Vorderrad neben sich. Es ist eines der berühmtesten Zeugnisse aus der Ikonografie der Tour de France. Auf den meisten Abdrucken ist der rechte Bildabschnitt, auf denen einige Zuschauer zu sehen wären, sorgfältig weggeschnitten, um den Eindruck von Verlassenheit noch zu verstärken. Einer dieser

Zuschauer, zu erkennen an seinem Tropenhelm und seinen Bermudashorts, war der spätere Tour-Direktor Jacques Goddet, der in jener Zeit unter dem Pseudonym »l'Ami Bini« eine tägliche Rubrik in *L'Auto* betreute. Goddet ließ sich durch die Szene zu einem ergreifenden Artikel über den jungen Vietto inspirieren, der sich moralisch dazu genötigt gefühlt hatte, seine eigenen Chancen für die des alten Magne zu opfern. Dass er sein Laufrad eigentlich an Speicher und nicht an Magne abgetreten hatte, war ein Detail, das die wunderbare Einfachheit der Geschichte zu sehr stören würde und deshalb nicht erwähnt wurde.

Der Artikel fand so viel Anklang, dass nahezu jede Zeitung in Frankreich ihn in der einen oder anderen Form übernahm. Um die Geschichte noch dramatischer zu machen, fügten die meisten Journalisten hinzu, dass Vietto die Tour ohne sein Opfer wahrscheinlich – um nicht zu sagen: mit Sicherheit – gewonnen hätte. Diese Darstellung der Tatsachen war so reizvoll, dass sie sich durchgesetzt hat. Das hatte zur Folge, dass Vietto bei der Siegerehrung nach der Tour viel mehr Beifall bekam als der Sieger Magne. Dieser durfte noch nicht mal alleine seine Ehrenrunde drehen; die Zuschauer gaben nicht eher Ruhe, bis Vietto sich zu ihm gesellt hatte. Spruchbänder mit dem Text »Es lebe Vietto, der moralische Sieger der Tour« wurden entfaltet. Wie Henri Desgrange in seinen nachträglichen Betrachtungen schrieb, war dies Blödsinn. Viettos Dienste an seinen Mannschaftskapitän hatten ihn nicht einmal neun Minuten gekostet, während sein Rückstand in der Gesamtwertung fast eine ganze Stunde betrug. Doch Desgranges Worte blieben wirkungslos. »Eine Legende ist geboren, und niemand wird es wagen, sie anzugreifen. Sie ist rührend«, schrieb der Journalist Georges Briquet. Und er hatte Recht. Im Jahr 1934 verdiente Vietto mit Startgeldern von Kriterien und Bahnrennen ein solches Vermögen, dass er einen Sachwalter einstellen musste, um seine Finanzen zu regeln. Seine Wahl fiel auf André Trialoux, den bestechlichen Zielrichter von Paris–Roubaix 1927. Die Folgen waren absehbar: Innerhalb von ein paar Jahren war Vietto sein gesamtes Geld los. Doch obwohl er nie mehr ein wichtiges Rennen gewinnen konnte, vermochte er, es schnell zurückzuverdienen. Denn bis ans Ende seiner Karriere, fünfzehn Jahre später, konnte Vietto mit dem Spitznamen »König René« weiterhin von seiner Legende zehren. Jede Niederlage, die er bei der Tour erlitt – und derer gab es viele –, war ein neuer Sieg, weil sein »Opfer« von 1934 dadurch noch bitterer, noch herzzerreißender wurde.

Im Radsportmilieu konnte ihn fast niemand ausstehen, angefangen von den Mechanikern und Pflegern, denen er meist die Schuld an seinen Niederlagen gab, bis hin zu seinen Kollegen, die sich an seinen launenhaften Starallüren, die nicht durch Leistungen gerechtfertigt wurden, störten. Doch beim Publikum blieb er so beliebt, dass jeder Versuch, seinen Mythos auf ein normales Maß zurechtzustutzen, zum Scheitern verurteilt war. Der Journalist Gaston Bénac entdeckte, dass Vietto, bevor er Radprofi wurde, gar nicht im Hotel Majestic in Cannes gearbeitet hatte, so wie er immer hartnäckig behauptet hatte, sondern in einem profanen Telegrafenamt. Bénacs Enthüllungen zeigten keine Wirkung: Sogar in seriösen Nachschlagewerken wird noch immer Viettos eigene Version wiedergegeben.

Vietto war 1934 das Symbol der Aufopferungsbereitschaft innerhalb der französischen Nationalmannschaft geworden, hielt diese Rolle jedoch nicht einmal ein volles Jahr durch. Weil er sehr genau wusste, dass er die Rundfahrt wegen seiner schwachen Leistungen bei den ersten Etappen verloren hatte und nicht wegen seiner »Opfer«, hatte er im Frühjahr besonders das Fahren in der Ebene trainiert, wobei er extragroße Übersetzungen benutzte. Er hatte sogar für einige Zeit in Nordfrankreich gewohnt, um Erfahrungen mit dem Kopfsteinpflaster zu sammeln. Infolgedessen wurde er tatsächlich ein besserer Rouleur, büßte jedoch an Kletterqualitäten ein. Deshalb war es Georges Speicher, der Sieger von 1933, der nach den Alpen der bestplatzierte französische Rennfahrer war, und nicht Vietto. Leider wurde Speicher

Drama in fünf Akten: Bei der Tour 1934 musste René Vietto ein Laufrad an einen Teamkollegen abtreten. Ein Bilddokument machte ihn zum »Sieger der Herzen«.

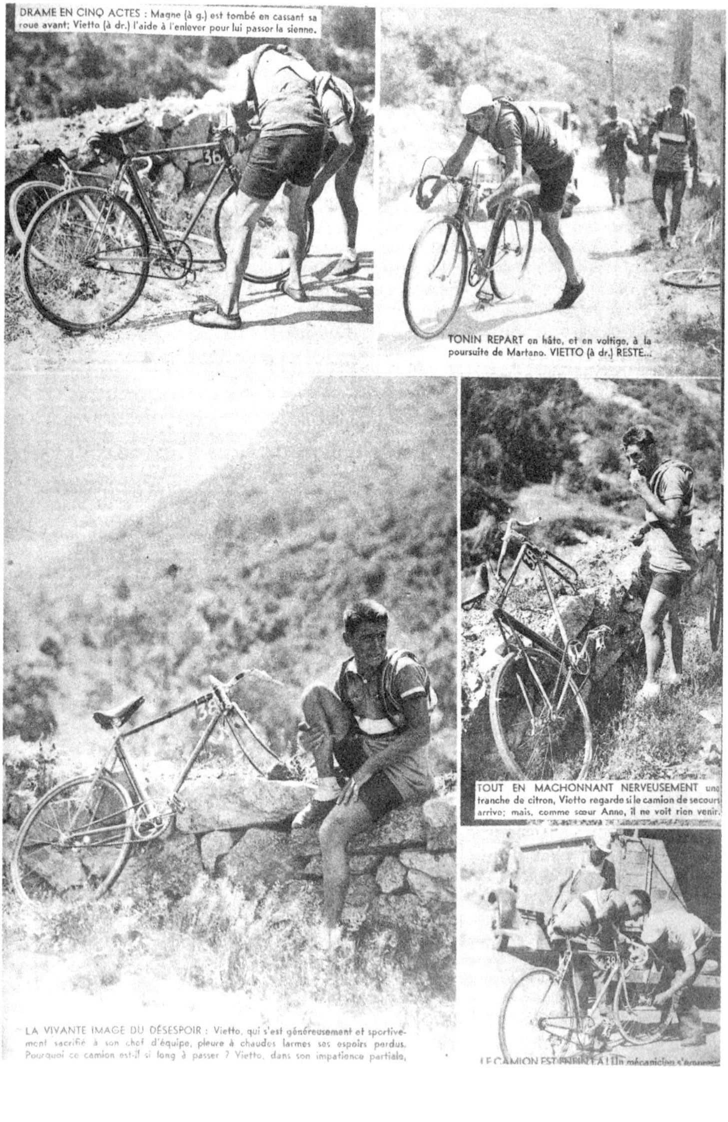

DRAME EN CINQ ACTES : Magne (à g.) est tombé en cassant sa roue avant; Vietto (à dr.) l'aide à l'enlever pour lui passer la sienne.

TONIN REPART en hâte, et en voltige, à la poursuite de Martano. VIETTO (à dr.) RESTE...

TOUT EN MACHONNANT NERVEUSEMENT une tranche de citron, Vietto regarde si le camion de secours arrive; mais, comme sœur Anne, il ne voit rien venir.

LA VIVANTE IMAGE DU DÉSESPOIR : Vietto, qui s'est généreusement et sportivement sacrifié à son chef d'équipe, pleure à chaudes larmes ses espoirs perdus. Pourquoi ce camion est-il si long à passer ? Vietto, dans son impatience partiale,

LE CAMION EST ENFIN LA ! Un mécanicien

zwischen den Alpen und den Pyrenäen krank, und da er sich dem hohen Tempo nicht gewachsen fühlte, gab er vor dem Start der ersten langen Pyrenäenetappe von Perpignan nach Luchon (325 Kilometer) seinen Mannschaftskameraden die Anweisung, das Rennen so gut es ging zu neutralisieren. Vietto aber scherte sich nicht darum und ging schon nach fünfundsiebzig Kilometern zum Angriff über. Das Schlimmste daran war, dass er offensichtlich nicht in der Lage war, diesen Angriff durchzuhalten. Er wurde von den Belgiern Sylvère Maes und Félicien Vervaecke eingeholt und beendete die Etappe mit zwanzig Minuten Rückstand. Speicher lag noch viel weiter zurück und verlor all seine Chancen auf den Gesamtsieg.

Speicher bezichtigte Vietto natürlich des Verrats, doch dieser verteidigte sich, indem er darauf hinwies, dass auch vor seiner Aktion keine Rede von einem guten Verhältnis innerhalb des Teams gewesen war. Es gab nämlich nicht mehr viel, was die französische Mannschaft noch zusammenhielt. Bei der Tour von 1930 hatten die Rennfahrer sich darauf geeinigt, die Preise untereinander aufzuteilen, und dank ihres vorzüglichen Teamgeistes hatten sie eine große Summe verdient. Dies war besonders willkommen, weil die Hersteller durch die Wirtschaftskrise gezwungen waren, bei den Gehältern stark zu sparen. Schon bald aber taten sich ganz andere Einnahmequellen auf. Dank der französischen Erfolge und der Art und Weise, wie darüber geschrieben wurde, wollte jeder die Helden der *équipe nationale* mit eigenen Augen sehen. Überall in Frankreich wurden Kriterien und Bahnrennen organisiert, bei denen die Rennfahrer, die sich bei der Tour hervorgetan hatten, nur Präsenz zu zeigen brauchten. Die Startgelder, die sie erhielten, betrugen normalerweise ein Vielfaches der bescheidenen Beträge, welche sie von ihren Arbeitgebern bekamen. Charles Pélissier, der bestbezahlte französische Rennfahrer seiner Zeit, erhielt 1930 ein Jahresgehalt von 33.000 Franc. Sein Anteil an dem Preistopf der Tour brachte ihm ungefähr genauso viel ein. Mit seinen Verträgen für die Bahnrennen und

Kriterien verdiente er in jenem Jahr aber über 200.000 Franc. Obschon natürlich nur die großen Stars solche Beträge einstreichen konnten, hatten auch Rennfahrer der zweiten Garde durchaus die Chance, mit den Startgeldern ein kleines Vermögen zu verdienen. Die Zahl der Kriterien nahm in den dreißiger Jahren immer weiter zu, und die Organisatoren zahlten große Summen, um ein attraktives Teilnehmerfeld zusammenzubekommen. Im Hinblick darauf konnten nur wenige französische Rennfahrer der Versuchung widerstehen, bei der Tour eine möglichst auffällige Rolle zu spielen. Ein Fahrer, der seine eigenen Interessen zurückstellte, war für seine Mannschaft Gold wert, doch er wusste, dass er nicht auf Verträge für Kriterien zu hoffen brauchte.

So war es denn auch nicht verwunderlich, dass im Jahr 1935 nur noch wenig von dem legendären Teamgeist der französischen Nationalmannschaft übrig war. Die unvermeidliche Folge war, dass die Erfolge ausblieben. Roger Lapébie vermochte zwar 1937, die Tour zu gewinnen, doch dazu hatte es so vieler Unregelmäßigkeiten bedurft, dass sich die vollzählige belgische Mannschaft, einschließlich des Trägers des Gelben Trikots, einige Tage vor dem Ende zurückgezogen hatte. Und erneut durfte der Sieger, genau wie 1930 der Belgier Dewaele, im Jahr darauf auf Anordnung von Desgrange nicht an den Start gehen.

Die goldenen Jahre der *équipe nationale* fanden 1938 ihr Ende, als Antonin Magne und André Leducq, die in jenem Jahr beide ihre letzte Tour fuhren, bei der Schlussetappe mit einander über die Schultern gelegten Armen als Erste in Paris über die Ziellinie fuhren. Das Publikum erhob sich und brach in stürmischen Jubel aus. Nicht nur wegen der beiden alten Champions, sondern auch wegen dieses letzten Aufflackerns der »Kameradschaft«, welche die französische Nationalmannschaft und die Tour populärer denn je gemacht hatte.

Durch das Nationalmannschaftskonzept nahm das Interesse an der Tour nicht nur in Frankreich, sondern auch außerhalb des Landes immer weiter zu. Eine der direkten Folgen dessen war die Entstehung der Tour de Suisse im Jahr 1933, komplett mit Nationalteams und einem Gelben Trikot. Zwei Jahre später folgte die erste Spanien-Rundfahrt. Desgrange stellte sich auf die gesteigerte Aufmerksamkeit des Auslands ein, indem er immer mehr Ländern Gelegenheit gab, Rennfahrer zu entsenden. So ging 1931 ein schweizerisch-australisches Team an den Start, und der Österreicher Max Bulla wurde ein Jahr später im deutschen Team untergebracht. In den Jahren 1934 und 1936 wurden Schweizer und Luxemburger mit Spaniern kombiniert, während 1936 kleine Vier-Mann-Teams aus Österreich, den Niederlanden, Rumänien und Jugoslawien teilnehmen durften. Es waren Experimente, die längst nicht in allen Ländern zum Erfolg führten. So entstand in den Niederlanden eine große Begeisterung für die Etappensiege von Middelkamp, Schulte und den Gebrüdern Van Schendel, während der zweite Platz von Kurt Stöpel im Jahr 1932 in Deutschland kaum wahrgenommen wurde, weil keines der deutschen Blätter es der Mühe wert erachtet hatte, einen Reporter nach Frankreich zu schicken.

Ein unmittelbares Resultat von Desgranges Reformen war, dass die Tour, indem sie zu einem Wettkampf von Nationalteams wurde, hinsichtlich des internationalen Status alle anderen Rennen überragte. Dies zeigte sich schon 1930, als Alfredo Binda, der mit Widerwillen an den Start gegangen war, nach dem Sieg bei der großen Pyrenäenetappe befand, genug geleistet zu haben, um sein hohes Startgeld zu rechtfertigen, und das Rennen aufgab. Damit bereitete er den Weg für Learco Guerra, die »Lokomotive von Mantua«, der durch seine drei Etappensiege und seinen zweiten Platz in der Gesamtwertung in Italien eine Popularität erwarb, die er mit seinen Erfolgen bei inländischen Rennen nicht hatte gewinnen können.

Die Tour wurde so wichtig, dass immer mehr italienische Stars sich nicht mehr mit ihrer eigenen Landesrundfahrt begnügen konnten, sondern sich verpflichtet fühlten, auch die Teilnahme an der Tour zu wagen. Zwischen 1919 und 1929 kam es nur vier Mal vor, dass ein Fahrer, der bereits einen Sieg beim Giro auf der Liste seiner Verdienste stehen hatte, bei der Frankreich-Rundfahrt startete. Zwischen 1930 und 1938 geschah dies dreizehn Mal.

Die Regierung von Mussolini begann 1937, sich ebenfalls für den propagandistischen Wert der Tour de France zu interessieren. Während der Olympischen Spiele in Berlin hatten die faschistischen Autoritäten gesehen, wie wichtig der Sport für das Image eines totalitären Regimes sein kann, und waren deshalb geradezu versessen auf einen Sieg bei dem größten Radsportereignis der Welt. Der Rennfahrer, der dafür sorgen sollte, war der Mann, der mit großer Überlegenheit den Giro d'Italia von 1937 gewonnen hatte. Weil die Strecke, in die zum ersten Mal die Dolomiten aufgenommen wurden, viel mehr dem Parcours der Tour ähnelte als bei vorigen Ausgaben der Italien-Rundfahrt, war man guter Hoffnung, dass er viel größere Erfolgsaussichten hatte als die anderen italienischen Stars der dreißiger Jahre. Sein Name war Gino Bartali.

Bartali wurde 1935 entdeckt, als er als »Unabhängiger« ohne festen Vertrag bei Mailand–Sanremo einen scheinbar entscheidenden Vorsprung auf die großen Stars Guerra und Olmo herausfuhr, obwohl seine Gangschaltung durch den Schlamm auf einer kleinen Übersetzung hängen geblieben war. Dies geschah zum großen Schrecken des Chefredakteurs der veranstaltenden *Gazzetta dello Sport*, Emilio Colombo, der keine unbekannten Sieger mochte – umso weniger, wenn sie, so wie in diesem Fall, ein Trikot ohne den Werbeaufdruck einer Firma trugen. Colombo galt als der italienische Desgrange und war mindestens genauso listig wie sein französischer Kollege. Er fuhr also mit seinem Auto neben dem Rennfahrer an der Spitze her und begann, diesen mit interessierter Miene zu befragen. Bartali war so entzückt, dass er von einem berühmten Mann wie Colombo interviewt wurde, dass er kaum merkte, dass dieser allmählich das Tempo verlangsamte. Als Guerra und Olmo mit Hilfe des Begleitwagens Anschluss gefunden hatten, war das Interview vorbei. Im Sprint war Bartali mit seiner Bergübersetzung dann chancenlos.

Trotz dieses unglücklichen Auftakts wurde Bartali bereits in seinem ersten Jahr ein Star. Er gewann die italienische Meisterschaft, eine Reihe spanischer Rennen und die Bergwertung beim Giro, wo er sich als Ausnahmekletterer entpuppte. In den Jahren 1936 und 1937 gewann er die Italien-Rundfahrt, und er schien im letztgenannten Jahr auch geradewegs auf den Tour-Sieg zuzusteuern, als er bei einer Abfahrt in einem Gebirgsbach landete. Er verteidigte zwar zunächst das Gelbe Trikot, war jedoch durch das eiskalte Wasser krank geworden und musste einige Tage später aufgeben.

Im Jahr darauf wurde er gezwungen, seine gesamte Saison auf die Tour abzustimmen. Die Autoritäten erlaubten ihm noch nicht mal, am Giro teilzunehmen, weil sie befürchteten, dass er sich dort zu sehr verausgaben würde. Diesmal hatten sie mit ihrer Planung Erfolg. Als es über den Col d'Izoard ging, gewann Bartali mit einer solch gewaltigen Überlegenheit die Etappe und damit zugleich die Tour, dass Desgrange ihn prompt zum besten Fahrer aller Zeiten erklärte.

In der Vergangenheit hatte Desgrange derartige Aussagen normalerweise nur französischen Rennfahrern vorbehalten, doch diesmal war er mit dem Sieg eines italienischen *campionissimo* sicherlich nicht unzufrieden. Es passte sehr gut zu den Veränderungen, welche die Tour de France in jener Zeit erfuhr. Es wurde immer schwieriger, die Organisation der Rundfahrt aus dem Absatz von *L'Auto* zu finanzieren. Im Jahr 1933 hatte die Auflage des Blattes die Rekordhöhe von 364.000 Exemplaren pro Tag erreicht (mit einem Spitzenwert von 730.000 Exemplaren im Juli), seitdem ging der Verkauf stetig zurück. Im Jahr 1938, dem letzten vollen Jahr vor dem Krieg, sank der Tagesdurchschnitt auf knapp über 200.000 Stück. Dies bedeutete nicht, dass das Interesse an der Tour sank, ganz im Gegenteil: Es war gerade der Erfolg der Rundfahrt, der *L'Auto* in Schwierigkeiten brachte. Denn durch die wachsende Begeisterung des Publikums widmete auch die allgemeine Tagespresse der Tour nun so viel Aufmerksamkeit, dass es immer seltener notwendig war, eine Sportzeitung zu kaufen. Der schwerste Schlag wurde *L'Auto* von dem Blatt *Paris-Soir* beigebracht, das ab 1935 dank eines Teams von vierzig Mitarbeitern unter Leitung von Gaston Bénac, ausgerüstet mit zwei Flugzeugen, je fünf Autos und Motorrädern sowie einem Bus, jeden Abend eine Extraausgabe mit einem Bericht der gerade zu Ende gegangenen Etappe herausbrachte, während die Leser von *L'Auto* dafür bis zum kommenden Morgen warten mussten.

Desgrange erkannte, dass er an dieser Situation nichts ändern konnte; die Tage, in denen sein Blatt die Informationen über die Rundfahrt monopolisieren konnte, waren definitiv vorbei. Er war sogar dazu bereit, den Journalisten, die aus allen Teilen Europas zu seiner Tour kamen, möglichst viele Vergünstigungen zu gewähren. Einige von ihnen erhielten zusätzlich eine offizielle Funktion als Teamchef, wie etwa Karel Van Wijnendaele und Joris van den Bergh, denen er die Obhut über die Geschicke der belgischen beziehungsweise niederländischen Rennfahrer übertrug. Die neuen Entwicklungen hatten nämlich auch Vorteile. Nun, da die Rundfahrt für Nachrichten von weltweitem Interesse sorgte – und dazu trugen Siege von ausländischen Berühmtheiten wie Gino Bartali bei –, betrachteten es immer mehr französische Gemeinden als eine Ehre, als Startort zu fungieren oder der Karawane Durchfahrt zu gewähren. Und viele Städte waren bereit, dafür zu bezahlen. Außerdem wurde es dadurch immer einfacher, Sponsoren anzulocken. Vor allem nachdem die Volksfrontregierung unter Léon Blum 1936 den französischen Arbeitnehmern das Recht auf bezahlten Urlaub geschenkt hatte, nahm die Zahl der Leute, die eine Etappe der Tour vorbeifahren sahen, enorm zu. Früher hatten die Rennfahrer in den Bergen auf einsamen Straßen fahren müssen; nun mussten sie sich an den Anstiegen oft durch dichte Zuschauerspaliere drängen. Das Publikum vor Ort bekam vielleicht nur wenig von dem Rennverlauf mit, doch genoss es eine ausgezeichnete Sicht auf die Werbekarawane, die den Rennfahrern vorausfuhr. Deshalb waren viele Unternehmen dazu bereit, immer mehr Geld zu zahlen, um sich einen Platz darin zu sichern. So befand sich die Tour als kommerzielles Unternehmen in einer Phase von tiefgreifenden Veränderungen, als 1939 der Zweite Weltkrieg ausbrach.

Kapitel VI

DER SCHWEISS DER GÖTTER

Ebenso wie nach dem Ersten Weltkrieg erholte sich der Radsport ab 1945 ziemlich schnell. Die Tour de France konnte zwar 1946 noch nicht wieder veranstaltet werden, doch abgesehen davon wurde wieder ein vollständiges Rennprogramm absolviert. In Belgien waren sogar noch zwei große Eintagesrennen für Profis hinzugekommen: Gent–Wevelgem und der Omloop Het Volk. Trotzdem gab es einen wichtigen Unterschied zwischen der Situation von 1946 und der von 1919. Nach dem Ersten Weltkrieg wurde der Radsport noch jahrelang von Fahrern beherrscht, die sich bereits vor 1914 einen Namen gemacht hatten, während die meisten großen Rennen von 1946 und der Jahre danach von Fahrern gewonnen wurden, die 1939 noch vollkommen unbekannt waren. Der erste Klassiker der Saison, Mailand–Sanremo, endete mit einem überwältigenden Sieg des neuen Talents Fausto Coppi, der nach einem Alleingang über 150 Kilometer mit vierzehn Minuten Vorsprung auf Teisseire – ebenfalls ein neuer Name – als Erster die Ziellinie überquerte. Vier Wochen später wurde die Flandern-Rundfahrt zum Triumph für den jungen Rik Van Steenbergen, der trotz seiner superschnellen Sprints alles daransetzte, allein anzukommen.

Der Zweite Weltkrieg hatte länger gedauert als der Erste, doch das war gewiss nicht der einzige Grund, weshalb sich diesmal wohl eine neue Generation von Rennfahrern ankündigte. Die wichtigste Ursache war, dass zwischen 1939 und 1945 viel mehr Radsportaktivitäten stattgefunden hatten als zwischen 1914 und 1918. Die Phase des militärischen Kampfes war in Frankreich, den Niederlanden und Belgien schnell vorüber, sodass die einberufenen Soldaten nur kurz unter Waffen standen. Es gab Rennfahrer, die in einem Kriegsgefangenenlager landeten, wie etwa der Belgier Emile Masson, doch die meisten konnten ihre Karriere schnell wieder aufnehmen. In den neutralen Ländern, dem unbesetzten Teil von Frankreich und in Italien wurden viele Rennen organisiert, doch auch die Länder unter deutscher Verwaltung hatten einen ziemlich vollen Radsportkalender vorzuweisen. Große Rundfahrten, superlange Rennen wie Paris–Brest–Paris oder Bordeaux–Paris und auch grenzüberschreitende Rennen wie Paris–Brüssel wurden nicht abgehalten, doch alle anderen Klassiker erlebten mehrere Auflagen. Die Flandern-Rundfahrt fand sogar jedes Jahr wie gewohnt statt. Natürlich wurde das Fahrerfeld bei diesen Rennen hauptsächlich im eigenen Land rekrutiert, doch in Frankreich nahmen oft auch Fahrer aus der Schweiz, Belgien und manchmal auch Italien teil.

L'Auto war anfangs durch den Kriegsausbruch in ernsthafte Schwierigkeiten geraten. Es gab so wenige Sportereignisse, über die es etwas zu berichten gab, dass die Direktion Ende 1939 beschloss, das Blatt in *L'Auto-Soldat* umzutaufen und Kriegsnachrichten zu veröffentlichen. Erst nachdem Frankreich kapituliert hatte und die Sportwettkämpfe wieder aufgenommen wurden, erhielt das Blatt seinen früheren Namen zurück.

Henri Desgrange starb im Jahr 1940. Seine Nachfolger versuchten, seine Aktivitäten weitestgehend fortzusetzen, auch wenn die Auflage manchmal weit unter die Marke von 100.000 Exemplaren sank. Für das Jahr 1943 kündigten sie sogar eine Tour de France an, jedoch erhielten sie von den Autoritäten keine Erlaubnis, ihre Pläne auch umzusetzen.

Die Versuche der Redakteure, den Fortbestand ihres Blattes auch während des Zweiten Weltkrieges zu sichern, hatten anfangs Erfolg. Letztendlich sollten ihre Bemühungen jedoch das genau gegenteilige Ergebnis haben. Denn nach der Befreiung im Jahr 1944 wurde *L'Auto* verboten, ebenso wie alle anderen Presseorgane, die während der Besatzungszeit erschienen waren. Das bedeutete, dass die Tour de France um ihren Organisator gebracht war. Wegen des Papiermangels bekamen Sporttageszeitungen anfangs keine Erlaubnis zu erscheinen, und es dauerte noch bis 1946, bis der Kampf um das Erbe von *L'Auto* tatsächlich beginnen konnte. Es stellten sich drei Kandidaten vor: *Elans*, *Sports* und *L'Équipe*. All diese Blätter kündigten für 1946 eine Mini-Tour mit fünf Etappen an, das Maximum, das die Behörden erlaubten. Zwei dieser Rundfahrten fanden tatsächlich statt. Die erste war die Ronde de France, ein Rennen zwischen Bordeaux und Grenoble, organisiert von *Sports*, in Zusammenarbeit mit der Tageszeitung *Ce Soir*. Der Konkurrent *L'Équipe*, der eine Fusion mit *Elans* eingegangen war, wartete indes mit einer Petit Tour de France auf, die von Monaco nach Paris führte. Der Sieg ging an Apo Lazarides, »das griechische Kind«, auch wenn dieser anfangs alle Chancen auf den Sieg zu verspielen schien, als er sich während einer einsamen Flucht auf dem Izoard in das Peloton zurückfallen ließ, weil er plötzlich Angst vor Bären bekommen hatte. Offenbar sorgte die Angstpsychose, die Desgrange am Vorabend der ersten Pyrenäenetappe im Jahr 1910 schüren wollte, noch immer für Opfer.

Nach vielen Intrigen hinter den Kulissen gelang es *L'Équipe* schließlich, sich die Organisation der Tour zu sichern, zusammen mit der allgemeinen Tageszeitung *Le Parisien Libéré*. Der Direktor von *L'Équipe*, Jacques Goddet, der vor dem Krieg Desgranges Assistent gewesen war, wurde der neue *patron* der Tour, während der Leiter der Sportredaktion von *Le Parisien Libéré*, Félix Lévitan, zum stellvertretenden Direktor ernannt wurde. Obwohl allerlei notwendige Waren, zum Beispiel das Benzin für die Begleitfahrzeuge, noch bezugsscheinpflichtig waren, beschlossen Goddet und Lévitan, 1947 erneut eine Frankreich-Rundfahrt zu organisieren. Diese Ankündigung löste beim Publikum eine enorme Begeisterung aus. Die ersten Nachkriegsjahre waren eine graue Zeit, in der von den großen Erwartungen, welche die Befreiung geweckt hatte, nicht mehr viel zu spüren war. Trotz der amerikanischen Hilfe mangelte es an allem Möglichen, und die Menge der Brotration sank in jenem Sommer sogar auf den tiefsten Stand seit 1944. Die Aussicht auf eine neuerliche Tour de France bedeutete eine sehr willkommene Ablenkung, besonders auch deshalb, weil seit dem Kriegsende noch keine Sportereignisse von derartiger Größe stattgefunden hatten. Es heißt sogar, dass die französischen Hafenarbeiter mit einem Streik drohten, als der Versorgungsminister den Antrag der Tour-Direktion auf Freigabe der benötigten Nahrungsmittel und des Benzins nicht schnell genug bewilligte.

Wahrscheinlich wurde keine Tour de France von den Franzosen mit größerer Leidenschaft verfolgt als die von 1947. Natürlich wurde die Frankreich-Rundfahrt wie bereits in den dreißiger Jahren erneut von Nationalmannschaften bestritten. Daneben ging noch eine Reihe von französischen Regionalmannschaften an den Start, eine Idee, mit der im Jahr 1939 zum ersten Mal experimentiert worden war. Die Fahrer, die für diese Teams nominiert worden waren, enttäuschten das Publikum nicht. Der italienische Verband indes wollte 1947 keine offizielle Mannschaft entsenden, wodurch die beiden in jenem Moment wohl stärksten Fahrer der Welt, Coppi und Bartali, nicht an den Start gehen konnten. Trotzdem tat ihre Abwesenheit dem Interesse für die Tour keinen Abbruch. Ganz im Gegenteil, das Fehlen von Stars mit genügend Autorität, um das Rennen kontrollieren zu können, förderte nur die Spannung. Auch durch das schlechte Wetter und die mangelhafte

Vielleicht entfachte keine Tour de France im Gastgeberland so viel Leidenschaft wie jene von 1947. Riesige Menschenmengen erwarteten die Fahrer auch auf den Passhöhen im Hochgebirge.

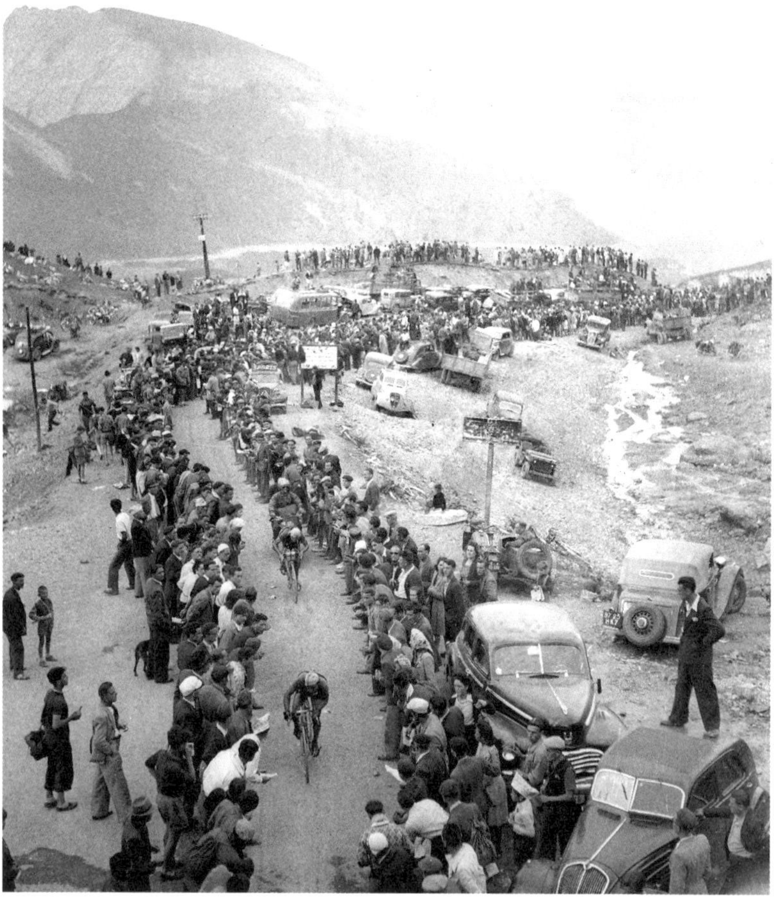

Vorbereitung der meisten Teilnehmer war der Rennverlauf äußerst bizarr: Ständig schienen Glück und Schicksal die Seiten zu wechseln, immer wieder gab es monumentale Leistungseinbrüche und sensationelle Wiederauferstehungen. Die Journalisten bewirkten außerdem wahre Wunder, um die Favoriten als exzentrische Persönlichkeiten darzustellen, die für eine pittoreske Anekdote nach der anderen sorgten. So wie etwa »König« René Vietto, der die Disziplin im Peloton wahrte, indem er einem Rennfahrer, der sich als Ausreißer versuchen wollte, kurzerhand ins Gesicht schlug. Oder der »schweigsame« Italiener Ronconi (er sprach kein Französisch), der sich von seinem Bruder Don Silvio coachen ließ, der nach dem Ende jeder Etappe mit wehender Pastorssoutane hinter ihm her rannte und sich während der langen Pyrenäenetappe als Mechaniker verkleidete, um die Rennordnung zu umgehen, welche die Anwesenheit von Familienmitgliedern in der Begleitkarawane verbot. Auch »Ademaï« Goasmat, der erste große Radiostar, dessen Spitzname im Laufe der Jahre von »der Kobold« zu »die bretonische Holzschuhsocke« und schließlich zu »der Rad fahrende Menhir« wechselte, zählte zu dieser Kategorie von Fahrern. Ebenso Edouard Fachleitner, »der Hirte aus Manosque«, über den es hieß, dass er jeden Abend zu Hause anrief, um mit seinem Hund zu sprechen, und dass er die Tour verloren habe, weil er irgendwann dermaßen die Nase voll hatte, dass er sich einfach unter einen Baum setzte, um ganz gemächlich eine halbe Stunde lang zu Mittag zu essen (in Wirklichkeit litt er wegen der Hitze unter Beklemmungen, und die Pause dauerte nur zehn Minuten). Oder auch Pierre Brambilla, »der Holzschuh«, der, als er einen Leistungseinbruch erlitt, sich selbst strafend zurief, dass jemand, der so schlecht fahre, es nicht verdient habe, zu trinken, und der daraufhin sein Bidon – angeblich war es mit Rotwein gefüllt – ausgoss. Und zu guter Letzt natürlich Jean Robic, der zur großen Belustigung aller die ganze Tour über verkündete, dass er »unwiderstehlich« sei, und im Laufe seiner Karriere mehr Spitznamen sammelte als irgendein anderer Radrennfahrer. »Zicklein« (*biquet*) wurde er ebenso genannt wie »der Glaskopf«, »der Lederkopf« und »der König der Pyrenäen«.

Abgesehen von allen farbenfrohen Besonderheiten, zu denen die Leser von *L'Équipe* und den anderen Blättern tagtäglich eingeladen wurden, bot die Tour 1947 dem französischen Publikum außerdem einen äußerst befriedigenden Rennverlauf. Tagelang schien René Vietto sich endlich für das Schicksal revanchieren zu können, das ihn 1934 vermeintlich am Sieg gehindert hatte. Als er zwei Tage vor dem Ende die Führung an den Italiener Brambilla verlor, drohte eine Katastrophe, doch völlig unerwartet konnte Robic die Dinge auf der letzten Etappe noch geraderücken. Selbstverständlich verschwieg die französische Presse, dass dieser *coup de théâtre* alles andere als vorschriftsmäßig verlaufen war. Mehr Aufmerksamkeit schenkte sie der Geschichte, dass Brambilla nach der Ankunft in Paris unverzüglich nach Hause fuhr, sein Fahrrad in Stücke schlug und es in seinem Garten vergrub.

Mit der Tour de France des Jahres 1947 begann eine Ära, in welcher der Radsport den Höhepunkt seiner Popularität erreichte. Während der Klassiker und der großen Landesrundfahrten standen jedes Jahr Hunderttausende von Menschen an den Straßenrändern, um die Rennfahrer vorbeifahren zu sehen. Die Tour und der Giro wurden zu Festivals, die drei Wochen ohne Unterbrechung andauerten. Die Getränkefirmen aus der Werbekarawane veranstalteten an den Etappenorten Feste, die bis in die frühen Morgenstunden dauerten und auf denen die berühmtesten Sänger der Varietee- und Konzertbühnen präsent waren, wie Charles Trenet (Pernod) und Tino Rossi (Ricard) bei der Tour oder Beniamino Gigli (Martini) beim Giro.

Die wichtigste Entwicklung des Radsports in den Jahren nach dem Zweiten Weltkrieg war, dass er nun einen viel internationaleren Charakter erhielt als noch in den dreißiger Jahren. Dies war zum großen Teil einer Initiative der wichtigsten Sportblätter in Frankreich, Italien und Belgien zu verdanken: *L'Equipe, La Gazzetta dello Sport, Sportwereld* und *Les Sports*. Deren Direktionen beschlossen, jedes Jahr eine Trophäe auszuloben, die jener Rennfahrer erhalten sollte, der in den neun wichtigsten von diesen Zeitungen organisierten Rennen die besten Platzierungen errang. Diese »Challenge Desgrange-Colombo«, benannt nach den beiden *grand old men* des französischen und italienischen Radsports, umfasste die Tour, den Giro, Mailand–Sanremo, die Flandern- und die Lombardei-Rundfahrt, den Wallonischen Pfeil, Paris–Tours, Paris–Roubaix und Paris–Brüssel. Weil diese neun Veranstaltungen, denen später noch Lüttich–Bastogne–Lüttich und die Tour de Suisse hinzugefügt wurden, allgemein als die wichtigsten Rennen der Saison betrachtet wurden (abgesehen von der Weltmeisterschaft) und zudem in den Blättern, von denen diese Initiative stammte, viel zusätzliche Publizität bekamen, war die Challenge weitaus prestigeträchtiger als zum Beispiel die heutige Weltmeisterschaft, die sich nur auf ein Eintagesrennen beschränkt. Besonders die italienischen Mannschaften wurden so dazu angeregt, häufiger an ausländischen Klassikern teilzunehmen. Die französischen Fahrradhersteller waren zurückhaltender: Für sie behielt die Tour eine alles beherrschende Bedeutung. Trotzdem gab es viele französische Rennfahrer, die am Giro, an Mailand–Sanremo oder der Lombardei-Rundfahrt teilnahmen. In diesem Fall traten sie normalerweise vorübergehend in die Dienste einer italienischen Firma. So fuhren Louison Bobet und Raphaël Géminiani in Frankreich für Stella und Métropole, in Italien jedoch für Bottecchia und Bianchi. Ihre Arbeitgeber hatten nichts dagegen, weil der französische und der italienische Fahrradmarkt sich in jener Zeit kaum überschnitten.

Dank der Challenge Desgrange-Colombo, der später die Superprestige Pernod folgte, verloren die belgischen und italienischen Rennen, die in die Wertung aufgenommen wurden, ihren nahezu ausschließlich nationalen Charakter, den sie bis zu jener Zeit besaßen. So war es noch nie einem Ausländer gelungen, den Giro d'Italia oder den Wallonischen Pfeil zu gewinnen. Seit 1920 galt das Gleiche auch für die Lombardei-Rundfahrt. Die Flandern-Rundfahrt kannte nur einen einzigen nicht-flämischen Sieger, während Mailand–Sanremo seit 1913 lediglich 1934 nicht mit einem italienischen Erfolg geendet war. Dies änderte sich nun. Im Jahr 1950 gewann der Schweizer Koblet den Giro, ein Jahr später siegte der Franzose Bobet bei Mailand–Sanremo und der Lombardei-Rundfahrt. Die Italiener Camellini und Coppi gewannen 1948 und 1950 den Wallonischen Pfeil, und Fiorenzo Magni gelang es zwischen 1949 und 1951, drei Mal hintereinander die Flandern-Rundfahrt für sich zu entscheiden. Natürlich war das italienische und belgische Publikum über diese Entwicklungen nicht immer gleichermaßen begeistert. Als Magni 1951 zum dritten Mal die Flandern-Rundfahrt gewann und der erste Flame erst zwölf Minuten später als Sechster ins Ziel kam, gab es Karel Van Wijnendaele zufolge nur noch eins, was den flämischen Radsportliebhabern übrigblieb: »Wir haben noch unsere Augen, um zu weinen.« Doch auf die Dauer konnte das Ansehen der Rennen durch diese ausländischen Siege nur zunehmen. Ein Erfolg beim Giro oder bei einem Klassiker wurde noch viel begehrenswerter als vorher, weil er nun einen Sieg über die besten Rennfahrer der Welt bedeutete.

Die vierziger und fünfziger Jahre des 20. Jahrhunderts waren auch eine goldene Zeit für den Radsportjournalismus. Das Radio, die Wochenschauen und die ersten Fernsehsendungen verschafften dem Straßenradsport größere Publizität denn je. Gleichzeitig zeigten die Übertragungen aber noch so wenig vom Rennverlauf, dass die Reporter in Hülle und Fülle Gelegenheit hatten, diesen auf ganz eigene Weise zu kommentieren. Es lag denn auch fast auf der Hand, dass verschiedene Blätter Romanciers anstellten, um ein möglichst attraktives und originelles Bild von den Radrennen veröffentlichen zu können. So wurde der Giro von 1955 von nicht weniger als drei bekannten italienischen

Schriftstellern verfolgt: Vasco Pratolini, Marzello Venturi und Anna Maria Ortese. Genau wie in den dreißiger Jahren gab es Rennfahrer, die eine spezielle Begabung besaßen, aufgrund derer sie in den Berichten und Kommentaren einen prominenteren Platz erhielten, als sie es aufgrund ihrer Leistungen eigentlich verdient gehabt hätten. Einer von ihnen war zweifellos Jean Robic, ein ausgezeichneter Kletterer, als Rundfahrer jedoch zu beschränkt, um den *campionissimi* wirklich ernsthaft Konkurrenz zu machen. Nach der Tour von 1947 gelang es ihm nicht mehr, große Siege zu erringen, doch er wusste dies zu kompensieren, indem er sich mit voller Überzeugung als das Opfer der bösen Außenwelt präsentierte. Ihren theatralischen Höhepunkt erlebten diese Auftritte bei der großen Alpenetappe der Tour de France 1952, als Robic im Schlussanstieg nach Sestrières einen Reifendefekt erlitt. Weil sein Teamchef Marcel Bidot jedoch hinter Nello Laurédi herfuhr, war kein Begleitfahrzeug in der Nähe. Rennfahrer hatten damals stets einen Ersatzreifen um die Schultern geschlungen, und Robic hätte den Schaden in zwei Minuten reparieren können. Stattdessen pumpte er heulend und wehklagend seinen Reifen auf, was ihn eine Minute kostete. Und weil der Erfolg einer solchen Maßnahme bekanntermaßen nur von kurzer Dauer ist, musste er bald darauf erneut absteigen, um das Ganze zu wiederholen, und danach wieder und wieder, den Journalisten zufolge insgesamt fünf Mal (und acht Mal nach Robics eigener Aussage). Und jedes Mal rief »*biquet*« mit tränenerstickter Stimme: »Wo ist Bidot?«, um die Reporter, die ihn beim ersten Mal nicht gehört hatten, doch noch davon zu überzeugen, dass er von seinem Teamchef »verraten« worden sei.

Es gab in jener Zeit so viele authentische Champions, dass es nicht nötig war, Pseudo-Stars zu erschaffen, und Robic wurde von den Journalisten nur so lange in seiner Opferrolle ernstgenommen, wie er ansprechende Leistungen erbrachte. Als er 1959 im Alter von achtunddreißig Jahren ein Comeback bei der Tour versuchte, sorgten seine Klagen nur noch für Gelächter. Das war tragisch, weil er gerade in jenem Jahr für seine Art, wie er sich trotz eines gebrochenen Mittelhandknochens bis drei Tage vor dem Ende zu behaupten wusste, alle Bewunderung verdiente. Es erging ihm wie dem Jungen im Märchen, der zu oft gerufen hatte, dass der Wolf kommt: Niemand glaubte ihm mehr.

Rennfahrer wie Robic waren für die Radsportjournalisten der damaligen Zeit hauptsächlich als unerschöpfliche Quellen von amüsanten Geschichten am Rande des rein sportlichen Renngeschehens von Bedeutung. Doch die meiste Aufmerksamkeit richtete sich natürlich auf die wirklich großen Rennfahrer jener Tage, auf Männer wie Coppi, Bartali, Magni, Van Steenbergen, Kübler, Koblet und Bobet, die auch dank der Perfektionierung des Domestikensystems und der großen Leistungsunterschiede innerhalb des Pelotons eindrückliche Siege errangen, welche die Journalisten zu ihrer besten Prosa inspirierten.

Im Mittelpunkt standen die Zweikämpfe zwischen den Italienern Fausto Coppi und Gino Bartali, die solch epische Formen annahmen, dass sie von dem italienischen Romancier Dino Buzzati, der den Giro von 1949 als Gelegenheitsreporter verfolgte, spontan mit dem homerischen Kampf zwischen Achilles und Hektor verglichen wurden. Bei der ersten Italien-Rundfahrt, an der beide Rennfahrer teilnahmen, der von 1940, war Coppi noch ein Domestike von Bartali. Dieser war in jenem Jahr der große Favorit, doch durch einen Sturz bei der zweiten Etappe geriet er hoffnungslos in Rückstand, während Coppi das Rosa Trikot eroberte. Bartali wollte den Kampf aufgeben, doch sein Teamchef Eberardo Pavesi konnte ihn davon überzeugen, dass er noch beliebter werden könne, als er es bereits war, indem er Coppi hülfe. Schließlich rührt nichts das Publikum so stark wie ein großer Star, der sich in den Dienst eines jungen, unerfahrenen Mannschaftskameraden stellt. Bartalis »Opfer« brachte ihm tatsächlich allgemeine Bewunderung ein, doch Coppi, der das Rosa Trikot nicht mehr abgab, wurde durch seinen Sieg zum Star.

Schon bald versuchten die italienischen Zeitungen, das Interesse ihrer Leser mit Geschichten zu wecken, die von einer gnadenlosen Rivalität handelten, die zwischen den beiden Champions bestehe. In Wirklichkeit aber kamen Coppi und Bartali in jener Zeit noch ausgezeichnet miteinander aus. Trotzdem war es unvermeidlich, dass ihr gutes Verhältnis letztendlich unter den andauernden Pressekampagnen und den Erwartungen des Publikums leiden würde. Als Coppi 1946 zu Bianchi wechselte, während Bartali bei Legnano blieb, begann der »richtige« Konflikt.

Dieser nahm schnell Ausmaße an, welche die Grenzen des Radsports bei weitem überschritten. Der Schriftsteller Curzio Malaparte glaubte, dass kein Italiener umhin komme, Partei zu ergreifen; ihm zufolge wurde das Land durch den Kampf zwischen Coppi und Bartali in zwei Hälften geteilt. Dies weist bereits darauf hin, dass die Rivalität zwischen den beiden Champions an viel grundsätzlicheren Dingen rührte als an rein sportlichen Elementen. Coppi und Bartali wurden nämlich als die Inkarnationen der Gegensätze betrachtet, die Italien in den Nachkriegsjahren beherrschten. Bartali, der Christdemokrat, stand für das traditionelle Italien und den Katholizismus; Coppi personifizierte den Modernismus, den kühlen Rationalismus und den Sozialismus.

Es war eine Vorstellung, die nur sehr partiell mit der Wirklichkeit übereinstimmte, auch wenn es durchaus den Tatsachen entsprach, dass sich die beiden Champions in mehr als nur einer Hinsicht stark voneinander unterschieden.

So hob sich Coppi durch sein »modernes« Verständnis vom Radsport von seinem Rivalen ab. Während Bartali ein Rennfahrer von alter Prägung war, der ohne sich Gedanken darüber zu machen seinen täglichen Liter Rotwein trank und sein Päckchen Zigaretten rauchte, experimentierte Coppi mit technischen Verbesserungen, fortschrittlichen Ernährungsmethoden und neuen chemischen Produkten. Auch gab es in der Tat keinen Zweifel daran, dass Bartali ein tiefgläubiger Mensch war. So war er in der Azione Cattolica aktiv und Mitglied des Dritten Ordens der Kartäuser. Auch fuhr er mit fünf oder sechs Medaillons der Muttergottes oder der Heiligen Theresa von Lisieux um den Hals und an seinem Lenker. Bei der Italien-Rundfahrt musste sogar einmal der Start einer Etappe verschoben werden, weil Bartali mit seiner gesamten Entourage in eine Kirche gegangen war, um dort gut anderthalb Stunden zu beten. Außerdem pflegte er einen engen Kontakt zu Alcide de Gasperi, dem Anführer der christdemokratischen Partei. Doch dies bedeutete nicht, dass sich Coppi, was dies betrifft, in dem anderen Lager befand. So erklärte auch er, dass er ein guter Katholik sei, und rief während der Wahlen von 1948 zusammen mit Bartali und einer Reihe anderer prominenter Italiener dazu auf, »patriotisch« zu wählen, was bedeutete, für die Christdemokraten und gegen die Volksfront zu sein. Derartige Aussagen und Gesten veränderten das Bild, das von den beiden Rennfahrern entstanden war, kaum. Die scharfen sozialen und politischen Gegensätze, die das Leben in Italien in den vierziger und fünfziger Jahren beherrschten, führten dazu, dass nahezu alles in den Kategorien von These und Antithese betrachtet wurde. Da Bartali sehr fromm war, konnte Coppi in den Augen der meisten Italiener nur ungläubig oder ein Atheist sein. Selbst ein Papstbesuch nach dem Giro-Sieg von 1947 konnte dies nicht ändern: Sofort ging das Gerücht um, dass Coppi nur mit Widerwillen zum Vatikan gezogen war.

Die ersten Jahre nach dem Zweiten Weltkrieg bildeten den Höhepunkt der Rivalität zwischen den beiden *campionissimi*. In den Jahren 1946 und 1947 gab es noch kaum Leistungsunterschiede zwischen ihnen. Jeder der beiden gewann in jenen Jahren ein Mal den Giro und ein Mal

Mailand–Sanremo. Trotz seiner vierunddreißig Jahre gelang es Bartali 1948 sogar noch, seinen Rivalen zu übertrumpfen, indem er einen der aufsehenerregendsten Tour-de-France-Siege der Geschichte errang. Am Fuße der Alpen hatte er noch über einundzwanzig Minuten Rückstand auf Louison Bobet, den Träger des Gelben Trikots, der ihn am Tag zuvor vernichtend geschlagen hatte. Die Mehrzahl der Journalisten war überzeugt, dass er »sein letztes Kapitel als Champion geschrieben hatte«. Das Gegenteil war der Fall. Bartali gewann mit Überlegenheit die nächsten drei großen Alpenetappen, und als die Berge hinter ihm lagen, hatte er einen Vorsprung von gut 32 Minuten auf die Nummer zwei. Und als ob dies noch nicht genug gewesen wäre, wurde der Mythos in die Welt gesetzt, dass Bartali sein Land durch seinen sensationellen Sieg vor einem Bürgerkrieg bewahrt habe. Am Tag nach seiner Niederlage gegen Bobet war der Generalsekretär der Kommunistischen Partei Italiens, Palmiro Togliatti, bei einem Attentat schwer verletzt worden. Ministerpräsident De Gasperi, so wird erzählt, glaubte, dass ein Bürgerkrieg unvermeidlich sei, und sah nur noch einen einzigen Ausweg. Nur ein Sieg Bartalis bei der Tour könne die Gemüter noch besänftigen. Er beantragte ein Blitzgespräch mit dem Champion und erläuterte ihm die Situation. Bartali war sich der Mission, die ihm aufgetragen wurde, bewusst. Er zermalmte seine Gegner und rettete das Land. Dass die schlimmste Gefahr bereits vor dem Telefonat des Ministerpräsidenten gewichen war, tat nichts zur Sache. Bei seiner Rückkehr nach Italien wurde er feierlich als Retter des Vaterlands empfangen. »Die Sonne geht unter, aber nicht Bartali«, schrieben seine Anhänger auf Mauern und Straßen.

Wie konnte Coppi noch mit solch einem Mann konkurrieren? Bartali war so beliebt, dass er gar nichts mehr zu tun brauchte, um seinen Anhängern zu gefallen. Er machte seinen Mannschaftskameraden niemals Vorwürfe, murrte jedoch immer und überall gegen den ganzen Rest der Welt. Auch gegenüber seinen Konkurrenten verhielt er sich nicht gerade freundlich. Als Koblet ihn einmal um eine Trinkflasche bat, schüttete Bartali den Inhalt aus, bevor er ihm das Bidon reichte. Nach der Zielankunft zog er, selbst wenn er gewonnen hatte, meistens eine saure Miene und schubste die Anhänger, die ihm gratulieren wollten, unsanft beiseite. Doch wahre Liebe bedarf keiner Erwiderung, um zu gedeihen. Die meisten Italiener verehrten Bartali, während Coppi anfangs eher Bewunderung als Leidenschaft hervorrief. Seine Legende kam eigentlich erst nach seinem Tod zur Blüte und wurde noch lange Zeit im Ausland mehr gehegt als in Italien selbst.

Nach seinem Ruhmesjahr 1948 wurde Bartali von Coppi klar überflügelt. Doch das schadete kaum seiner Beliebtheit. Selbst nachdem Coppi ihn beim Giro 1949 vernichtend geschlagen hatte, gaben noch immer 70 Prozent der Italiener Bartali den Vorzug. Dieser wusste außerdem oft auf äußerst listige Weise Coppis Siegen die Giftzähne auszubrechen. Ein hübsches Beispiel dafür lieferte er bei der Tour von 1949, bei der beide Rivalen zur italienischen Nationalmannschaft zählten. Am Fuße der Alpen hatten sowohl Coppi als auch Bartali in der Gesamtwertung noch solch einen großen Rückstand, dass ein italienischer Sieg fraglich wurde. Auf Anregung von Teamchef Binda einigten sie sich deshalb darauf, einander während der Bergetappen nach Kräften beizustehen. Diese Taktik hatte Erfolg. Als sie zwei Tage später nach der Bezwingung des letzten Anstieg des Tages, des Kleinen Sankt Bernhards, gemeinsam an der Spitze lagen, trug Bartali das Gelbe Trikot und Coppi war Zweiter. Trotzdem wusste Bartali, dass er die Tour verloren hatte. Denn Coppi war in den Bergen kein einziges Mal in Schwierigkeiten geraten und hatte in der Gesamtwertung einen Rückstand von noch nicht mal anderthalb Minuten. Und weil er ein viel besserer Rouleur als sein Rivale war, zweifelte niemand daran, dass er den Abstand beim anstehenden Zeitfahren über 137 Kilometer mühelos wettmachen würde. Bartali drohte die Tour auf schmachvolle Weise zu verlieren, bis er vierzig Kilometer vor dem Ziel in Aosta einen Rei-

Zweckbündnis der beiden sonst rivalisierenden *campionissimi* bei der Tour 1949: Auf der Etappe nach Aosta machten Coppi und Bartali gemeinsame Sache – Ersterer gewann an diesem Tag das Rennen, Letzterer noch mehr Popularität, als ihm ehedem schon gewiss war.

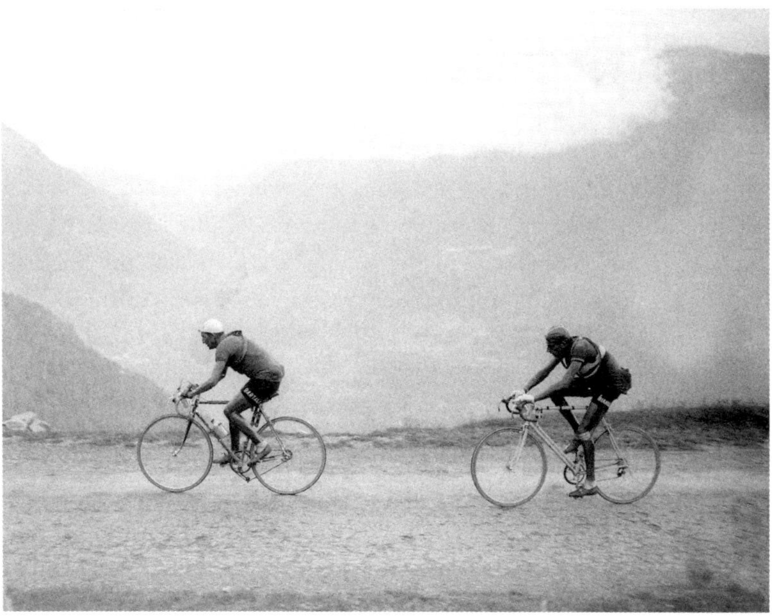

fendefekt erlitt und dabei außerdem stürzte. Es hätte ihm nichts Besseres passieren können. Um zu zeigen, dass er sich an die Abmachung hielt, radelte Coppi im Freilauf weiter, bis er von Binda das Signal bekam, alleine weiterzufahren. Von diesem Moment an hielt er sich nicht mehr zurück und erreichte mit fast fünf Minuten Vorsprung Aosta, wo er das Gelbe Trikot von Bartali übernahm. Dieser konnte nun seinerseits darauf beharren, dass er die Tour nur durch Pech verloren habe und unter Wert geschlagen worden sei. Und Bartali wusste noch mehr Nutzen aus der Situation zu ziehen. Er erklärte gleich nach dem Ende:

> Als ich den Platten bekam, war mein erster Gedanke: Italien! Vielleicht hätten Robic, Marinelli und Lazarides wieder Mut gefasst, wenn sie gehört hätten, dass wir wegen einer Panne aufgehalten wurden. Und das Wichtigste war, dass in Italien ein Italiener gewann. Deshalb habe ich zu Fausto gesagt, dass er mit aller Macht weiterfahren müsse.

Coppi war fünf Jahre jünger als sein Rivale, doch das machte es nur noch schwieriger, die Gunst des Publikums zu gewinnen. Bartali war schon 1948 in einem Alter, in dem die meisten Radprofis ihre Karriere bereits beendet haben. Wenn Coppi ihn schlug, erschien dies nur logisch. Wenn hingegen Bartali gewann, wurde dies von seinen Anhängern als ein Wunder betrachtet. Als er am 1. Mai 1952 die Emilia-Rundfahrt für sich entschied, beschlossen die Mitarbeiter des Sportblattes *Stadio*, ihren freien Tag zu opfern, damit am nächsten Tag eine Extraausgabe mit der Nachricht vom Sieg ihres Idols erscheinen konnte.

Kein Wunder, dass Coppi keinen einzigen Moment lang unbesorgt war, wenn er ein Rennen fahren musste, in dem auch Bartali an den Start ging. In all den Jahren, in denen er Bartali als Mannschaftskamerad ertragen musste, gelang es ihm auch nicht, Weltmeister zu werden.

Erst 1953 war der Weg für Coppi frei: Bartali wurde zu seinem großen Zorn nicht für die WM in Lugano nominiert. Trotzdem versuchte er noch, seinen Rivalen durch seine symbolische Anwesenheit zu stören: Er ließ entlang der Strecke Schilder anbringen, auf denen in großen Lettern Werbung für Bartali-Fahrräder und Bartali-Wein gemacht wurde. Es zeigte keine Wirkung mehr. Coppi kam mit fünf Minuten Vorsprung als Erster ans Ziel.

Coppi und Bartali waren 1949 den anderen Rundfahrern haushoch überlegen. Ein Jahr später drohten sie jedoch plötzlich nur noch die zweite Geige zu spielen. Grund dafür war der kometenhafte Aufstieg eines neuen Idols, des Schweizers Hugo Koblet, der in jenem Jahr als erster Nicht-Italiener den Giro gewann. Koblet war nicht gerade unansehnlich, und die Radsportpresse, welche die Qualitäten der Champions immer wie durch ein Vergrößerungsglas zu betrachten pflegt, verkündete sofort, dass dieser Mann »schön wie ein Gott« sei. Koblet verwendete genauso viel Sorgfalt auf sein Äußeres wie Charles Pélissier und hatte sogar stets einen Taschenkamm bei sich, um sofort nach der Zielankunft sein Haar in Ordnung zu bringen. Daran hatte selbst »Beau Brummel« nicht gedacht. Und was hinzukam: Koblet war ein viel besserer Radrennfahrer als Charles Pélissier. Den absoluten Höhepunkt seiner Radsportkarriere erreichte er 1951, als er die Tour mit 22 Minuten Vorsprung gewann und sich mit seiner Leistung bei der elften Etappe zwischen Brive und Agen über die Naturgesetze des Radsports hinwegzusetzen schien. Jedermann weiß, dass ein einsamer Solist auf flacher Straße gegen ein entfesseltes Peloton nicht die geringste Chance hat. Trotzdem fuhr Koblet, wohlgemerkt einer der großen Favoriten der Tour, an jenem Tag 135 Kilometer allein vorweg und kam mit zweieinhalb Minuten Vorsprung ans Ziel. »So etwas ist eigentlich nicht möglich«, schreibt Tim Krabbé in seinem kleinen Meisterwerk *Das Rennen*. »Etwas wie Brive–Agen war damals noch nie zuvor passiert, und es ist auch bei diesem einen Mal geblieben.«

Die Journalisten gerieten selbstverständlich in allergrößte Verzückung und übertrafen sich gegenseitig beim Gebrauch von Superlativen. »Kein Mensch mehr, sondern ein Held, eine Art Halbgott«, schrieb Abel Michéa im *Miroir du Cyclisme* über Koblet. Einer seiner Kollegen sprach von »einem Adler, verfolgt von einem Rudel Schakale«, was nicht nur eine neue Metapher, sondern auch ein zoologisches Novum war. Und obwohl der schöne Hugo doch immer ein Schwämmchen dabei hatte, um sein Gesicht rechtzeitig vor der Zielankunft zu säubern, wollte Pierre About von *L'Équipe* wenn nötig zugeben, dass an diesem Tag ausnahmsweise einmal ein paar Schweißtropfen auf Koblets Stirne zu sehen waren. Aber nicht, dass sie unangenehm gerochen hätten, denn: »Der Schweiß der Götter enthält kein Urea!«

Vielleicht ist das so, doch war Koblet wirklich ein Gott? Dass er an diesem Tag eine phänomenale Leistung zeigte, ist unstrittig. Doch dass er über dreieinhalb Stunden lang einem mit voller Kraft vorwärtsjagenden Peloton standgehalten hat, ist ein Märchen. Zunächst war sein Soloritt nicht 135, sondern 113 Kilometer lang. Während der ersten Phase leistete ihm der französische Regionalfahrer Louis Deprez Gesellschaft, der Koblet zwar wenig unterstützen konnte, ihn jedoch trotzdem gelegentlich ablöste. Außerdem war das Tempo zwar tatsächlich hoch, doch es kann gar keine Rede davon sein, dass seine Verfolger über die gesamte Etappe hinweg mit voller Kraft fuhren. Wenn dies tatsächlich der Fall gewesen wäre, wäre es nicht möglich gewesen, dass der französische Kletterer Jean Dotto sich auf halber Strecke der Etappe ebenfalls vom Peloton löste und, obwohl er eine knappe halbe Minute auf Koblet verlor, es schaffte, auf 15 Kilometern 45 Sekunden Vorsprung zu gewinnen. Seine Flucht endete erst, als er vor einem geschlossenen Bahnübergang warten musste. Bald darauf bekam Louison Bobet einen Platten, verlor über eine Minute, fand jedoch, unterstützt von drei Mannschaftskameraden, in relativ kurzer Zeit wieder Anschluss ans Feld. In der Zwischenzeit hielt sich das französische Nationalteam selbstverständlich in der Verfolgungsarbeit zurück und überließ diese auch während der restlichen Etappe größtenteils den Italienern, die ihrerseits aber auch keine Lust hatten, die ganze Last allein zu tragen. Infolgedessen konnte erst auf den letzten 40 bis 50 Kilometern Rede von einer organisierten Verfolgung sein, wenn diese auch durch einen Sturz von Coppi und Magni unterbrochen wurde. Koblets Vorsprung schrumpfte in diesem Zeitraum von 3'55" auf 2'35". Sein Sieg bei Brive–Agen wird zurecht zu den Höhepunkten der Radsportgeschichte gerechnet. Er steht zweifellos auf einer Stufe mit den schönsten Siegen von Coppi oder Merckx, jedoch nicht darüber.

Der Mythos von Koblets übermenschlichen Fähigkeiten wurde von Journalisten geschaffen, die ihrem Publikum eine hübsche Geschichte auftischen wollten und in dem *pédaleur de charme* einen idealen Star sahen. Die Rennfahrer, die von Koblet geschlagen wurden, wussten es selbstverständlich besser, hatten jedoch kein Interesse zu protestieren. Nicht nur deshalb, weil sie dann schlechte Verlierer gewesen wären, sondern auch, weil sie natürlich wenig Grund hatten, um auf sich selbst stolz zu sein. Wenn ein Favorit bei einer großen Rundfahrt so übermütig ist, sich weit vor dem Ende alleine davonzumachen, ist die allgemein übliche Taktik, ihn zunächst ruhig ziehen zu lassen, ihn anschließend möglichst lange »zappeln« zu lassen und ihn erst gegen Ende einzuholen. Die Fahrer, die nur die ersten beiden Punkte dieses Programms befolgt hatten, müssen die Vorstellung, dass Koblet an jenem Tag über übernatürliche Kräfte verfügte, deshalb als eine glänzende Ausrede betrachtet haben.

Nicht nur auf kurze, sondern auch auf lange Sicht konnten die Rennfahrer nur davon profitieren, wenn derartige Mythen aufrechterhalten wurden. Bis weit in die 1980er Jahre hinein waren die Startgelder bei Kriterien und Kirchturmrennen die Haupteinnahmequellen für Berufsrennfahrer, und ohne die Legende von den »Giganten der Landstraße«

Bei der Tour de France 1951 triumphierte ein Fahrer, der die Radsportjournalisten zu ihrer ausschweifendsten Prosa inspirierte: der Schweizer Hugo Koblet, stets auf sein Äußeres bedacht und nach Einschätzung der Fachpresse »schön wie ein Gott«.

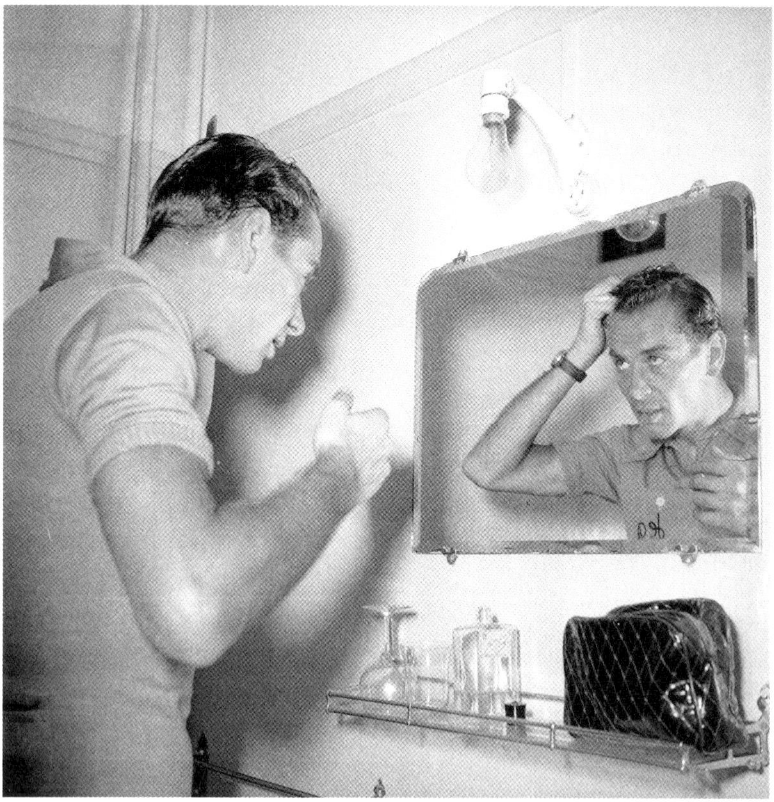

wären diese um einiges geringer ausgefallen. Das Publikum kam in erster Linie, um die Stars zu sehen, und diese kassierten natürlich bei weitem das meiste Geld. Coppi erhielt nach seinem Tour-Sieg von 1952 Verträge in Höhe von über zwanzig Millionen Franc, was gewiss in jenen Tagen ein Vermögen war. Zweitrangige Rennfahrer konnten ebenfalls vom Ruhm der großen Champions reichlich profitieren. So wurde Jan Nolten nach der Tour 1952 in den Niederlanden geradezu vergöttert. Wenn er bei einem Kriterium an den Start ging, drängten sich die Leute um ihn, um sein Fahrrad zu berühren. Dies rührte nicht in erster Linie daher, dass Nolten eine Etappe gewonnen hatte. Viel wichtiger war, dass er sich während des Anstiegs zum Puy de Dôme mit Coppi duelliert hatte und nur knapp geschlagen wurde. Außerdem hatte der *campionissimo* ihn noch vor dem niederländischen Radiomikrofon geadelt, indem er ihn ein vielversprechendes Talent für die Zukunft nannte.

Es ist deshalb kein Wunder, dass Rennfahrer, die sich in unmittelbarer Nähe zu den »Giganten der Landstraße« bewegten, oft aktiv zu deren Legende beitrugen, damit diese auch auf sie selbst abstrahlte. So stammen viele der fantastischen Geschichten über Coppi von seinem alten Mannschaftskameraden Raphaël Géminiani, der nach dem Ende seiner Karriere noch viele Jahre als Teamchef und Fernsehkommentator von dem Ruf profitierte, den er sich als Radprofi erworben hatte. Dies ist zum Beispiel sein Bericht über Coppis entscheidenden Ausreißversuch am Crespera während der Weltmeisterschaft von 1953 in Lugano:

> Ich sah ihn mit seiner Übersetzung von 47/21 wie eine Rakete losspurten. Ich habe wirklich versucht, zu reagieren, und ich bin sogar bis auf ein paar Meter an sein Hinterrad herangekommen. Doch Fausto fing mit einer unglaublichen Kraftanstrengung erneut an zu sprinten. Er fuhr an der gesamten

> Gruppe vorbei und hängte Bobet und mich auf einem halben Kilometer zweihundert Meter ab! Das war die vielleicht größte Überraschung meiner Karriere. Ich habe so etwas nie wieder gesehen ...

Was Géminiani verschwieg, ist, dass Germain Derijcke die ganze Zeit problemlos Coppi folgen konnte und sich auch während der nächsten fünf Crespera-Passagen nicht abschütteln ließ. Dies geschah erst, als der *campionissimo*, den die Zähigkeit seines Gefährten zunehmend beunruhigte, dem Belgier eine enorme Summe anbot, damit dieser sich zurückfallen ließ. Übrigens hätte er auch sonst wohl gewonnen, denn Derijcke war so erschöpft, dass er auf den restlichen zehn Kilometern noch mehr als sechs Minuten verlor.

Auch Louison Bobet trug seinen Teil zur Coppi-Legende bei, indem er behauptete, dass die Durchschnittsgeschwindigkeiten von Radrennen mit dem Auftauchen von Coppi im Peloton von 32 auf 40 bis 42 Kilometer pro Stunde gestiegen seien. Es lässt sich leicht beweisen, dass dies Unsinn ist. Im Jahr 1938, als Coppi noch bei den Junioren fuhr, befand sich das *Ruban Jaune*, der Preis für den Klassikersieg mit der höchsten Durchschnittsgeschwindigkeit, in Händen des Italieners Rossi, der in jenem Jahr Paris–Tours mit einem Schnitt von 42,1 Kilometer pro Stunde gewonnen hatte. Am Ende von Coppis Karriere, zwanzig Jahre später, lag der Rekord bei 43,8. Das Stundenmittel von Mailand–Sanremo stieg in diesem Zeitraum von 38,5 auf 40,3 Kilometer. Bei der Tour sanken die Geschwindigkeiten sogar durch die Präsenz von Coppi, weil dieser das Rennen so stark durch seine Domestiken kontrollieren ließ, dass von einem Kampf, der das Tempo steigerte, gar keine Rede sein konnte. Das Rekordmittel von 33,4 km/h lautete auf den Namen von Bartali; bei den drei Frankreich-Rundfahrten, an denen Coppi teilnahm, schwankte die Durchschnittsgeschwindigkeit zwischen 31,4 und 32,1 km/h.

Trotzdem hält sich auch dieser Mythos äußerst hartnäckig. Das ist keineswegs befremdlich: Derartige Geschichten bilden noch immer einen der wichtigsten Bestandteile der Anziehungskraft, die der Radsport auf das Publikum ausübt. Sie werden von den Journalisten lanciert, von den Rennfahrern unterschrieben und von den Herstellern nicht dementiert. Die Interessen der wichtigsten Parteien im Radsport gehen oft weit auseinander. Doch der Mythos von den »Giganten der Landstraße« ist, wie Jacques Calvet schreibt, ein Phänomen, von dem alle drei Parteien profitieren können.

Kapitel VII

KUGELSCHREIBER IN TRANCE, KAMERAS IM DELIRIUM

Die goldene Zeit des Radsports nach dem Zweiten Weltkrieg war anfangs auch eine goldene Zeit für die Fahrradindustrie. 1949 war in Frankreich nicht nur das Jahr der unvergesslichen Duelle zwischen Coppi und Bartali bei der Tour, sondern auch das eines Rekordabsatzes von 1.300.000 Fahrrädern, 300.000 mehr als 1938, dem Rekordjahr vor dem Krieg.

Ab 1950 gingen die Verkaufszahlen dann aber zurück. Im Jahr 1951 sanken sie zum ersten Mal auf unter eine Million, ein Jahr später auf 750.000, und 1957 wurde mit 534.000 ein vorläufiger Tiefpunkt erreicht. Diese Rezession hatte nichts mit den Leistungen von Coppis Nachfolgern oder der Popularität der Tour de France zu tun. Sie wurde durch ein ganz anderes Phänomen verursacht: das Aufkommen des Mopeds. Im Jahr 1948 lieferten die französischen Fabriken noch keine 40.000 Stück aus, im Jahr 1956 war die Zahl bereits auf über 900.000 gestiegen.

Die meisten Fahrradhersteller verfügten nicht über genügend Kapital und Expertise, um einen Teil dieses neuen Marktes zu erobern. Infolgedessen gerieten viele von ihnen in ernsthafte Probleme. Verschiedene Unternehmen mussten schließen, und ebenso wie zu Anfang der dreißiger Jahre waren nur noch wenige Firmen dazu bereit oder in der Lage, eine Radsportmannschaft zu finanzieren.

Es war der italienische Rennfahrer Fiorenzo Magni, ein Mann, der auch nach Beendigung seiner Karriere großes kaufmännisches Talent bewies, der eine Lösung für dieses Dilemma fand. Als sein Arbeitgeber Luigi Ganna (der Gewinner des ersten Giro) im Jahr 1953 ankündigte, dass er seine Mannschaft am Ende der Saison auflösen werde, machte sich Magni selbst auf die Suche nach einem neuen Sponsor. Er wusste, dass es keinen Sinn hatte, an andere Fahrradhersteller heranzutreten, und knüpfte deshalb Kontakte zu Firmen, die keine Verbindungen zur Fahrradindustrie hatten. Es gelang ihm, einige vorläufige Zusagen zu erhalten, und im Februar 1954 berief er eine Versammlung von italienischen Radprofis ein, um sich Unterstützung für seine Pläne zu sichern. Coppi und Bartali, die Einzigen, auf deren Meinung es wirklich ankam, waren beide einverstanden, und nachdem der italienische Radsportverband ebenfalls seine Zustimmung gegeben hatte, präsentierte Magni zu Beginn der Saison 1954 eine Mannschaft, die statt des Namens einer Fahrradmarke das Wort »Nivea« auf dem Trikot stehen hatte. Gino Bartali folgte dem Beispiel von Magni und schloss ein Abkommen mit dem Regenjackenhersteller Brooklyn ab, der als Co-Sponsor seiner eigenen Fahrradmarke auftreten sollte.

Magnis Idee war nicht ganz neu. Spanische Rennfahrer hatten bereits Jahre zuvor begonnen, mit Werbeaufschriften von »außersportlichen« Marken auf dem Trikot zu fahren. Da der Radrennsport im Spanien unter Franco aus politischen Gründen jahrelang eine relativ isolierte Position einnahm, hatte die Union Cycliste Internationale (UCI) dem nie viel Beachtung geschenkt. Nun aber, da diese Entwicklung ein klassisches Radsportland wie Italien erreicht hatte, ließ sie sich nicht länger negieren. Jacques Goddet wetterte gegen die Einbindung sportfremder Geldgeber, weil er zurecht glaubte, dass die Welt des Radsports damit einen Teil ihrer Autonomie aufgebe. Die UCI nahm einen Missbilli-

Rein optisch vermutlich weniger als Werbefigur geeignet als etwa Hugo Koblet oder Charles Pélissier: Mit seiner Initiative, sportfremde Sponsoren zu akquirieren, prägte Fiorenzo Magni den Radsport jedoch so nachhaltig wie kaum ein anderer Fahrer.

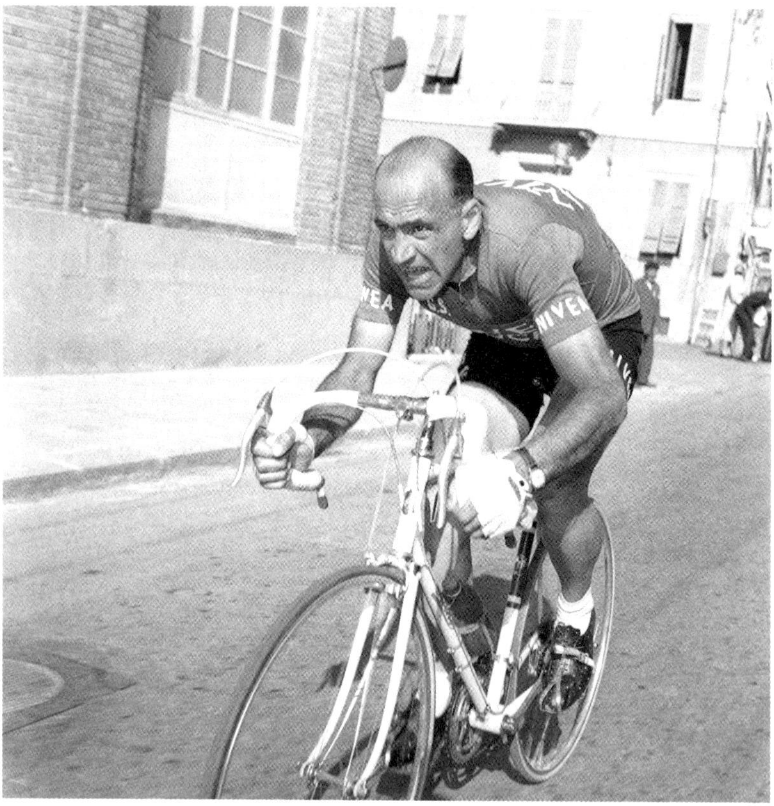

gungsantrag an, und der französische Verband ging sogar so weit, den Rennfahrern, die im Dienste einer außersportlichen Firma fuhren, zu verbieten, bei Rennen in Frankreich anzutreten. Als Bartali sich im Frühjahr 1954 mit einem Bartali-Brooklyn-Trikot am Start des Bergrennens auf dem Mont Faron meldete, durfte er erst nach Zahlung eines Bußgeldes von 25.000 Lire starten. Um Schwierigkeiten zu vermeiden, beschloss der italienische Verband, in jenem Jahr keine Mannschaft zur Tour de France zu entsenden.

Die wirtschaftliche Situation zwang die Funktionäre schnell, ihren Standpunkt zu überdenken. Ende 1954 war klargeworden, dass die französische Fahrradindustrie nicht über genügend Mittel verfügte, um dem Korps der französischen Radprofis zu Beschäftigung zu verhelfen. Selbst so erfolgreichen Rennfahrern wie Jean Dotto, Vierter bei der Tour, und Nello Laurédi, dreifacher Gewinner der Dauphiné Libéré, gelang es nicht, einen Sponsor zu finden. Raphaël Géminiani, der seinen Namen einer Fahrradmarke geliehen hatte, machte sich daran, einen Ausweg aus der Sackgasse zu suchen. Er schloss ein Abkommen mit dem Aperitif-Hersteller Saint-Raphaël, und im Frühjahr 1955 präsentierte er das Team Saint-Raphaël Géminiani, ein Name, der ihm besondere Freude bereitet haben muss, weil er selbst alles andere als ein Heiliger war. Um ihr Gesicht zu wahren, erteilten die französischen Radsportfunktionäre Géminiani eine Rüge, legten ihm jedoch keine weiteren Steine in den Weg. Ein Jahr später fuhr der weitaus größte Teil der Profirennfahrer in Diensten von außersportlichen Firmen, wenn diese auch in Frankreich anfangs nur als Co-Sponsoren auftreten durften.

Diese Revolution konnte sich derart schnell vollziehen, weil sie an die andere wichtige neue Entwicklung anschloss: das Aufkommen des Fernsehens. Anfangs profitierte der Radsport kaum davon. Im Jahr 1952 gab es erstmals regelmäßige Übertragungen von Radrennen, doch waren dies lediglich Reportagen von der Zielankunft, die im Nu wieder vorbei waren. Erst nach der Entwicklung des Systems der fahrenden Kamera, die über einen Hubschrauber direkt mit dem Studio verbunden war, das 1960 bei Paris–Roubaix erstmals angewandt wurde, war es möglich, etwas vom Rennverlauf zu zeigen. Die Popularität der Radrennen hatte inzwischen durch das Aufkommen von Sportarten, die sich besser für die Fernsehaufzeichnung eigneten, schon kräftige Kratzer abbekommen. Besonders der Fußball profitierte von dem neuen Medium. Vor allem nach der Austrahlung des in der Saison 1955/56 geschaffenen Europapokals – einer Initiative von *L'Équipe* – und der Weltmeisterschaft von 1958, bei der die höchst telegene brasilianische Wundermannschaft mit Pelé, Didi und Garrincha siegte, wurde Fußball als Zuschauersport außerordentlich populär.

Das Interesse am Radsport war noch immer groß, doch er hatte seine Position als unangefochtener Mediensport eingebüßt. Dies war auch der Grund, weshalb die *monstres sacrés* der ersten Nachkriegsdekade, als der Radsport in dieser Hinsicht eine einzigartige Stellung einnahm, keine wirklichen Nachfolger zu haben schienen. Charly Gaul, »der Engel der Berge«, Federico Bahamontes, »der Adler von Toledo«, Gastone Nencini, »der Löwe von Mugello«, Miguel Poblet, »der göttliche Glatzkopf«, und Rik Van Looy, »der Kaiser von Herentals«, hatten zwar mindestens ebenso hübsche Spitznamen wie ihre Vorgänger, jedoch fehlte ihnen die göttliche Ausstrahlung, die Coppi, Bartali und Koblet zuerkannt wurde.

Ab dem Ende der fünfziger Jahre standen Radrennen deutlich weniger im Mittelpunkt der Medien als vorher, blieben aber trotzdem für die Wirtschaft noch lange Zeit der wichtigste Sport. Die Bindungen zwischen Kommerz und Fußballsport waren noch so schwach, dass es Jahre dauern sollte, bis Sponsoring und Trikotwerbung zu akzeptierten Phänomenen wurden. Radprofis trugen dagegen schon seit Dutzenden von Jahren Firmennamen auf den Trikots, eine vollendete Tatsache, die sogar von den Autoritäten des niederländischen Fernsehens, die in kommerziellen Fragen die Puritaner von Europa waren, akzeptiert wurde. Und obwohl die Fernsehübertragungen in den fünfziger Jahren technisch relativ primitiv waren, wurden die Firmennamen deutlich lesbar ins Bild gerückt. Das genügte den außersportlichen Sponsoren vorläufig.

Es ist üblich, den Erfolg von Radsportteams an der Zahl der Siege, die sie erzielen, zu messen. Trotzdem sind diese für eine außersportliche Firma höchstens ein Mittel, um Publizität zu erlangen, und kein Ziel an sich. Rennfahrer, die für Fahrradmarken fuhren, mussten durch ihre Leistungen die Qualität des Materials, das sie benutzten, demonstrieren. Wenn Coppi Bartali schlug, wurde damit der Eindruck erweckt, dass ein Bianchi-Fahrrad besser als ein Legnano ist, dass eine Campagnolo-Schaltung effizienter funktioniert als eine Vittoria und dass Ursus schnellere, zuverlässigere Reifen als Pirelli herstellt. Wenn ein Rennfahrer, der für eine außersportliche Marke fährt, einen Sieg erringt, ist selten anzunehmen, dass zwischen der Leistung und dem Produkt ein Zusammenhang besteht. Simmons ließ den Sprinter André Darrigade zwar erklären, dass er seinen Sieg dem vorzüglichen Schlaf verdanke, den er auf den Matratzen dieser Firma genoss, doch war dies eine Ausnahme. Kein Mensch würde jemals glauben, dass Fiorenzo Magni den Giro gewann, weil er sich mit Nivea-Creme einschmierte, dass Gastone Nencini Bergkönig wurde, weil er seine Zähne mit Chlorodont putzte, oder dass Charly Gaul seine Kletterfähigkeiten einem Kaffee verdankte, der mit einer Faema-Maschine gekocht worden war. Was die außersportlichen Firmen von ihren Rennfahrern verlangten, waren Publizität und ein positives Image. Diese ließen sich durch Rennsiege erlangen, doch das war gewiss nicht die einzige Methode. Eine spektakuläre Niederlage, hübsch in Szene gesetzt, war viel wertvoller als ein unscheinbarer Sieg. Für die Fahrradfabrik Peugeut war Christophes dramatischer Bruch der Vordergabel in publizistischer Hinsicht eine Katastrophe; für eine außersportliche

Marke jedoch wäre der Zwischenfall ein Geschenk des Himmels gewesen.

In der Zeit, in der Mannschaften im Dienste von Fahrradfirmen fuhren, wurde der kommerzielle Wert der Rennfahrer im Prinzip durch die Zahl der Siege, die sie errangen, bestimmt. Wenn sie bei einem Interview nichts zu sagen wussten, war dies nicht von Bedeutung. Antonin Magne machte selten den Mund auf, doch das führte nur dazu, dass er den Spitznamen »der Schweiger« erhielt, was seinem Image noch eine zusätzliche Dimension verlieh. Von Rennfahrern, deren Salär eine außersportliche Marke bezahlte, wurden andere Dinge erwartet. Wenn sie nicht dazu in der Lage waren, vor dem Mikrofon eine Geschichte zu erzählen, erfüllten sie nicht ihre Pflicht gegenüber ihrem Arbeitgeber. Denn in diesem Fall fanden die Fernsehreporter es kaum der Mühe wert, sie nach dem Ende eines Rennens vor das Mikrofon zu holen und ihnen die Gelegenheit zu geben, den Namen ihres Sponsors gut sichtbar ins Bild zu rücken. Rennfahrer wie Gerrie Knetemann, der nach sechs Stunden Rennen noch genauso redegewand war wie davor, oder Gerben Karstens, der in jedem Interview mindestens ein Mal den Namen seines Sponsors zu nennen wusste, waren für ihre Firmen Gold wert.

Vittorio Adorni zum Beispiel war eine Zeitlang der bestbezahlte Rennfahrer Italiens, nicht aufgrund seiner Siege, sondern weil er sich zu einer charismatischen Fernsehpersönlichkeit entwickelte. Sobald er die Ziellinie überquert hatte, konnte er den Rennverlauf mit enormem Scharfsinn und Humor analysieren. Das »Ciao, mamma!«, mit dem er jede Sendung beendete, wurde sogar so berühmt, dass es zum Titel eines Showprogramms wurde, das Adorni noch während seiner Rennfahrerkarriere im italienischen Fernsehen präsentieren sollte. Durch diese Aktivitäten wurden seine Auftritte vor der Kamera schließlich wichtiger als seine Leistungen in den Rennen. Es heißt, dass er sich einmal im Finale eines italienischen Halbklassikers aus der Siegerposition zurückfallen ließ, weil er spürte, dass er zu erschöpft war, um nach dem Ende seine üblicherweise spritzige Nummer zu bringen.

In den fünfziger Jahren gab es nur wenige Rennfahrer, die den Anforderungen des Fernsehzeitalters gerecht wurden. Die meisten Radprofis dieser Ära stammten aus einem ärmlichen bäuerlichen Milieu und verfügten nicht über den Hintergrund und die Bildung, um als PR-Repräsentant für ihre Firma aufzutreten. Die Fahrradhersteller, bei denen sie zuvor beschäftigt waren, hatten sich nie darum gekümmert; doch die Direktionen der außersportlichen Marken verlangten von ihren Rennfahrern, dass sie sich draußen in der großen, weiten Welt genauso sicher bewegten wie in einem Radrennen. Vor allem in der Gegenwart von Journalisten mussten sie sich korrekt verhalten und ebenso kleiden. Als Fred De Bruyne im Jahr 1959 von dem Wermuthersteller Carpano unter Vertrag genommen wurde, lernte er nicht nur neue Trainingsmethoden kennen, sondern bekam auch Italienischunterricht und einen Benimmkurs.

In dem Maße, wie das Fernsehen eine größere Rolle zu spielen begann, waren die außersportlichen Marken dazu bereit, immer größere Summen in ihre Teams zu stecken. Nicht nur die Stars bekamen viel höhere Gehälter als ihre Vorgänger, sondern auch die Rennfahrer, die sie umringten. Als Ergebnis dessen wurde die Mannschaftsdisziplin viel strikter als vorher. Bis zu einem gewissen Grad hatten die Teamkameraden von Kübler, Bobet oder Van Steenbergen die Freiheit, für ihren eigenen Erfolg zu fahren. Coppi war der erste Champion, der sich mit Domestiken umgab, die voll und ganz in seinen Diensten fuhren. Im Allgemeinen waren dies die Söhne von armen Landarbeitern, die relativ bescheidene finanzielle Forderungen stellten und schon von Jugend auf gelernt hatten, sich nach den Wünschen ihrer Vorgesetzten zu richten. Sie waren bereit, ihre eigenen Interessen ganz und gar zugunsten ihres Mannschaftskapitäns zurückzustellen und gewannen ein Rennen nur dann, wenn sie ausdrücklich die Erlaubnis dazu erhalten hatten. Einer dieser *gregari*, Andrea Carrea, eroberte bei der Tour von 1952 einmal vollkommen unerwartet das Gelbe Trikot, nachdem er bei einer Flucht mitgezogen war, um das Tempo zu drosseln. Es wäre der Traum eines jeden Rennfahrers gewesen, doch Carrea erschrak sich dagegen zu Tode. Was, wenn sein Chef ihn verdächtigte, persönliche Ambitionen zu haben? Unvorstellbar! Das Erste, was Carrea tat, nachdem er vor Elend weinend das Gelbe Trikot übergestreift hatte, war, Coppi gegenüber zu beteuern, dass dabei wirklich keine Absicht im Spiel gewesen sei. Erst nachdem der *campionissimo* Carreas Entschuldigung angenommen hatte, beruhigte sich der neue Gesamtführende wieder.

In dem Maße, wie der Wohlstand zunahm, wurden solche Wasserträger eine immer seltenere Erscheinung. Ab den sechziger Jahren wurden die Stars oft von Mannschaftskameraden mit beeindruckenden Erfolgslisten umringt, die aber die Verantwortung als Mannschaftskapitän nicht tragen konnten oder wollten und sich deshalb lieber in den Dienst eines großen Champions stellten. So verfügte Jacques Anquetil über Rennfahrer wie Stablinski, Altig, Rostollan, De Roo und Geldermans, die schon herrliche Siege errungen hatten, jedoch, wenn nötig, die gleiche Hingabe gegenüber ihrem Kapitän bewiesen wie die *gregari* von Coppi. Das Gleiche galt für die sogenannte »Rote Brigade«, das Faema-Team von Rik Van Looy, der sich von Impanis, Hoevenaers, Foré, Gilbert Desmet, Peter Post und Jef Planckaert unterstützen ließ – von Rennfahrern also, die selbst einen oder mehrere Klassiker gewonnen hatten.

Es versteht sich von selbst, dass Fahrer dieses Kalibers nur dann dazu bereit waren, ihre eigenen Ambitionen aufzugeben, wenn sie dafür finanziell belohnt würden. Hierfür bedurfte es eines großzügigen Budgets, und ein solches konnten und wollten die Direktionen der außersportlichen Marken natürlich nur dann zur Verfügung stellen, wenn sie auch den größtmöglichen Nutzen daraus ziehen konnten. Folglich hatten sie immer weniger Lust, die von ihnen bezahlten Rennfahrer an der Tour de France teilnehmen zu lassen, die ja noch immer von Nationalmannschaften bestritten wurde. So kam es, dass sich der Giro d'Italia zwischen 1957 und 1961 von Jahr zu Jahr eines stärkeren Teilnehmerfeldes als die Tour rühmen konnte und sich zum wichtigsten Etappenrennen zu entwickeln schien. Rik Van Looy zum Beispiel, der Weltmeister von 1960 und 1961, nahm in jenen Jahren drei Mal am Giro teil, ließ sich jedoch kein einziges Mal bei der Tour blicken. Zu allem Überfluss verliefen die Frankreich-Rundfahrten von 1959, 1960 und 1961 wenig aufregend, sodass das öffentliche Interesse merkbar zurückging.

Im Jahr 1962 – dem Jahr, in dem das französische Fernsehen ankündigte, zum ersten Mal tägliche Direktübertragungen zu senden – wurde der Druck der Marken so groß, dass die Tour-Direktoren Jacques Goddet und Félix Lévitan sich ins Unvermeidliche fügen mussten: Von diesem Moment an sollte die Rundfahrt erneut von Markenteams bestritten werden.

Goddet und Lévitan trafen ihren Entschluss nicht aus voller Überzeugung. Ebenso wie Desgrange befürworteten sie im Prinzip das System der Länderteams, weil sich dieses besser zum Chauvinismus der Sportliebhaber fügte und meistens zu einem lebendigeren Rennverlauf führte. Für *L'Auto* war dies noch eine wirtschaftliche Notwendigkeit gewesen, weil sich nur auf diese Weise genügend Exemplare des Blattes verkaufen ließen. Doch nun, da die während der Tour gesteigerte Auflage der Veranstalterzeitungen in immer geringerem Maße zu der enormen Summe beitrug, die für die Organisation der Rundfahrt nötig war, war der Beitrag der Wirtschaft überlebenswichtig geworden: die beträchtlichen Gelder, die Unternehmen für einen Platz in der Werbekarawane bezahlten oder für das Recht, eine der Sonderwertungen zu sponsern.

Das war übrigens nicht der Grund, den Goddet und Lévitan offiziell für ihre Entscheidung angaben. Um das Image des Radsports als reines Kräftemessen zu wahren, befolgen Rennfahrer, Organisatoren und die meisten Radsportjournalisten bereits seit Jahr und Tag den Kodex, alle Motive und Überlegungen in sportliche Termini zu übersetzen. So rechtfertigten auch die Tour-Direktoren ihren Beschluss, das Markenkonzept einzuführen, nicht etwa durch einen Hinweis auf die wirtschaftlichen Umstände. Vielmehr verwiesen sie auf die Schwierigkeiten innerhalb der französischen Mannschaft im Jahr 1959, als mehrere Stars im selben Team vereint waren, und auf das Handicap, das den Rennfahrern aus den kleinen Radsportnationen wie Luxemburg durch das Ländersystem aufgebürdet wurde.

Selbstverständlich ließ sich dadurch niemand Sand in die Augen streuen. In den Niederlanden wurden aus Protest gegen die »Kommerzialisierung« der Tour die aus Frankreich angebotenen Fernsehübertragungen abgelehnt. Die Rundfunkautoritäten beschlossen sogar, die Radioreportagen von der Tour einzustellen und stattdessen lieber Reportagen von den Zielankünften der Tour de l'Avenir zu bringen, einer Rundfahrt für Amateure. In Frankreich sank die Popularität der Tour de France ebenfalls. Dies war auch eine Folge des Rennverlaufs in jenen Tagen. Die Frankreich-Rundfahrt wurde nämlich einige Jahre lang von Jacques Anquetil beherrscht, einem Superchampion, der nur eine große Schwäche hatte: Er errang Siege ohne Dramatik. Anquetil litt nicht unter spektakulären Formkrisen, unternahm keine langen Solofluchten und erlebte keine wundersamen Wiederauferstehungen. Seine Tour-Siege waren in technischer und taktischer Hinsicht Meisterleistungen, doch sie weckten bei Presse und Publikum wenig Begeisterung. So eroberte er bei der Tour von 1961 schon am ersten Tag das Gelbe Trikot und errang sofort einen Vorsprung von acht Minuten auf die anderen Favoriten. Ab diesem Moment gelang es ihm, zusammen mit der starken französischen Nationalmannschaft, das Rennen fast komplett lahmzulegen. Die Überlegenheit, die er dabei bewies, war so groß, dass nach der ersten Bergetappe niemand mehr einen ernsthaften Versuch unternahm, ihn vom ersten Platz zu verdrängen. Weil Anquetil selbst ebenso wenig Initiative zeigte, wussten die Journalisten irgendwann nichts anderes mehr zu schreiben, als dass es alles ziemlich langweilig und öde sei. Das Publikum, welches das Peloton während einer der ersten Direktübertragungen im Fernsehen in geschlossener Formation über die legendären Pyrenäenpässe fahren sah, fühlte sich betrogen, und als Anquetil seine Ehrenrunde im Parc des Princes fuhr, wurde er aus tiefster Seele ausgepfiffen.

Anquetil hat den Journalisten die Pfeifkonzerte des französischen Publikums nach seinem Tour-Sieg nie vergeben. Ihm zufolge hatten sie ihre Leser vollkommen falsch informiert. Statt nach billigen Sensationen zu suchen, hätten sie den Wert seiner Leistung richtig einschätzen müssen. Sie hätten deutlich machen müssen, wie schwer es war, ein Peloton von 120 Rennfahrern in Schach zu halten, wie viel Energie es kostete, einundzwanzig Etappen lang wachsam zu bleiben, und wie einzigartig es war, die ganze Tour über die Last eines Gelben Trikots tragen zu müssen. Radsportjournalisten sollten laut Anquetil vor allem ein realistisches Bild vom Rennverlauf zeichnen. Und dies war ihm zufolge nur möglich, wenn sie versuchten, das Rennen »von innen heraus«, oder anders gesagt: vom Standpunkt der Rennfahrer aus, zu beschreiben. Er hat diese Auffassung später selbst in die Praxis umgesetzt, als er nach dem Ende seiner Karriere während der Tour eine außergewöhnlich offenherzige Frage-und-Antwort-Rubrik in *L'Équipe* betreute, in der er sich oft klar gegen die Einschätzungen wandte, die anderswo im Blatt zu lesen waren.

Anquetil war natürlich nicht dazu in der Lage, die traditionelle Radsportberichterstattung aus eigener Kraft zu ändern. Die Vertreter der Presse versuchten normalerweise, eine Version vom Rennverlauf zu verbreiten, die möglichst genau auf den Geschmack ihrer Leser abgestimmt war, selbst wenn sie der Wahrheit – soweit sie diese denn kannten – dabei Gewalt antun mussten. In den Augen der Journalisten hatten die Rennfahrer die Aufgabe, die Elemente zu liefern, aus denen sie selbst dann die fesselnden Geschichten zusammenstellen konnten, auf denen die Popularität des Radsports basierte.

Anquetil ist vielleicht der einzige große Radsportler gewesen, der die Prinzipien dieser Aufgabenverteilung zwischen Journalisten und Rennfahrern nie akzeptiert hat. Er wollte, dass sein Fach, der Profiradsport, ernstgenommen wurde, und wandte sich deshalb konsequent gegen die falsche Romantik, mit der es umhüllt wurde. Er wollte sich niemals an das Bild anpassen, das die Journalisten so gerne von einem Radrennstar zeichneten, ganz gleich, wie viele Vorteile er persönlich daraus hätte ziehen können. So erklärte er oft, dass er keine besondere Liebe für das Radfahren empfinde und ausschließlich Radrennfahrer geworden sei, um damit Geld zu verdienen; wenn er nicht dafür bezahlt würde, sagte er, würde er keinen einzigen Meter fahren. Er war auch der einzige Rennfahrer, der schon während seiner Karriere öffentlich verkündete, dass ein Radprofi das Recht dazu habe, sich nach eigenem Gutdünken zu »pflegen«, selbst wenn er dazu Mittel benutzen sollte, die als Doping deklariert würden.

Derartige Aussagen waren seiner Popularität sicherlich nicht dienlich. Zu Beginn der sechziger Jahre erwuchsen ihm daraus anfangs keine großen Nachteile. Seine Überlegenheit als Rundfahrer war so groß, dass er für Kriterien ein unverzichtbarer Teilnehmer blieb. Der Klassikerkönig Rik Van Looy war als Kletterer und Zeitfahrer zu schwach, um für Anquetil bei der Tour eine Bedrohung darzustellen, und der einzige Rennfahrer, von dem er in den Bergen etwas zu befürchten hatte, Federico Bahamontes, »der Adler von Toledo«, war schon weit über dreißig Jahre alt.

Die meisten Sportjournalisten wussten nicht so recht, was sie mit Anquetils Siegen anfangen sollten, und hätten einem populäreren Champion bei weitem den Vorzug gegeben. Sie glaubten, diesen in Raymond Poulidor gefunden zu haben. Dieser hatte im Jahr 1961 einen stolzen Sieg bei Mailand–Sanremo errungen und bewies im Jahr danach bei seinem Tour-Debüt außerdem, dass er dazu in der Lage war, erfolgreiche Soloritte bei Bergetappen zu unternehmen, etwas, an das sich Anquetil nie herangewagt hatte. Die Journalisten betrachteten Poulidor als eine Art Messias. Sofort ernannten sie »Poupou« zum neuen Bartali und schrieben ihm all die Eigenschaften zu, die dem kühlen Rechner Anquetil ihnen zufolge fehlten: Mut, Kampfgeist und Großzügigkeit. Poulidor sollte in jenem Jahr den dritten Platz belegen, doch wurde er im Parc des Princes mindestens ebenso lautstark bejubelt wie der Sieger Anquetil, der davon selbstverständlich wenig angetan war.

Schon bald wuchs sich das Verhältnis zwischen den beiden Rennfahrern zu einem Konflikt aus, der ebenso wie zuvor der Zweikampf von Coppi und Bartali eine Dimension annahm, die ihn weit über die Grenzen des Radsports hinaushob. Anquetil galt wegen des kühlen Rationalismus, der ihm zugeschrieben wurde, als die Verkörperung des modernen Frankreichs; Poulidor repräsentierte den warmen Traditionalismus von *la France profonde*. Trotzdem ging die Parallele zu den italienischen *campionissimi* nur teilweise auf. Denn während Coppi und Bartali jahrelang ebenbürtige Gegner waren, war Poulidor bei weitem nicht so ein großer Rennfahrer wie Anquetil, und es ist ihm auch nie gelungen, seinen Rivalen bei einem wirklich wichtigen Rennen zu schlagen. Das hinderte die Journalisten nicht daran, beide Rennfahrer auf die gleiche Stufe zu stellen. Poulidors andauernde Niederlagen waren dabei kein Hinderungsgrund: Diese wurden ständig auf »Pech« zurückgeführt oder, wie es dem pompösen Stil der meisten Radsportreportagen entsprach, dem »Schicksal« zugeschrieben.

Die Rückschläge, die Poulidor erlitt, waren eine allzu einfache Entschuldigung für seine Niederlagen. Im Radsport ist Pech selten Zufall. Natürlich kann es vorkommen, dass ein Rennfahrer ganz ohne eigene Schuld stürzt oder einen Defekt hat. Die Motorradfahrer, die sich wie Kamikazepiloten durch das Peloton bewegen, haben schon eine Menge

Zwei Hauptdarsteller der Tour de France minutenlang immer auf Tuchfühlung: Auch dank der Vorarbeit der schreibenden Zunft, die den ungleichen Zweikampf zwischen Anquetil und Poulidor zu einer Frage von gesellschaftlichen Dimensionen stilisierten, wurde das Ellbogenduell der beiden am Puy de Dôme zu einem der Klassiker des Sportfernsehens.

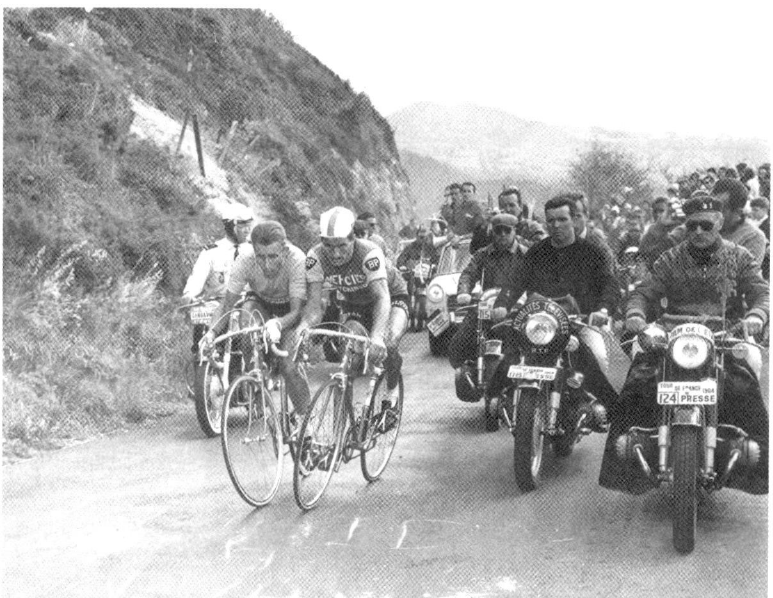

Unfälle verursacht, die schwerlich den Rennfahrern angelastet werden können. Auch Poulidor ist 1968 das Opfer eines derartigen Zusammenstoßes geworden. Bei Reifenpannen und allerlei anderen Defekten wie Gabelbrüchen liegen die Dinge komplizierter. Rennfahrer fahren viele Tausend Kilometer pro Jahr, und wenn der eine viel öfter stürzt oder einen Platten bekommt als der andere, kann das kein Zufall sein. Es ist ein bekanntes Phänomen, dass ein Fahrer, der gut fährt, selten Pannen hat. Sein Konzentrationsvermögen ist größer, er fährt geschmeidiger und beansprucht dadurch sein Material weniger stark. So blieb Roger De Vlaeminck, »Monsieur Paris–Roubaix«, in der »Hölle des Nordens« jahrelang von Stürzen und Reifenpannen verschont. Diese »Glückssträhne« fand erst ein Ende, als er seinen geschmeidigen Tritt auf dem Kopfsteinpflaster verlor. Auch Fausto Coppi hatte anfangs den Ruf, bei Rennen gegen Defekte und Stürze immun zu sein. Nach seinem dreißigsten Geburtstag, als ihn das Radfahren schon mehr Mühe gekostet haben muss, hat er sich dagegen fast alles gebrochen, was sich ein Rennfahrer nur brechen kann. Die Pechvögel im Peloton sind oft diejenigen Fahrer, die im Grunde versuchen, über ihre eigenen Möglichkeiten hinauszuwachsen. So wie Jean Robic, der, was Stürze, Materialdefekte und Reifenpannen betrifft, zu seiner Zeit der absolute Rekordhalter war.

Wenn Anquetil tatsächlich seltener Pannen hatte als sein Rivale, dann ist dies sein eigenes Verdienst. Trotzdem waren die Journalisten selten geneigt, dies in ihre Betrachtungen des Phänomens Poulidor mit aufzunehmen. Bei der Tour von 1964 blieb »Poupou« 55 Sekunden hinter Anquetil zurück, wurde jedoch gleichzeitig der bei weitem populärste Rennfahrer von ganz Frankreich. In nahezu allen Zeitungen war zu lesen, dass er, genau wie René Vietto dreißig Jahre zuvor, der »moralische Sieger« der Tour sei, weil er bei einem Sturz über zwei Minuten verloren hatte. Was dabei natürlich nicht in Betracht gezogen wurde, war, dass Anquetil eine andere Taktik angewandt hätte, wenn seinen

Rivalen nicht dieses »Pech« heimgesucht hätte. So wie alle großen Champions besaß Anquetil die Fähigkeit, scheinbar über sich selbst hinauszuwachsen: Er hat denn auch viele wichtige Rennen mit Ach und Krach gewonnen; wenn er verlor, dann geschah dies stets mit großem Abstand.

Moralische Siege machen immer mehr Eindruck als wirkliche Siege, und Poulidor wurden im Jahr 1964 mehr Verträge für Kriterien angeboten als Anquetil. Dieser konnte nur schwer verschmerzen, dass seine fünf Siege bei der Tour und seine beiden Giro-Erfolge offenbar weniger ins Gewicht fielen als der zweite Platz und die platten Reifen von Poulidor. Im Gegensatz zur Rivalität zwischen Coppi und Bartali brauchte die Presse diesmal keine künstlichen Gegensätze zu konstruieren. Obwohl die beiden französischen Champions später wirklich gute Freunde geworden sind, brachten sie sich während ihrer aktiven Karriere einen aufrichtigen Hass entgegen. Vor allem Anquetil äußerte sich in Interviews mehr als abfällig über seinen Gegner. Er erklärte, dass er Poulidor als Menschen »uninteressant« finde und ihn als Radrennfahrer nicht als einen wirklichen Rivalen betrachte. Der Einzige, der ihm zufolge dafür in Frage komme, sei Rik Van Looy. Und als Poulidor bei der Zusammenstellung der französischen Mannschaft für die Weltmeisterschaft (die natürlich auch weiterhin von Nationalmannschaften ausgefahren wurde) versprach, dass er Anquetil wenn nötig beistehen werde, reagierte dieser mit der Aussage, Poulidor sei »noch dümmer, als ich gedacht hatte«.

Anquetil begriff natürlich, dass er den Geist von Poulidor nicht mit Worten bannen konnte. Er unternahm deshalb einen ernsthaften Versuch, seinen unsympathischen Ruf als kühler Rechner loszuwerden. Zusammen mit seinem Teamchef Géminiani entschloss er sich zu einem wahnwitzigen Unterfangen, welches das Publikum davon überzeugen sollte, dass er durchaus dazu bereit war, sich freiwillig anzustrengen. Im Jahr 1965 flog er sofort nach seinem Sieg bei dem achttägigen Etappenrennen Dauphiné Libéré nach Bordeaux, schlief dort eine Stunde und meldete sich nachts um halb zwei am Start des 557 Kilometer langen Monsterrennens Bordeaux–Paris. Fünfzehn Stunden später erreichte er das Ziel, erneut als Sieger. Endlich hatte er den Journalisten die Geschichte geliefert, auf die diese so lange gewartet hatten. Die Popularität von Anquetil, »dem Champion des Unmöglichen«, nahm tatsächlich zu. Jedoch weniger als die von Poulidor, der zum zweiten Mal in Folge mit knappem Abstand bei der Tour geschlagen wurde und damit eine neue Legende schuf: die des »ewigen Zweiten«.

Kein Wunder, dass das Verhalten von Anquetil neurotische Züge annahm. Beim Giro von 1966 bemerkte ein einfacher italienischer Debütant, dass er zu seinem großen Erstaunen die ganze Zeit von Anquetils Domestiken beschattet wurde. Als er sich nach dem Grund erkundigte, bekam er zu hören, dass sein Name gegen ihn sprach: Er hieß Polidori. Nicht ganz das Gleiche wie Poulidor, doch Anquetil war schlau genug, kein Risiko mehr einzugehen.

Im Jahr 1967 wurde die Tour »versuchsweise« wieder nach dem Länderkonzept ausgefahren. Weil Anquetil nicht teilnahm, war Poulidor der unumstrittene Kapitän der französischen Nationalmannschaft, bis er bei der achten Etappe während des Anstiegs zum Ballon d'Alsace dermaßen spektakulär einbrach, dass er jegliche Chance auf den Gesamtsieg verspielte. Für Anquetil, der seinen Ruf seinen Leistungen verdankte, wäre dies eine Katastrophe gewesen. Nicht so für Poulidor. Er sah die Chance, seine Popularität noch beträchtlich zu steigern, indem er sich, genau wie Bartali beim Giro von 1940, in den Dienst eines Domestiken stellte. Das Gelbe Trikot war nämlich in Händen des jungen französischen Nationalfahrers René Pingeon (den zweiten Platz belegte Polidori!), und Poulidor kündigte an, dass er seinen Mannschaftskameraden für den Rest der Tour nach Kräften unterstützen werde. Die Gelegenheit zur Einlösung seines Versprechens kam während der großen Alpenetappe. Als Poulidor von dem Italiener Gimondi und dem Spanier Jiménez abgehängt wurde, ließ er sich zurückfallen, um Pingeon in Schlepptau zu nehmen. Ganz nach dem bewährten Rezept für solche Situationen ließ Poulidor seinen Mannschaftskameraden keinen einzigen Meter die Führungsarbeit machen. Die Journalisten waren in Ekstase.

> Die Kugelschreiber gerieten in Trance. Die Kameras fielen ins Delirium. Poupou, der große Poupou, unser National-Poupou, in Diensten des kleinen Klempners aus Bugey! Die Luft vibriert vor Emotionen, die Blätter der Notizblöcke nehmen die Farben der französischen Trikolore an. Was macht es aus, dass Gimondi zu Jiménez aufschließt, dass Aimar zurückfällt, das Einzige, was zählt, sind Pingeon und sein barmherziger Samariter, sein Sankt Bernhard.

Dies schrieb Abel Michéa im *Miroir du Cyclisme*, einem kommunistischen Sportblatt, das, wenn es um Poulidor ging, so nationalistisch wie die Veteranenlegion wurde. Zum ersten Mal seit den dreißiger Jahren entstand in Frankreich wieder etwas von jener Mystik der *équipe nationale*, durch welche die Tour dereinst so ungemein populär geworden war. Das führte dazu, dass Anquetil zu seinem Bestürzen feststellte, dass nicht nur Poulidor und Pingeon, sondern selbst der einfache Raymond Riotte, Etappensieger und für einen Tag Träger des Gelben Trikots, zu allen Kriterien eingeladen wurden, während er selbst von vielen Organisatoren übergangen wurde. Anquetil war durch diese himmelschreiende Ungerechtigkeit so verbittert, dass er wilde Beschuldigungen an die Adresse seines Freundes Jean Stablinski richtete, der während der Tour *capitaine de route* der französischen Mannschaft gewesen war. Die Folge war, dass Stablinski ein Jahr später bei Poulidor in Diensten trat.

Genau wie 1965 kannte Anquetil nur ein einziges Mittel, um den »Poulidorismus« zu bekämpfen: sportliche Leistung. Gut zwei Monate nach der Tour stellte er auf der Mailänder Vigorelli-Bahn einen Stundenweltrekord auf, auch wenn dieser nicht anerkannt werden sollte, weil er sich wie üblich weigerte, sich einer Dopingkontrolle zu unterziehen.

Anquetil war gewiss nicht der Einzige, der sich an der Art und Weise störte, wie Poulidor von der Presse über den grünen Klee gelobt wurde. Die Lieblinge der Medien gehören selten zu den beliebtesten Rennfahrern im Peloton. Dies galt auch für Poulidor. Anquetil genoss bei den Fahrerkollegen einen vorzüglichen Ruf. Er war stets bereit, seinen Teil zur Arbeit beizutragen, und wenn ihm jemand einen Dienst erwies, konnte er sich darauf verlassen, dass Anquetil ihn dafür belohnen würde. Poulidor kennzeichnete der Geiz, der im ärmlichen französischen Bauernmilieu, in dem er groß geworden war, die einzige Möglichkeit war, zu überleben. Außerdem galt er als ein Mann, der immer versuchte, vom Schweiß der anderen zu profitieren, und bei der geringsten Kleinigkeit gleich an die Presse ging, um sich zu beschweren. Vor allem Letzteres wurde ihm sehr übel genommen, weil dies eine Verletzung der Schweigepflicht innerhalb des Pelotons war, die fast genauso streng ist wie die *omertà* der Mafia.

Bei Paris–Nizza 1966 beschlossen die Rennfahrer, ihm mal eine Lektion zu erteilen. Zu Beginn der letzten Etappe lag Poulidor in der Gesamtwertung vorn. Der Sieg schien ihm gewiss zu sein, wenn sich nicht nahezu das gesamte Peloton, inklusive eines Teils seiner eigenen Mannschaft, gegen ihn gewandt und Anquetil genügend Raum gelassen hätte, damit er einen ausreichend großen Vorsprung herausfahren konnte, um das Rennen noch zu gewinnen. Dies war die Gelegenheit, bei der Poulidor vor dem Mikrofon von Robert Chapatte die Worte sprach, die ihm noch lange nachgetragen wurden: »Was will man machen, es lässt sich nicht ändern. Anquetil ist der Chef des Pelotons.«

So etwas tat man nicht als Radprofi, und Poulidors wachsende Unbeliebtheit unter den Rennfahrern kostete ihn in jenem Jahr auch die Tour de France. Zum ersten Mal schien Poulidor dazu in der Lage zu sein, Anquetil, der nach dreizehn Saisons als Profi Verschleißerscheinungen zu zeigen begann, eine Niederlage beizubringen. Doch Anquetil hatte noch genügend Macht, um durch eine umfangreiche Kombine seinen Mannschaftskameraden Aimar ins Gelbe Trikot zu bringen und Poulidor am Sieg zu hindern.

Trotzdem tat der schlechte Ruf, den Poulidor unter den Rennfahrern besaß, seiner Popularität beim Publikum keinen Abbruch. Natürlich wussten viele Journalisten über die tatsächlichen Verhältnisse Bescheid, doch sie wussten auch, dass die Legende Poulidor, genau wie die Legende Vietto, viel zu schön war, um angetastet zu werden. Roger Bastide und Jean-Louis Levreault von *Le Parisien Libéré* haben einmal versucht, ein realistisches Porträt von Poulidor zu zeichnen. Dieser Versuch zog eine solche Welle der Entrüstung nach sich, dass sie von ihrem Chefredakteur das Signal bekamen, einen anderen Ton anzuschlagen. So konnte »Poupou« in Frankreich ungehindert zu einem nationalen Denkmal heranreifen. In den Jahren, in denen er die Tour »verfolgte« – was bedeutet, dass er in einem der Wagen saß, die vor dem Peloton herfuhren – wurde er stets lauter bejubelt als jeder der aktuellen französischen Cracks. Es wurde in Frankreich noch immer keine Statue für ihn errichtet wie für die Tennisspieler Borotra, Cochet, Brugnon und Lacoste, doch ist schon eine Anzahl von Straßen nach ihm benannt worden. Sein Name ist im Französischen sogar zu einer feststehenden Redewendung geworden: Ein »Poulidor« ist jemand, der es immer so gerade eben nicht schafft.

Jacques Anquetil ist Ende 1987 gestorben, und es heißt, dass er auf dem Sterbebett zu Poulidor gesagt hat: »Auch diesmal bist du wieder Zweiter, Raymond!« In Wirklichkeit hielt sich sein früherer Rivale zu diesem Zeitpunkt noch nicht mal in Frankreich auf, doch sein Ruhm ist so groß, dass sogar Anquetils Tod nur dazu zu dienen scheint, die Legende von Poulidor noch weiter auszuschmücken.

Kapitel VIII

SCHÖN, ABER LANGWEILIG

Der Radsport hat seine absoluten Höhepunkte in Zeiten erlebt, in denen er in den Augen des Publikums über ein rein sportliches Kräftemessen hinausragte. Rennen wurden zu Dramatisierungen des alltäglichen Lebens, wobei sich die größten Champions zu Personifizierungen der verschiedenen Strömungen mauserten, die sich in jenem Augenblick in der Gesellschaft gegenüberstanden. Seit den Duellen zwischen Anquetil und Poulidor sind derartige Situationen nicht mehr aufgetreten. Das liegt nicht an der Persönlichkeit der Rennfahrer, die in den vergangenen vierzig Jahren im Vordergrund standen. Der Fall Poulidor zeigt jedenfalls, dass der Charakter eines Champions nicht zwangsläufig mit dem öffentlichen Bild von ihm übereinstimmen muss.

Eine viel wichtigere Ursache ist, dass Radrennen als Publikumssport seit den sechziger Jahren eine wahre Revolution erfahren haben. Anquetil und Poulidor verdankten das Bild, das von ihnen gezeichnet wurde, der schreibenden Presse, die seit der Initialzündung mit Paris–Rouen im Jahr 1869 das wichtigste Medium war, durch welches der Straßenradsport verfolgt werden konnte. In jener Zeit, in der ihre Rivalität einen Höhepunkt erreichte, wurde die Rolle der Zeitungen und Zeitschriften allmählich vom Fernsehen übernommen. Dies führte zu tiefgreifenden Veränderungen in der Art und Weise, wie das Publikum vom Rennverlauf Notiz nehmen konnte. Die Journalisten hatten immer von der allgemeinen Unwissenheit, die über den Rennverlauf bestand, profitieren können. Das Hauptmerkmal von Straßenradrennen war jedenfalls, dass niemand sie wirklich sah. Die vielen Millionen Menschen, die jedes Jahr die Tour de France vorbeikommen sehen, schnappen nur ein paar flüchtige Momente auf. Die Teamchefs, von denen man annimmt, dass sie die Taktik ihrer Fahrer bestimmen, fahren die meiste Zeit hinter dem Peloton her und sehen oft nur jene Rennfahrer, die durch einen Reifendefekt oder einen Sturz ins Hintertreffen geraten sind. Ohne die Meldungen von Radio Tour und die Fernsehbilder, die sie seit einigen Jahren in ihren Wagen empfangen können, wären sie größtenteils hilflos. Sogar die Fahrer selbst wissen oft kaum, was sich alles im Rennen abspielt. Genau wie Fabrice del Dongo in Stendhals *La chartreuse de Parma* sehen sie nur Fragmente von der Schlacht, an der sie teilnehmen. Es ist schon viele Male vorgekommen, dass ein Fahrer jubelnd die Ziellinie überquerte und erst später hörte, dass er überhaupt nicht gewonnen hatte.

Weil es unmöglich ist, den Verlauf eines Straßenradrennens mit eigenen Augen wahrzunehmen, spielen die Medien eine ganz andere Rolle als bei anderen Sportarten. Wer ein Fußballspiel oder ein Tennismatch sehen möchte, kann die Ereignisse auf der Tribüne von Anfang bis Ende mitverfolgen. Wer etwas über den Verlauf einer Rundfahrt oder eines Klassikers wissen will, ist ganz auf die Medien angewiesen. Das bedeutet nicht, dass diese ein verlässliches oder vollständiges Bild zeigen würden. Heutzutage dürfen die Reporter bei großen Rennen nur weit vor oder hinter dem Peloton herfahren, und sie bekommen die Fahrer lediglich vor dem Start und nach der Ankunft zu Gesicht. Doch selbst in der Zeit, in der die Pressevertreter noch das Recht hatten, sich in einem Auto oder hinten auf einem Motorrad unter die Rennfahrer zu mischen, schnappten sie nur einen Schimmer von dem Rennverlauf auf. Jeder konnte nur hoffen, zufällig vor Ort zu sein, wenn sich wichtige Zwischenfälle ereigneten.

Die großen Radsportjournalisten der Vergangenheit versuchten auch nie, eine sorgfältige Rekonstruktion des Rennverlaufs zu liefern; sie strebten nur danach, die relativ spärlichen Informationen, über die sie verfügten, zu einem spannenden Ganzen zusammenzufügen. Der Artikel, den der belgische Sportjournalist Joris Jacobs als Höhepunkt seiner Karriere betrachtete, war ein anderthalb Seiten langer Bericht über die große Alpenetappe der Tour von 1949, der allein auf den zwei kurzen Sätzen fußte, die ihm ein Reporterkollege, der vor Ort in Aosta war, nach Belgien telegrafieren konnte.

Auch Radioreporter besaßen die Freiheit, den Rennverlauf auf ganz eigene Weise zu interpretieren. So mussten sie zum Beispiel einen kompletten Bericht von der Zielankunft fingieren, wenn ihre Geräte nicht rechtzeitig einsatzbereit waren, was mehr als nur ein Mal passierte. Normalerweise wurde dies nicht bekannt, außer natürlich wenn unerklärliche Fehler gemacht wurden. So musste Jan Cottaar 1954 einmal zugeben, dass er geschwindelt hatte, als er die Zielankunft von Wout Wagtmans beschrieb, der das Rennen in Wirklichkeit unterwegs aufgegeben hatte. Die niederländische Radio-Legende Theo Koomen sollte seine privilegierte Stellung als Reporter später noch viel systematischer ausnutzen: Wenn er die Tour auf dem Motorrad verfolgte und er während der Etappe gerufen wurde, konnten die Hörer stets mit einem aufregenden Bericht über ein Sperrfeuer von Ausreißversuchen rechnen, selbst wenn die Rennfahrer in diesem Moment fröhlich plaudernd mit den Händen auf dem Lenker vor sich hin strampelten.

Mit dem Aufkommen des Fernsehens wurden derartige Kunstgriffe unmöglich. Die Zuschauer sehen genau dieselben Bilder wie die Reporter, und obwohl diese die Meinung des Publikums natürlich durch ihren Kommentar beeinflussen können, sind sie dabei an viel striktere Grenzen gebunden als ihre Kollegen früher. Das bedeutet natürlich nicht, dass das Fernsehen eine wirklichkeitsgetreue Wiedergabe des Rennverlaufs bietet, wenn auch nur deswegen, weil selbst mit drei oder vier Kameras noch keine wirklich vollständige Übersicht vom Rennen gegeben werden kann. Meistens richtet sich die volle Aufmerksamkeit auf die Stars und die Fahrer an der Spitze, während sich anderswo manchmal viel interessantere Dinge abspielen. Kameramänner und Regisseure haben außerdem reichlich Gelegenheit, das Bild vom Rennverlauf bewusst zu verzerren, was umso effektiver ist, weil Fernsehaufnahmen immer den Anschein erwecken, die reale Wirklichkeit wiederzugeben.

Das deutlichste Beispiel eines derartigen Eingriffs ist die Reportage von der Weltmeisterschaft 1979 in Valkenburg. In den Rundkurs war der Cauberg aufgenommen worden, und um Kraft zu sparen, ließen sich die meisten Favoriten während der Bergauf-Passagen jedes Mal von ihren Mannschaftskameraden ziehen. Doch richteten sich die Kameras in solchen Momenten ausschließlich auf Jan Raas, der zu diesem Zeitpunkt mit der Sportredaktion der NOS (Nederlandse Omroep Stichting) im Konflikt stand. Dadurch wurde der Eindruck erweckt, dass Raas der einzige Sünder sei, und er erhielt prompt eine offizielle Verwarnung. Weil es Raas an diesem Tag gelang, die Weltmeisterschaft zu gewinnen, und er seinen Titel scheinbar auf unehrliche Weise errungen hatte, befleckte die Affäre seinen Ruf sogar mit einem bleibenden Makel. In Italien war die Entrüstung so groß, dass Raas einige Tage nach seinem Titelgewinn bei einem Zeitfahren von einem Zuschauer unsanft zu Fall gebracht wurde. Ihm wären viele Unannehmlichkeiten gewiss erspart geblieben, wenn die Kameras der NOS ein paar Grad zur Seite geschwenkt und sich auf Francesco Moser gerichtet hätten, der den Cauberg auf die gleiche Weise wie Raas erklomm, allein dass er dabei nicht in die Schusslinie der Fernsehreporter geriet.

Der wichtigste Effekt, den das Aufkommen des Fernsehens hatte, bestand darin, dass die Legendenbildung rund um den Radsport größtenteils ein Ende nahm. Nun, da das Publikum die Rennen selbst auf dem Bildschirm sah, anstatt exaltierte Beschreibungen darüber zu lesen, wurde den Rennfahrern weitgehend ihre mythische Dimension genommen. Journalisten nahmen weiterhin eine wichtige Rolle im Radsport ein, weil sie durch ihre Kommentare, Geschichten und Interviews dazu beitrugen, den Fahrern, die auf dem Bildschirm zu sehen waren, Identität und Persönlichkeit zu verleihen, doch sie spielten keine Hauptrolle mehr. Anquetil und Poulidor waren die letzten wirklichen Helden in der Geschichte des Radsports, weil ihre Rivalität sich gerade noch in dem Zeitalter abspielte, in dem das geschriebene und gesprochene Wort noch wichtiger als Bilder waren. Die Apotheose ihres Zweikampfes war zwar der legendäre Fernsehbericht von ihrem *mano a mano* im Anstieg zum Puy de Dôme bei der Tour von 1964, doch dieser bezog seine Dramatik vor allem aus den Pressekampagnen, die dem »Ellbogenduell« vorausgegangen waren. Wenn es diese nicht gegeben hätte, würde der Kampf der beiden Rennfahrer Frankreich sicherlich nicht »in zwei Teile gespalten haben«, wie es in jener Zeit hieß, und nicht für mehr Aufregung gesorgt haben als der Zweikampf zwischen Fignon und Hinault 1984. Dieser wurde mit großem Interesse und sogar mit Leidenschaft verfolgt, ging jedoch in keinem einzigen Moment über eine rein sportliche Rivalität hinaus. Im Hinblick auf den Hintergrund der beiden Kontrahenten waren jedoch alle Voraussetzungen dafür erfüllt: Hinault war ein Provinzler, der sich als Landwirt niederließ, und Fignon ein Pariser »Intellektueller« (er trug eine Brille und hatte eine Zeit lang studiert) mit langen Haaren und einer Vorliebe für Diskotheken.

Die Legendenbildung rund um den Radsport wurde fortan auch deshalb behindert, weil das Fernsehen zeigte, dass das rosige Bild, welches die schreibende Zunft jahrzehntelang vom Radsport präsentiert hatte, nur sehr partiell mit der Realität übereinstimmt. In dem Maße, in dem die Live-Reportagen länger wurden und manchmal eine ganze Etappe umfassten, kam es immer öfter vor, dass Rennen todlangweilig sein konnten. Für Zeitungsjournalisten muss dies kein Hinderungsgrund sein, um spannende Berichte zu produzieren, auch wenn dies oft nicht leicht ist. So war der Rennverlauf bei den ersten Etappen der Tour von 1968 äußerst uninteressant, weil Favoriten wie Poulidor, Pingeon und Jan Janssen allesamt nicht dazu bereit waren, Initiative zu ergreifen. Als die Journalisten darüber in ihren Artikeln immer mehr zu klagen begannen, antwortete Tour-Direktor Félix Lévitan, dass es wohl weniger anderer Rennfahrer als vielmehr anderer Reporter bedurfte. Die Presse trat daraufhin prompt in einen Streik, doch ganz Unrecht hatte Lévitan sicherlich nicht. Jemand wie Dino Buzzati wusste auch aus einer Spazierfahrt noch etwas Besonderes zu machen. Doch selbst die besten Fernsehregisseure sind nicht dazu in der Lage, eine Etappe, bei der nichts passiert, in ein spannendes Spektakel zu verwandeln.

Der erste große Champion, der unter diesen neuen Verhältnissen mit den Schattenbildern seiner legendären Vorgänger konkurrieren musste, war Eddy Merckx. Er war als Tour-Sieger der Nachfolger von Jan Janssen, der mit seinem schluchzenden »Karin, Kindchen, Papa hat die Tour de France gewonnen« seinen denkwürdigsten Augenblick noch vor dem Radiomikrofon erlebte. Merckx' Aufstieg indes vollzog sich in einer Zeit, in der alle wichtigen Rennen in Frankreich, Italien und Belgien direkt übertragen wurden, auch wenn sie in den Niederlanden noch selten auf dem Bildschirm zu sehen waren. Und indem das Publikum all seine wichtigen Siege mit eigenen Augen im Fernsehen verfolgen konnte, haben sich um seine Person viel weniger Legenden gebildet als um die Champions der früheren Generationen.

Die Folge dessen ist, dass längst nicht jeder davon überzeugt ist, dass Merckx ein ebenso großer Rennfahrer wie Fausto Coppi gewesen ist, auch wenn er während seiner Karriere doppelt so viele wichtige Siege wie der *campionissimo* errungen hat. Gian Paolo Ormezzano schreibt in seiner *Storia del ciclismo* zum Beispiel, dass Merckx »der Stärkste«, doch Coppi »der Größte« war. Das ist kein simpler Ausdruck von italienischem Chauvinismus. Jacques Goddet ging sogar noch ein Stück weiter und sagte, dass Merckx der Beste, aber Coppi noch besser war. Raphaël Géminiani zufolge war Coppi sogar ohne jeden Zweifel die Nummer eins. Sein Hauptargument war, dass Coppis Gegner ein viel höheres Niveau hatten als die von Merckx. Coppi musste es nämlich mit Rennfahrern wie Bartali, Koblet, Kübler, Van Steenbergen und Bobet aufnehmen, die tatsächlich größere Stars waren als die Rennfahrer, die Merckx zu bezwingen hatte. Doch das einzige Kriterium, in dem die Rivalen von Coppi mit denen von Merckx verglichen werden können, ist ihr Ruf. Und in dieser Hinsicht sind die von der Presse beweihräucherten *monstres sacrés* aus den vierziger Jahren enorm im Vorteil. Selbst nach einer vernichtenden Niederlage konnte Bartali noch immer mit einem Helden aus der *Ilias* verglichen werden. Das Fernsehen zeigte dagegen dermaßen deutlich, wie wenig Rennfahrer wie Gimondi, Zoetemelk und Van Impe einem Merckx in Topform entgegenzusetzen hatten, dass sogar die begabtesten Journalisten oder Kommentatoren sie nicht in Halbgötter verwandeln konnten.

Merckx' Art zu fahren hätte zweifellos viel besser in jene Zeitspanne gepasst, in der Sportliebhaber die Straßenrennen nur über die Printmedien verfolgen konnten. Rennen, die man im Fernsehen betrachten kann, besitzen nur dann Spannung und Dramatik, wenn die Favoriten unmittelbar auf Tuchfühlung liegen. Das Duell zwischen Anquetil und Poulidor auf dem Puy de Dôme ist ein Fernsehklassiker geworden, weil beide Fahrer andauernd zusammen im Bild zu sehen waren und minutenlang keinen einzigen Zentimeter nachgaben. Die legendärsten Rennen aus dem Printzeitalter nahmen einen ganz anderen Verlauf. Coppis Ruf beruhte in erster Linie auf seinen langen Soloritten, bei denen er

So unangefochten war seine Alleinherrschaft, so groß sein Hunger auf immer neue Siege, dass der Spitzname, den ihm ein Fahrerkollege verpasste, sofort Fuß fasste: der »Kannibale« Eddy Merckx.

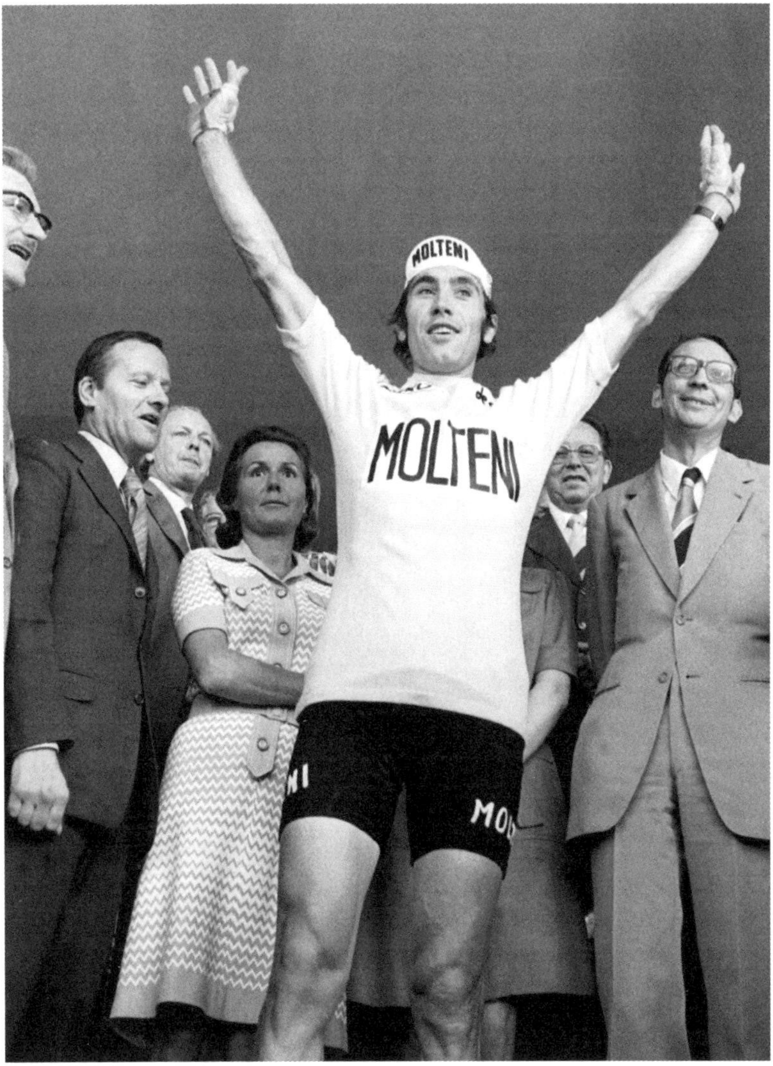

seine Konkurrenten immer weiter distanzierte. Es waren diese Siege, welche die Journalisten zu ihren epischsten Beschreibungen verleiteten. Als Dino Buzzati als Sonderberichterstatter für den *Corriere della Sera* die Italien-Rundfahrt von 1949 verfolgte, verglich er Coppis Siege über Bartali mit Achilles' Sieg über Hektor und spickte Coppis Bericht über seine stundenlange einsame Flucht über die Alpenpässe mit Zitaten von Homer. Dennoch gibt es keinen Zweifel daran, dass eine Fernsehübertragung von dieser heroischen Etappe äußerst eintönig gewesen wäre. Denn leider ergeben die schönsten Siege oft die langweiligsten Bilder. Ein Beispiel ist der Sieg von Charly Mottet bei der Lombardei-Rundfahrt von 1988. In dem Augenblick, in dem die Kameras eingeschaltet wurden, lag er fünf Minuten vor seinen Verfolgern. Am Ende der Übertragung, gut eine Stunde später, war dieser Vorsprung unverändert. Gino Bartali, der sich nach einer Operation vorzeitig aus dem Krankenhaus hatte entlassen lassen, um bei der Zielankunft dabei sein zu können, verzichtete einmal auf seine üblichen bissigen Kommentare. »So haben wir früher auch gewonnen«, stellte er zufrieden fest. Doch genau dies war das Problem. Mottets Sieg war ein Anachronismus. Lange einsame Fluchten passten nicht ins Fernsehzeitalter.

Merckx, der genauso viele erfolgreiche Soloritte wie Coppi zu verzeichnen hat, bekam oft die negativen Folgen davon zu spüren. Als er 1972 bei Lüttich–Bastogne–Lüttich fünfzig Kilometer vor dem Ziel ausriss und seinen Vorsprung von diesem Moment an allmählich ausbaute, sodass er schließlich gut zweieinhalb Minuten vor allen Verfolgern das Ziel erreichte, bekam er von dem Fernsehjournalisten Marc Jeuniau zu hören:

> Wenn du etwas weniger ungeduldig gewesen wärst, hätten wir eine herrliche Sendung gehabt: Zwanzig Kilometer weiter ging das Fernsehen auf Sendung, und in diesem Augenblick wäre dein Ausreißversuch viel mehr gewürdigt worden. Eine Drei-

> viertelstunde lang hat man nur noch dich auf dem Bildschirm gesehen. Das ist schön, aber auf die Dauer wird es langweilig.

Jeuniau erklärte sofort, dass er Merckx nur »zum Narren halten« wollte, doch im Scherz wurden schon viele weise Worte gesprochen. Denn Jeuniau kannte natürlich genau den Grund, weshalb Merckx' Leistungen das Publikum oft kalt ließen. Es war bezeichnend, dass seine fantastischsten Siege ihm viel weniger begeisterte Briefe einbrachten als sein halbmissglücktes Lüttich–Bastogne–Lüttich von 1971, als er nach einem Alleingang über neunzig Kilometer mit einem maximalen Vorsprung von fünf Minuten einen schrecklichen Leistungseinbruch erlitt, drei Kilometer vor der Ziellinie von Georges Pintens eingeholt wurde und trotzdem noch gewann.

Jeder überwältigende Sieg, den Coppi zu erringen wusste, trug wieder zu seiner Legendenbildung bei, während das Maß, in dem Merckx seine Gegner beherrschte, sich auf die Dauer sogar gegen ihn zu wenden begann. Denn in der Hoffnung, dass die Eintönigkeit seiner Siegesserie durchbrochen würde, griffen die Journalisten jedes Anzeichen von Schwäche dankbar auf, um das Ende von Merckx' Herrschaft anzukündigen. Leider ließ sich der Belgier dadurch zu oft dazu verleiten, Entschuldigungen für seine Niederlagen anzuführen: »Beim Frühstück habe ich eine Pampelmuse gegessen. Das hat mein Magen nicht vertragen.« »Den ganzen Tag über drückte ein schweres Gewicht auf meine Leber.« »Mein linkes Bein tat so weh, dass ich kaum treten konnte.« »Ich habe den ganzen Tag über nicht essen können, und in der vergangenen Nacht habe ich fast kein Auge zugemacht.« »Ich fühlte mich am Start krank, litt unter Aufstoßen und Sodbrennen.« Es mag zwar alles wahr gewesen sein – in seiner Glanzzeit konnten Merckx nur besondere Umstände am Sieg hindern –, doch es passte schlecht zu der Art von Heroik, die den Champions vergangener Zeiten angedichtet wurde. Selbst das Image von Hektor wäre irreparabel beschädigt worden, wenn er Aufstoßen und Sodbrennen für seine Niederlage gegen Achilles verantwortlich gemacht hätte. Bartali hatte besser verstanden, was von ihm erwartet wurde. Als er beim Giro von 1949 unter anderem wegen zweier Reifendefekte von Coppi in den Dolomiten geschlagen wurde, fragte ihn am nächsten Tag ein Fan: »Hatten Sie gestern zwei oder drei Mal einen Platten?« Bartalis Antwort war erhaben: »Platten? Wir kriegen niemals einen Platten.«

Obwohl sich Merckx vielleicht nicht immer so gut um seine Public Relations kümmerte, wie es eigentlich nötig gewesen wäre, steht fest, dass es noch nie einen Rennfahrer wie ihn gegeben hat. Er hat häufiger gewonnen als irgendein anderer, war während des Rennens immer an der Spitze zu finden und unter allen Umständen zum Angriff bereit. Außerdem war er auf allen Terrains gleich gefährlich. In der Zeit, in der er seinen ersten Profivertrag unterschrieb, war die Herrschaft über die Welt des Radsports unter zwei Champions aufgeteilt. Anquetil regierte bei den großen Etappenrennen und Rik Van Looy bei den Klassikern. Und keiner von beiden machte viele Anstalten, um sein Reich auf Kosten des anderen zu erweitern. Merckx hingegen war vom Omloop Het Volk zu Beginn des Frühjahrs bis zur Lombardei-Rundfahrt im Herbst überall präsent und versuchte stets auch zu gewinnen. Selbst bei den großen Rundfahrten ließ er oft wenig Krümel für andere übrig. Als er im Jahr 1969 bei der Tour debütierte, gewann er sechs Etappen, das Gelbe und das Grüne Trikot, die Berg- und die Kombinationswertung. Bei dieser Gelegenheit verlieh der französische Rennfahrer Christian Raymond ihm einen Spitznamen, der so treffend war, dass er sich sofort durchgesetzt hat: »der Kannibale«.

Merckx' »Kannibalismus« entsprach zweifellos ganz seinem Temperament. Doch er war auch eine Folge der Struktur, die der Radsport zu seiner Zeit angenommen hatte. Um seinen Marktwert bei den belgischen Kriterien und Bahnrennen zu behaupten, musste Merckx bei den

Rennen Leistungen erbringen, die in seinem Land traditionell am meisten Prestige einbrachten: bei der Tour de France, den Klassikern im eigenen Land und denen in Nordfrankreich. Das war ein umfangreiches Programm, doch darauf konnte er sich nicht beschränken. In seiner Glanzzeit fuhr er für italienische Firmen, die einzigen Sponsoren, die wegen der hohen Fernsehwerbungstarife in ihrem Land dazu bereit waren, genügend Geld für ihre Radsportmannschaften bereitzustellen, um Champions von Merckx' Kaliber zu bezahlen. Dies bedeutete natürlich, dass von ihm erwartet wurde, auch beim Giro, bei Mailand–Sanremo, der Lombardei-Rundfahrt und einer Reihe weniger wichtiger italienischer Rennen anzutreten und wenn möglich zu siegen. Dadurch hatte er einen viel volleren Terminkalender als seine Vorgänger. Henri Pélissier und Petit-Breton fuhren in der Zeit vor dem Ersten Weltkrieg ungefähr dreißig Rennen pro Saison; Coppi und Bartali nach 1945 sechzig bis achtzig. Merckx und seine Nachfolger gingen über hundertfünfzig Mal pro Jahr an den Start.

Merckx war so stark, dass seine Herrschaft nur durch eine einträchtige Koalition seiner Konkurrenten hätte gebrochen werden können. Im Prinzip gab es dazu genügend Anlass, weil er so viele wichtige Siege und die damit verbundene Publizität für sich beanspruchte, dass potenzielle Sponsoren zögerten, Geld in Radsportmannschaften zu investieren, wenn sie nicht Merckx für sich gewinnen konnten. Außerdem kam es mehr als nur ein Mal vor, dass ein Kriterium abgesagt wurde, weil es den Organisatoren nicht gelungen war, den »Kannibalen« zu engagieren. Üblicherweise war die Konkurrenz zwischen den Rennfahrern so groß, dass es selten zu gemeinsamen Aktionen kam. Profis, die versuchten, Merckx' Supremat anzugreifen, konnten höchstens mit der wohlwollenden Neutralität des restlichen Pelotons rechnen. Dadurch erlitten derartige Versuche meistens Schiffbruch. Außerdem mussten sich die Fahrer, die sich daran wagten, meistens so übermäßig anstrengen, dass dies ihre Karriere nachhaltig verkürzte. Luis Ocaña, José Manuel

Fuente, Bernard Thévénet und Cyrille Guimard sind eigentlich die Einzigen, die ernsthaft versucht haben, Merckx beim Giro und bei der Tour mit seinen eigenen Waffen zu schlagen, und es ist gewiss kein Zufall, dass sie sich allesamt nicht lange an der Spitze halten konnten. Als Guimard während der Tour de France von 1972 den Kampf mit Merckx aufnahm, war er noch nicht mal dazu in der Lage, die Rundfahrt zu Ende zu fahren. Trotz täglicher Novocain-Spritzen in seine Knie musste er ein paar Tage vor dem Ende das Rennen aufgeben, und er war noch keine dreißig, als er seine aktive Laufbahn beendete.

Kein Wunder, dass die meisten Rennfahrer sich mit dem Unvermeidlichen abfanden und die Herrschaft von Merckx tatenlos hinnahmen, vor allem auch, weil er nach seinem stürmischen Beginn in zunehmendem Maße bereit war, die Trostpreise anderen zu überlassen. So verhalf er Walter Godefroot und Patrick Sercu in den Jahren 1970 und 1974 zum Sieg in der Punktewertung der Tour, weil das Grüne Trikot doch nichts zu seinem Ruhm beigetragen hätte. Er war sogar dazu bereit, Felice Gimondi die Gelegenheit zu geben, seinem verblassten Ruf mit einem Sieg bei Gent–Wevelgem erneut Glanz zu verleihen, und es war nicht seine Schuld, dass Roger Swerts die Pläne des Italieners durchkreuzte. Rik Van Looy versuchte anfangs, sich mit aller Kraft gegen den Vormarsch seines Landsmannes zu wehren, befand sich jedoch schon in der Spätphase seiner Karriere, und bei der Tour von 1969 musste er sich sogar mit Merckx einigen, um noch eine Etappe gewinnen zu können. Auch Roger De Vlaeminck, der sich 1970 und 1971 noch als der »Anti-Merckx« präsentiert hatte, ließ in den darauffolgenden Jahren von seiner systematischen Opposition ab und begnügte sich mit ein oder zwei Klassikern pro Jahr. Joop Zoetemelk, Lucien Van Impe und viele andere zogen es normalerweise vor, keine eigenen Initiativen zu entfalten, in der Hoffnung, dass Merckx hin und wieder einen Fehler machen würde. Andere starke Rennfahrer wie Herman Vanspringel und Rini Wagtmans gaben ihre persönlichen Ambitionen sogar ganz auf und begaben sich in die Dienste des »Kannibalen«, der unter anderem dadurch über eine ebenso starke Mannschaft verfügte wie seinerzeit Van Looy und Anquetil.

Genauso wie vor ihm Anquetil wurde Merckx zum unangefochtenen *patron* des Pelotons. Fahrer, die während der Spazierfahrten bei der Tour oder dem Giro den Versuch wagen wollten, eine Etappe zu gewinnen, mussten zuerst um Erlaubnis fragen. Der einzige andere Radprofi, der in dieser Zeit über eine einigermaßen vergleichbare Autorität verfügte, war Felice Gimondi. Doch er hatte das Supremat von Merckx bereits ziemlich schnell erkannt und fungierte höchstens als »Vizekönig«.

Merckx' Macht war so groß, dass er gelegentlich als eine Art Supervisor auftrat, um im Peloton für Recht und Ordnung zu sorgen. Das deutlichste Beispiel für diese Rolle lieferte er im Jahr 1976 bei der Tour de Romandie. Roger De Vlaeminck hatte es sich in den Kopf gesetzt, bei diesem Etappenrennen einen Sieg zu erringen, und um die Mannschaft von Merckx, der diesmal kein Verbündeter, sondern ein Konkurrent war, zu einer zusätzlichen Anstrengung zu zwingen, schickte er bei der zweiten Etappe seinen vertrauten Domestiken Johan De Muynck mit einer kleinen Fluchtgruppe voraus. De Muynck wurde nicht mehr eingeholt und eroberte das Trikot des Spitzenreiters. Zwei Tage später gelang es ihm zusammen mit De Vlaeminck, Merckx abzuschütteln. Es wurde natürlich erwartet, dass De Muynck, der schon achtundzwanzig Jahre alt war und noch nie irgendwelche persönlichen Ambitionen gezeigt hatte, sich diskret zurückfallen lassen würde, sodass sein Mannschaftskapitän auf schöne Weise die Etappe gewinnen konnte. Stattdessen begann er zu spurten und fuhr sehr zum Zorn von De Vlaeminck erneut als Erster über die Ziellinie. Die Domestiken im Peloton, die zum großen Teil verhinderte Coppis sind, fanden das allesamt einmalig, und die Witze über Johan De Vlaemuynck nahmen kein Ende. Die Mannschaftskapitäne waren weniger amüsiert, denn wenn Domestiken rebellieren und damit auch noch Erfolg haben, wird dadurch die gesamte Hierarchie der Radsportwelt und damit auch ihre eigene Stellung bedroht. Einem ungeschriebenen Gesetz zufolge darf ein Domestik nur dann für den eigenen Erfolg fahren, wenn sein Mannschaftskapitän aus irgendeinem Grund nicht mehr gewinnen kann. Manchmal kann es lange dauern, bis sich eine solche Chance ergibt, so wie im Fall von Pino Cerami, der den ersten seiner drei Klassikersiege erst mit 38 Jahren errang. Dennoch wird nur selten wirklich versucht zu rebellieren, und meistens werden solche Versuche streng bestraft. Ein berühmter Fall ist der von Benoni Beheyt, der 1963 seinem Mannschaftskapitän Van Looy den Weltmeistertitel vor der Nase wegschnappte. Von diesem Moment an benutzte der »Kaiser von Herentals« die enorme Macht, die er im Peloton und bei den Organisatoren von Kriterien besaß, um seinem ungehorsamen Mannschaftskameraden auf jede nur erdenkliche Weise Steine in den Weg zu legen. Drei Jahre später begriff Beheyt, der zu diesem Zeitpunkt gerade mal sechsundzwanzig Jahre alt war, dass er als Berufsrennfahrer keine Zukunft mehr hatte, und beendete seine Karriere.

De Vlaeminck besaß nicht so viel Autorität wie Van Looy und war deshalb bei der Tour de Romandie gezwungen, die Hilfe von Merckx in Anspruch zu nehmen. Einen Tag zuvor waren die beiden noch erbitterte Konkurrenten gewesen, doch nun, da höhere Prinzipien auf dem Spiel standen, reichten sie sich die Hände, um De Muynck zur Ordnung zu rufen. Während der morgendlichen Halbetappe am letzten Tag unternahm Merckx als Erster einen Ausreißversuch. De Muynck holte ihn ein, und beide ließen sich ins Peloton zurückfallen. Genau in diesem Moment attackierte dann De Vlaeminck, sodass De Muynck zu einem zweiten Kraftakt gezwungen wurde. Danach war wieder Merckx an der Reihe. Und so ging es über die gesamte Etappe weiter. Ziel war es, De Muynck müde zu machen, damit er beim Zeitfahren am Nachmittag zu erschöpft wäre, um noch eine gute Leistung zu erbringen.

Doch Merckx und De Vlaeminck waren selbst offenbar müder als De Muynck, der das Zeitfahren und damit die Rundfahrt gewann.

Wenn es nach De Vlaeminck gegangen wäre, hätte De Muynck mit dieser rebellischen Haltung seinen Platz in der Mannschaft zweifellos verspielt. Sein sportlicher Leiter Cribiori dachte anders darüber. De Vlaeminck war ein großer Spezialist für Eintagesrennen, als Kletterer fehlte ihm jedoch das entscheidende Quäntchen, um ein großes Etappenrennen gewinnen zu können. Und zwei Wochen nach der Tour de Romandie sollte der Giro d'Italia beginnen, der für die Kaugummifirma Brooklyn, den italienischen Sponsor von De Muynck und De Vlaeminck, das wichtigste Rennen der Saison war. Nun, da Cribiori plötzlich über einen möglichen Kandidaten für den Gesamtsieg verfügte, wollte er ihn nicht so einfach ziehen lassen. Auf sein Drängen hin schlossen die beiden Fahrer einen Pakt, bei dem sie verabredeten, dass sie einander unterstützen würden, damit einer von ihnen die Rundfahrt gewinnen würde.

De Muynck befand sich in der Form seines Lebens, und es gelang ihm, drei Tage vor dem Ende das Rosa Trikot des Spitzenreiters zu erobern. Doch De Vlaeminck dachte gar nicht daran, seinem rebellierenden Domestiken zum Sieg zu verhelfen; gemeinsam mit seinem Wasserträger Roland De Witte gab er das Rennen auf. Was danach alles hinter den Kulissen passiert ist, ist nicht bekannt, doch als De Muynck beim abschließenden Zeitfahren starten wollte, um seinen ersten Platz zu verteidigen, war von seiner Mannschaft niemand da, um ihn bei einer Panne mit neuem Material zu versorgen und ihn über die Zeitunterschiede auf dem Laufenden zu halten.

Es wäre natürlich herrlich gewesen, wenn De Muynck trotzdem noch gewonnen hätte. Doch nicht alle Rennen verlaufen mustergültig. Auf der Ziellinie fehlten ihm neunzehn Sekunden, und er verlor das Rosa Trikot an Felice Gimondi. Das Happy End kam erst zwei Jahre später, als De Muynck die Mannschaft von De Vlaeminck inzwischen gegen die von Gimondi getauscht hatte und seine zweite Chance auf einen Giro-Sieg zu nutzen wusste.

De Muynck war ein ausgezeichneter Rennfahrer, aber kein Superman, und seine Rebellion bei der Tour de Romandie hatte nur gelingen können, weil sich die Herrschaft von Merckx dem Ende zuneigte. Merckx hatte im Frühjahr 1976 bei Mailand–Sanremo den letzten großen Sieg seiner Karriere errungen, und der Kampf um seine Nachfolge war bereits entbrannt. Der Hauptkandidat war sein Landsmann Freddy Maertens, der in jenem Jahr 54 Siege erzielte, darunter acht Etappensiege bei der Tour de France (bei der er Achter wurde) und der Weltmeistertitel.

Zu jedem anderen Zeitpunkt der Radsportgeschichte wäre ein belgischer Rennfahrer mit einer solchen Erfolgsbilanz sofort zum Nationalhelden geworden. Maertens hatte leider das Pech, dass sein Aufstieg in jene Zeit fiel, in der Merckx noch Herr und Meister war. Der »Kannibale« wurde in Belgien als Gott verehrt, wenn auch nur aus dem Grund, weil er 1969 seinem Land endlich den Tour-Sieg beschert hatte, auf den es dreißig Jahre lang gewartet hatte. Für andere Stars gab es eigentlich keinen Platz. Als Roger De Vlaeminck in seinem Debütjahr 1969 die Landesmeisterschaft gewann, wurde er mit einem Pfeifkonzert empfangen. Nicht, weil an seiner Art zu fahren etwas auszusetzen gewesen wäre, sondern weil er jenen Platz einnahm, den das Publikum Merckx zugedacht hatte.

Auch Freddy Maertens hatte ständig mit dem Schatten von Merckx zu kämpfen. Selbst nach den achtzig Siegen, die er in seinen ersten drei Profijahren erzielt hatte, war er noch immer nicht wirklich beliebt, unter anderem, weil er Merckx für seine Niederlage bei der Weltmeisterschaft von 1973 verantwortlich gemacht hatte. Im Jahr 1976 waren Merckx' Glanzzeiten zwar vorbei, doch trotzdem behielt er einen großen Einfluss auf das Publikum, wenn auch nur deshalb, weil er einen

Standard etabliert hatte, an dem die Qualitäten eines jeden potenziellen Champions gemessen wurden. Um den Platz an der Sonne zu erobern, den er verdiente, war Maertens deshalb gezwungen, sich genauso kannibalisch zu verhalten wie Merckx. Und dass er dazu in der Lage war, bewies er bei der Spanien-Rundfahrt von 1977, bei der er nicht nur den Gesamtsieg holte und die Punktewertung gewann, sondern außerdem bei dreizehn von neunzehn Etappen Erster wurde. Beim Giro desselben Jahres hatte er auch bereits sieben Etappen gewonnen, als er wegen eines Handgelenkbruchs aufgeben musste.

Die meisten Siege erzielte Maertens bei Zeitfahren und im Sprint, in dem er fast nicht zu schlagen war. Um sich Merckx gegenüber als ebenbürtig zu erweisen, musste er zeigen, dass er auch dazu in der Lage war, schöne Soloritte zu fahren. So überragte er beim Wallonischen Pfeil seine Konkurrenten haushoch, und er hätte einfach den Endspurt abwarten können. Stattdessen unternahm er 45 Kilometer vor dem Ziel einen Ausreißversuch, um mit einem Vorsprung von drei Minuten die Ziellinie zu erreichen.

Trotz seines Handgelenkbruchs erzielte Maertens im Jahr 1977 insgesamt 53 Siege, und sogar Eddy Merckx musste zugeben, dass er der stärkste Rennfahrer des Pelotons war. Ab diesem Zeitpunkt ließen Maertens' Leistungen jedoch schnell nach. Im Jahr 1978 gewann er nur noch achtzehn Rennen, und als er in den beiden darauffolgenden Jahren nur ein paar Kirmesrennen zu gewinnen wusste, schien seine Karriere definitiv vorbei zu sein, obwohl er erst achtundzwanzig Jahre alt war. Maertens war einer der ersten Rennfahrer, der häufig den »Zwölfer« verwendete, und sein Niedergang wurde im Allgemeinen der zerstörerischen Wirkung zugeschrieben, die der Gebrauch jener damals als superschwer erachteten Übersetzung nach sich gezogen habe. Was dagegen sprach, war, dass er niemals unter Enzündungen der Knie oder Achillessehnen gelitten hatte, mit denen Rennfahrer, die sich dauerhaft überlasten, fast unvermeidlich zu kämpfen haben. Die Hypothese, dass

Der nächste belgische Seriensieger nach Merckx war dem psychischen Druck, der auf ihm lastete, nicht gewachsen: Der Ausnahmesprinter und -zeitfahrer Freddy Maertens fühlte sich von bösen Mächten »bearbeitet«.

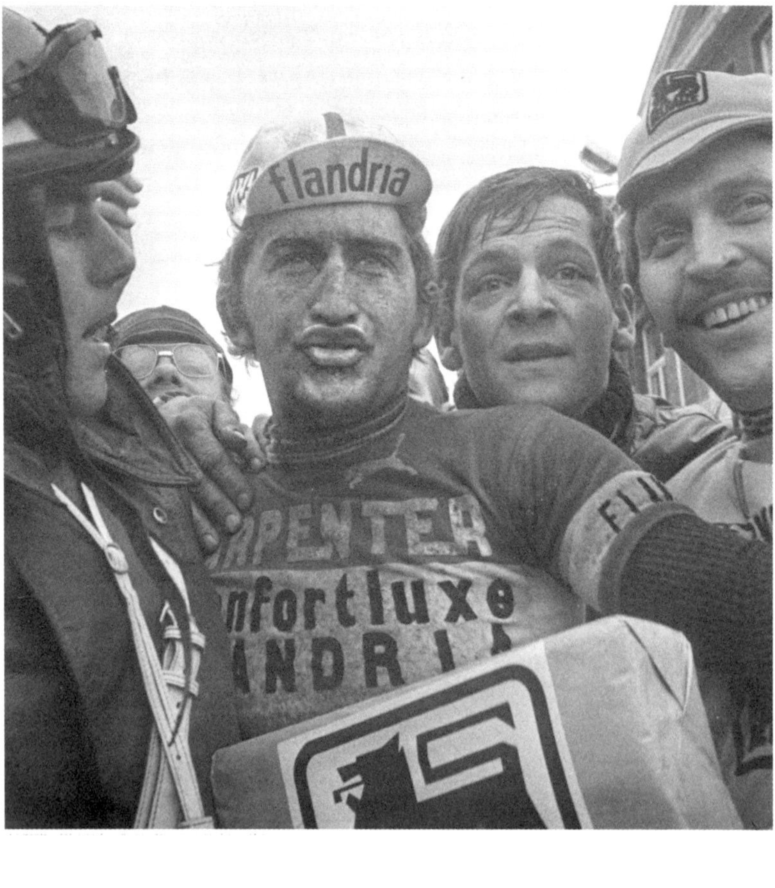

Maertens körperlich komplett verschlissen war, wurde im Jahr 1981 letztlich auch Lügen gestraft, als er zur Bestürzung sämtlicher Experten plötzlich fünf Etappen bei der Tour und zusätzlich die Punktewertung gewann und im Herbst außerdem erneut Weltmeister wurde.

Maertens war sicherlich nicht der erste Radrennfahrer, der zeigte, dass er zu Unrecht abgeschrieben wurde, doch sein Comeback kam so überraschend, dass es dafür keine rationale Erklärung zu geben schien. Kein Wunder, dass schon bald allerlei wilde Gerüchte die Runde machten. Die populärste Version war, dass Maertens chemische Mittel benutze, die bei Kontrollen noch nicht nachgewiesen werden konnten. Missgünstige Kollegen nährten dieses Gerücht, indem sie erzählten, dass sein Urin giftgrün sei und dass er während der Rennen wie ein Betrunkener im Peloton umherirre.

Nun hatte Maertens auf dem Gebiet des Dopings gewiss keine makellose Vergangenheit (übrigens ebenso wenig wie Merckx, Gimondi, Zoetemelk, Thévénet und viele andere), doch wenn es tatsächlich eine Art »Wunderpille« gab, ist es schwer vorstellbar, dass er der Einzige war, der von ihrer Existenz wusste. Es ist nicht anzunehmen, dass die Apotheker in seinem Wohnort Lombardsijde so viel besser waren als im Rest von Europa.

Er selbst hat seinen Niedergang und seine Auferstehung immer als eine mentale Frage dargestellt. Seit der Veröffentlichung seiner Autobiografie *Niet van horen zeggen* scheint diese Erklärung viel weniger unwahrscheinlich, als seinerzeit angenommen wurde. So ist das Hauptthema seines Buches der systematische Widerstand, den er andauernd von allen Seiten zu spüren bekam: die Komplotte, die gegen ihn geschmiedet wurden, und die vielen Male, die er »reingelegt« worden ist (ein Wort, das konsequent kursiv geschrieben wird). Er erzählt sogar, dass er sich irgendwann von Teufelsaustreibern behandeln ließ, weil er davon überzeugt war (und ist), dass bestimmte Personen ihn aus Neid »bearbeitet« haben.

Letzteres scheint etwas übertrieben, doch es ist nicht zu bezweifeln, dass Maertens in seiner Karriere andauernd behindert worden ist und dass er gegen viele Koalitionen und Kombinen kämpfen musste. Es versteht sich auch von selbst, dass das Peloton nicht dazu bereit war, Maertens bei seinem Versuch, ein zweiter Merckx zu werden, zu unterstützen. Ein »Kannibale« pro Generation ist mehr als genug. Dennoch unterschied sich der Widerstand, den Maertens zu spüren bekam, im Prinzip nicht von der Feuerprobe, der sich jedes neue Talent unterziehen muss. Eddy Merckx ist zu Beginn seiner Karriere ebenso wenig freundlich behandelt worden, war dem psychisch jedoch deutlich besser gewachsen als Maertens. Außer, als er bei der Tour de France 1975 auf dem Puy de Dôme einen Fausthieb von einem Zuschauer abbekam, hat er sich niemals anmerken lassen, dass das Publikum und seine Kollegen ihn wirklich aus dem Gleichgewicht gebracht hätten. Maertens war mental viel verletzlicher, und nachdem er nach seinem Handgelenkbruch im Jahr 1977 auch körperlich geschwächt war, wurde er eine leichte Beute für die »Mafia« im Peloton, wie er selbst es nennt. Er war dabei sicher nicht der Erste oder Einzige. In einem Radrennen herrscht immer und überall ein andauernder Interessenstreit. Es werden keine Geschenke verteilt, und wer sich an der Spitze behaupten will, muss mental sehr stark sein. Nicht umsonst bevorzugen viele talentierte Radprofis die sichere Rolle des »Domestiken« oder »Mannschaftsfahrers«.

Kapitel IX

CHARAKTER

Der Circuit de Châteaulin in der Bretagne gilt als Frankreichs wohl wichtigstes Kriterium. Die Startgelder sind hoch, und den Organisatoren gelingt es jedes Jahr, die aktuell stärksten Rennfahrer an den Start zu bekommen. Die Siegerliste des Rennens zählt ebenso viele große Namen wie Mailand–Sanremo oder Paris–Roubaix: Bobet, Van Steenbergen, Van Looy, Anquetil, Poulidor, De Vlaeminck, Ocaña, Merckx, Moser, Zoetemelk, Hinault, Fignon, Indurain, Jalabert und Pantani. Doch trotz des Prestiges, das der Circuit genießt, wird er auf die gleiche Art ausgefahren wie jedes andere Kriterium auch. Das bedeutet, dass ein lokaler Geschäftsinhaber, der einen Preis auslobt, das Recht hat, den Sieger zu bestimmen, doch dass die Verteilung der übrigen Prämien durch eine Koalition von Starfahrern festgelegt wird, die sich selbst meistens den Löwenanteil zubilligt und den Rest ihren Helfern und gelegentlich einem Außenseiter schenkt.

Normalerweise verläuft diese Regelung ohne Probleme, doch im Jahr 1975 gab es einen jungen unbekannten Bretonen, der jedes Mal, wenn der dazu vorbestimmte Fahrer sich aufmachte, um den Prämiensprint mit hauchdünnem Vorsprung zu gewinnen, heftig angriff und die

Suppe zu versalzen drohte. Natürlich war er der Übermacht der herrschenden Koalition nicht gewachsen, obschon er die Stars doch zu mehr Anstrengungen zwang, als diese erwartet hatten. So etwas wurde natürlich nicht besonders geschätzt, vor allem, weil die Tournee der Kriterien durch das ständige Hin- und Herreisen ohnehin schon todanstrengend ist (zumal dort, obwohl die Ergebnisse unwichtig sind, mehr Amphetamine geschluckt werden als während des restlichen Jahres). Der Bretone kümmerte sich nicht um die Kanonade von Schimpfwörtern, die er zu hören bekam. Schließlich traf Merckx eine wichtige Entscheidung: Er fuhr zu dem Rebellen und teilte ihm mit, dass er an den Preisgeldern beteiligt würde, wenn er sich im weiteren Verlauf zurückhalte. Auf diese Weise trat Bernard Hinault der Radsportelite bei. Hinault bewies in Châteaulin, dass er den Charakter eines künftigen Stars besaß; im Jahr 1977 zeigte er dann, dass er auch über die notwendigen athletischen Qualitäten verfügte. Er gewann in dieser Saison zwei Klassiker und den Grand Prix des Nations. Außerdem verhalf er dem französischen Fernsehen während des wichtigen Etappenrennens Dauphiné Libéré zu der spektakulärsten Sportübertragung des Jahres. Während der Abfahrt vom Col de Porte verschwand er vor den Augen von Millionen Zuschauern in einer Schlucht, kam kurze Zeit später mit blutiger Stirne wieder zum Vorschein, ergriff ohne auch nur eine Sekunde zu zögern nach einem Reservefahrrad, fuhr weiter und gewann die Etappe.

Im Jahr 1978 traten Merckx und Gimondi ab, und Hinault ließ bei seinem Debüt bei der Tour de France keinen Zweifel daran, dass er ihr rechtmäßiger Nachfolger war. Nicht nur indem er das Gelbe Trikot bis nach Paris trug, sondern auch indem er den anderen Rennfahrern jenen Respekt abrang, der einzig und allein einem *patron* bezeugt wird. Die Gelegenheit dazu ergab sich während einer augenscheinlich unwichtigen Übergangsetappe von Tarbes nach Valence d'Agen. Am Tag davor hatten die Rennfahrer eine der schwersten Etappen der Rundfahrt bestreiten müssen, mit drei Anstiegen der ersten Kategorie. Nach der Zielankunft waren sie in Busse geladen worden, die zwei Stunden später den Startort des nächsten Tages erreichten. Erst danach konnten sie zur Massage und mit dem Abendessen beginnen, sodass sie erst um zwölf Uhr nachts im Bett lagen. Am nächsten Morgen mussten sie um fünf Uhr aufstehen, weil an diesem Tag zwei Halbetappen auf dem Programm standen und der Start also früher als sonst stattfinden musste. Außerdem würden sie an jenem Abend noch mal hundertfünfzig Kilometer mit dem Bus zurücklegen müssen. Kein Wunder, dass die Fahrer an diesem Tag äußerst schlechte Laune hatten. Um ihre Unzufriedenheit zum Ausdruck zu bringen, traten sie in den Bummelstreik und absolvierten die Etappe geschlossen im Spaziertempo. Das war die traditionelle Art von Protest, doch diesmal beschlossen die Herren Profis, zu stärkeren Maßnahmen zu greifen.

Als sie nach vielen Stunden Valence d'Agen erreichten, stieg das gesamte Peloton ab und blieb vor der Ziellinie stehen. Mit Ausnahme des braven Joop Zoetemelk waren alle Mannschaftskapitäne an der Spitze zu finden. Der Mann, der im Namen des Pelotons das Wort führte, war nicht André Chalmel, der Präsident der französischen Radprofivereinigung, oder Freddy Maertens, der Rennfahrer mit der längsten Siegesliste, sondern der Debütant Bernard Hinault. Dies war umso bemerkenswerter, als sein Teamchef Cyrille Guimard sich gerade in diesem Augenblick in einem ernsthaften Konflikt mit den Managern Piel und Dousset befand, die nahezu alle französischen Berufsrennfahrer unter Vertrag hatten.

Hinault gelang es nicht, viel Sympathie für die Aktion der Rennfahrer zu gewinnen. Das Publikum fühlte sich betrogen, die Organisatoren waren wütend, und der Bürgermeister von Valence d'Agen, der Parlamentsabgeordnete Baylet, der davon geträumt hatte, gemeinsam mit dem Träger des Gelben Trikots in Millionen von Wohnzimmern auf dem Fernsehbildschirm zu erscheinen, reagierte auf Hinaults Vor-

1978 in Valence d'Agen: Das Peloton streikte, und Tour-Debütant Bernard Hinault stand gleich in vorderster Front. Das Publikum indes war wenig angetan von der Vorstellung, dass die »Giganten der Landstraße« ihre Arbeit niederlegten, weil sie nicht ausschlafen durften.

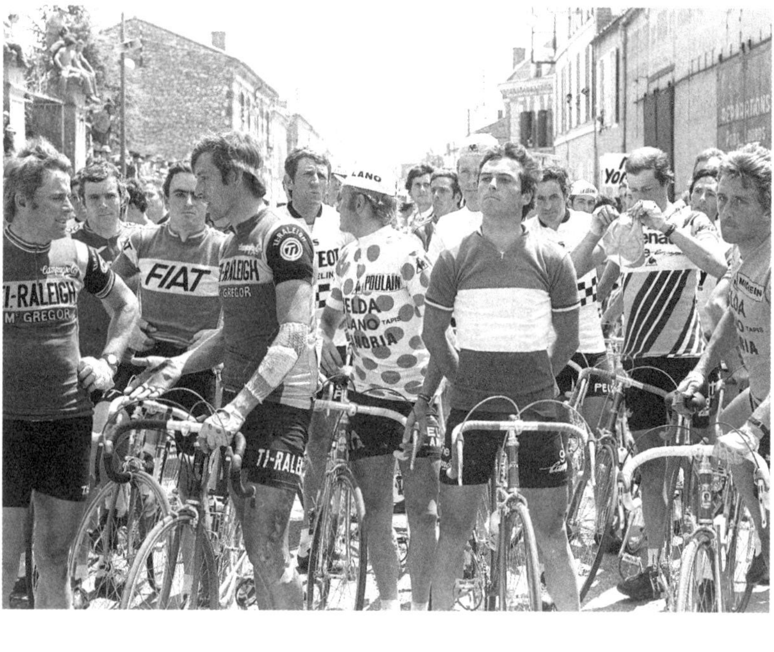

schlag, nach dem Ende der Tour kostenlos ein Kriterium zu fahren, mit einer Schimpfkanonade. Die meisten Journalisten waren am nächsten Tag in ihren Kommentaren mindestens genauso negativ eingestellt. Das heroische Bild des Radsports, das sowieso schon arg angekratzt war, ging vollends in die Brüche, nun, da die »Giganten der Landstraße« streikten, weil sie nicht ausschlafen durften. Vor allem die altgedienten Radsportreporter wiesen darauf hin, dass die Tour in der Vergangenheit doch viel schwerer gewesen war: In den dreißiger Jahren fiel der Startschuss oft schon um vier Uhr morgens, und es mussten manchmal drei Etappen an einem Tag bestritten werden. Doch seitdem war die Mentalität der Rennfahrer eine andere geworden. Sie waren gebildeter, mündiger und selbstbewusster als ihre Vorgänger. Vor allem in den Niederlanden, wo die Demokratisierungswelle der siebziger Jahre heftiger als anderswo gewütet hatte, war eine Generation von Rennfahrern aufgestiegen, die einem ganz neuen Typus entsprach. Die meisten von ihnen waren im Ti-Raleigh-Team vereint, zu dem auch gleichgesinnte ausländische Rennfahrer wie Dietrich Thurau gehörten. Analog zum »totalen Fußball«, den der große Club Ajax Amsterdam zu Beginn der siebziger Jahre spielen ließ, führte das Team eine Art von totalem Radrennen ohne strikte Hierarchie ein, wobei Domestiken und Mannschaftskapitäne in jedem gewünschten Moment den Platz des anderen einnehmen konnten. So war es denn auch gewiss kein Zufall, dass vier der acht Rennfahrer, die in Valence d'Agen in der ersten Reihe standen, aus diesem Team stammten: Hennie Kuiper, Gerben Karstens, Gerrie Knetemann und Jan Raas. Letzterer ließ im Gegensatz zu den anderen das Heulen und Pfeifen des Publikums nicht mit verkniffenem Gesicht über sich ergehen, sondern las in aller Ruhe eine Zeitung.

Die Streikaktion der Rennfahrer in Valence d'Agen hatte anfangs Erfolg: Eine der nächsten Etappen wurde verkürzt, und 1979 enthielt die Strecke der Tour viel weniger Transfers zwischen Ziel und Start als im Jahr davor. Doch 1980 stieg deren Zahl erneut, obschon die Organisatoren der Nachtruhe der Rennfahrer dabei stärker Rechnung trugen als noch 1978. Im Jahr 1982 wurde sogar ein neuer Rekord erreicht: Lediglich in neun von insgesamt zweiundzwanzig Fällen fand der Start in der Stadt statt, in der die Etappe am Tag davor geendet war. Natürlich riskierte die Tour-Direktion damit neue Aktionen der Rennfahrer, doch sie hatte keine andere Wahl. Jedes Jahr aufs Neue war die Finanzierung der Rundfahrt ein großes Problem. Die Entwicklungen, die sich Ende der dreißiger Jahre abzuzeichnen begannen, setzten sich immer weiter fort. Der zusätzliche Absatz, mit dem die Veranstalterzeitungen im Juli rechnen konnten, sorgte nur noch für einen kleinen Beitrag zu den Gesamtkosten. *Le Parisien Libéré*, der keine exklusive Sporttageszeitung war, profitierte kaum von seiner Rolle als Tour-Organisator, während die Auflage von *L'Équipe*, die im Durchschnitt ungefähr 300.000 Exemplare pro Tag betrug, während der Tour nur noch um 100.000 stieg. Der größte Teil der zehn Millionen Franc, die Ende der siebziger Jahre die Organisation einer Frankreich-Rundfahrt kostete, musste aus anderen Quellen fließen. Die Beträge, welche die Städte für das Vorrecht, den Start oder das Ziel einer Etappe zu beherbergen, zu zahlen bereit waren, spielten dabei eine wesentliche Rolle. Zum Glück gab es seit der Einführung der Fernsehreportagen viele Touristenorte, die mit Vergnügen eine ordentliche Geldsumme bereitstellten, um die Tour empfangen zu dürfen. Dies galt vor allem für die neu angelegten Wintersportressorts, wo im Sommer die Hotels sowieso halbleer standen. Oft lagen sie oben auf einem Berg, was meist für ein äußerst spannendes Fernsehspektakel sorgte und zu hohen Einschaltquoten führte.

Trotzdem war eine solch glückliche Kombination von sportlichen und kommerziellen Interessen für die Tour-Direktion aber kein Muss, solange nur das Geld stimmte. Als die bretonischen Gemüsezüchter und -exporteure im Jahr 1974 rund 1,8 Millionen Franc überwiesen, bekamen sie dafür einen Prolog, zwei Etappen in der Bretagne und zusätzlich noch eine Etappe in England, die ausschließlich deshalb eingeschoben wurde, um die Eröffnung des Fährdienstes zwischen Roscoff und Plymouth publik zu machen. Durch die Bootsfahrt auf die Insel und die Flugreise zurück waren die Rennfahrer so müde geworden, dass nicht nur die Etappen in der Bretagne, sondern auch die Etappen danach in sportlicher Hinsicht vollkommen uninteressant waren. Als 1981 drei belgische Städte bereit waren, einen üppigen Betrag auf den Tisch zu blättern, meldete sich zwischen Brüssel und dem südlichen Elsass keine einzige Stadt, die mehr Geld bot. Dies bedeutete letztlich, dass die Rennfahrer drei Etappen in Belgien bestreiten mussten, um anschließend das Flugzeug nach Mulhouse zu nehmen – mit Ausnahme der Gebrüder Planckaert, die Flugangst hatten und deshalb gut sechs Stunden im Auto sitzen mussten. Auch die Veranstalter der anderen Rennen waren andauernd auf der Suche nach der lukrativsten, nicht nach der attraktivsten Strecke. So folgte die Lombardei-Rundfahrt ab dem Moment, in dem Mailand mehr Geld für die Ankunft bot als Como, jahrelang einem Streckenverlauf, der ein langweiliges Finale fast unvermeidlich machte.

Städte, die eine Ankunft oder den Start einer Etappe erleben wollten, waren nicht die einzigen Einnahmequellen für die Tour. So mussten auch alle Mannschaften, die sich anmeldeten, eine erkleckliche Summe zahlen. Die Zahl der Teams, die dazu bereit waren, nahm jedoch im Laufe der Jahre allmählich ab. Der Tiefpunkt wurde 1977 erreicht, als nur noch zehn Teams an den Start gingen. Der wichtigste finanzielle Beitrag stammte natürlich von Sponsoren. Diese bezahlten für einen Platz in der Werbekarawane und für das Recht, überall, wo es möglich war, ihren Firmennamen zu platzieren: auf Autos, Bannern, Flaggen, Schildern, Trinkflaschen, Rückennummern, Trikots, Mützen, Socken, Schuhen, Blumensträußen und allen anderen Gegenständen, die ins Bild kamen. In den sechziger und siebziger Jahren ging es dabei nicht um riesige Beträge. Es gab kaum Unternehmen, die dazu bereit waren, große Summen zu überweisen, und die Tour-Direktion musste sich jedes Jahr erneut anstrengen, um genügend Geld zusammenzukriegen. Dies war auch der Grund, weshalb die Organisatoren strikt darauf achteten, dass jeder Cent, der für Werbung ausgegeben wurde, in ihre eigene Kasse floss. So erblickte Félix Lévitan in den Groenoordhallen in Leiden, wo der Prolog der Tour von 1978 starten sollte, Werbeschilder von Firmen, die zwar Geld an die lokalen Organisatoren, nicht jedoch an die Tour-Direktion gezahlt hatten. Sofort ordnete er an, dass der Prolog »neutralisiert« wird: Die Rennfahrer sollten die Strecke zwar zurücklegen, doch würden ihre Zeiten in der Gesamtwertung nicht mitgerechnet. Lévitan hatte das Glück, dass es an diesem Tag geregnet hatte, wodurch er seine Entscheidung unverhofft in eine sportliche Terminologie übersetzen konnte: Die Strecke sei zu gefährlich, um in vollem Tempo gefahren zu werden. Besonders glaubwürdig klang das nicht. Schließlich wurden die Rennfahrer auch bei Nebel oder Gewitter in die Berge der Alpen und Pyrenäen geschickt. Doch aller Protest war vergeblich. Die Folge war, dass der Prologsieger Jan Raas zu seinem großen Zorn kein Gelbes Trikot bekam. Wenn ein großer Champion zusätzlich gereizt wird, ist er zu vielem in der Lage: Am nächsten Tag in Sint-Willebrord gewann Raas erneut und eroberte damit auch offiziell den ersten Platz in der Gesamtwertung. Um seine Rache komplett zu machen, lehnte er anschließend das Gelbe Trikot, das ihm gereicht wurde, ab. Eine Geste, die Henri Pélissier gewiss Vergnügen bereitet hätte.

Der Zwischenfall in Leiden ist vielleicht der einzige Fall, bei dem die Aufschriften von Werbeschildern und Bannern Einfluss auf den sportlichen Verlauf des Rennens hatten. Beim Sponsoring der vielen Sonderwertungen, die in die Tour und in andere große Rundfahrten aufgenommen wurden, ist das anders. Bei der Frankreich-Rundfahrt begann dies auf ganz bescheidene Weise mit einem Bergpreis, der 1908 zum ersten Mal von den Firmen Labor und Hutchinson ausgelobt wurde und seit 1933 ein fester Bestandteil des Rennens ist. Später kam noch eine Mannschaftswertung hinzu, ab 1953 eine Punktewertung. Dabei blieb es nicht. Die Fantasie der Sponsoren war so unerschöpflich, dass die Tour um die Wertung für den besten Nachwuchsfahrer, die Zwischensprintwertung, die Teampunktewertung, die Kombinationswertung, die Anwesenheitswertung, den Preis für den Fahrer, der den größten Sprung in der Gesamtwertung gemacht hat, für den besten Mannschaftskameraden, für den liebenswertesten, den unglücklichsten, den freundlichsten, den elegantesten Fahrer und so weiter bereichert wurde. Die meisten dieser Preise hatten kaum irgendeinen sportlichen Wert, waren jedoch trotzdem sehr begehrt, weil sie für Geld und Publizität sorgten. Dies galt vor allem für die Wertungen, die am Ende jeder Etappe eine Ehrung auf dem Podium einbrachten.

Regisseure und Kameramänner vom Fernsehen bekamen von den staatlichen Stellen signalisiert, dass das Filmen von Markennamen nur dann erlaubt ist, wenn diese Teil der »Aktion« sind, die in dem betreffenden Moment stattfindet. Der Begriff »Aktion« ist natürlich ziemlich vage, und die Tour-Direktion und die Fernsehregisseure waren bereit, ihn möglichst weit zu fassen. Eine Firma, die das Sponsoring für eine Sonderwertung übernahm, konnte auch immer damit rechnen, dass die Überreichung eines der dazugehörenden Trikots von den Fernsehregisseuren zur »Aktion« erklärt wurde. Das hatte zur Folge, dass jede Reportage von einer Zielankunft mit ellenlangen Ehrungen diverser Fahrer endete, die meist allesamt nicht wussten, wie sie sich vor der Kamera verhalten sollten. Derartige Bilder führten nicht nur dazu, dass der Schluss der Tour-Übertragungen ungenießbar wurde, sondern hatten indirekt auch einen negativen Einfluss auf die Lebendigkeit des Rennverlaufs. Denn weil der Werbewert der Sonderwertungen durch die Aufmerksamkeit des Fernsehens groß war, gab es immer Mannschaften, die etwas zu verteidigen hatten und denen deshalb mit einem Rennen geholfen war, in dem möglichst wenig passierte.

Es versteht sich von selbst, dass all diese Entwicklungen, so notwendig sie auch für das Fortbestehen der Tour waren, nicht mit allgemeiner Begeisterung aufgenommen wurden. Als die neue sozialistische Sportministerin Edwige Avice im Jahr 1981 die letzte Etappe mit Ankunft auf den Champs-Élysées im Wagen von Jacques Goddet verfolgte, erklärte sie hinterher, dass sie »geschockt« sei von dem aggressiv-kommerziellen Charakter der Tour. Ihr zufolge war das Peloton kaum mehr als eine »zweite Werbekarawane«. Sie störte sich vor allem an den vielen Aufschriften, die das Gelbe Trikot von Hinault und dessen Material trugen. Die Ministerin hatte sie nicht gezählt, doch es waren zweiundzwanzig, und sie stammten von sieben verschiedenen Firmen. Das waren anderthalb Mal so viele wie noch bei Merckx zehn Jahre zuvor und das Dreifache der Anzahl von Markennamen, die zwanzig Jahre zuvor auf dem Fahrrad und der Kleidung von Anquetil zu sehen waren.

Félix Lévitan, der Kopf der Tour in allen finanziellen Fragen, nahm die Kritik der Ministerin zur Kenntnis. Letztendlich konnte er jedoch wenig daran ändern. Um das prekäre Budget seiner Rundfahrt aufzubessern, war er auf jeden Franc angewiesen. Erst als die Sponsoren bereit waren, Millionen für ihre Anwesenheit bei der Tour zu bezahlen, konnte die Direktion es sich erlauben, all diese Fantasiewertungen wieder aufzuheben. Das heißt nicht, dass Lévitan nicht auch nach anderen Lösungen suchte. Durch die Art und Weise, wie er dazu imstande war, potenziellen Sponsoren und anderen Finanziers den letzten Franc aus der Tasche zu ziehen, wurde er oft als »geldgeil« beschimpft. Trotzdem verfügte er über erheblich mehr Qualitäten. So gibt es nur wenige Personen, die seit dem Krieg so viel zur Entwicklung des Radsports beigetragen haben wie er. Außerdem war Lévitan womöglich der Erste, der sich schon in den blühenden fünfziger Jahren über die Zukunft der Frankreich-Rundfahrt Sorgen gemacht hatte. Denn obwohl diese auch damals schon als eine der größten Sportveranstaltungen der Welt galt, war ihre Basis sehr klein, vor allem wenn man sie mit den Olympischen Spielen und der Fußballweltmeisterschaft verglich. Der Straßenradsport beschränkte sich in jener Zeit eigentlich auf einen kleinen Teil von Westeuropa: Frankreich, Italien, Belgien, Spanien, die Niederlande, die Schweiz und Luxemburg. In allen anderen Ländern wurde der Radsport nur auf Amateurbasis ausgeübt.

Dies war eine Situation, mit der sich Lévitan nicht zufrieden geben wollte. Schon in einem sehr frühen Stadium spielte er mit dem Gedanken, die Tour auch für Amateure zu öffnen. Er wusste natürlich, dass dies kurzfristig nicht realisierbar war, und schuf deshalb im Jahr 1961 quasi als Übergangsphase ein Etappenrennen, das während der Tour ausgefahren wurde und teilweise demselben Streckenverlauf folgte: die Tour de l'Avenir, die Rundfahrt der Zukunft. Schon im ersten Jahr gelang es ihm, Rennfahrer aus Ländern an den Start zu bekommen, die noch nie bei der Tour vertreten gewesen waren, wie Polen, Jugoslawien, Schweden, Norwegen, Dänemark, Finnland oder Uruguay. Nach sechs Ausgaben fand Lévitan, dass die Übergangszeit lange genug gedauert habe, und Ende 1966 kündigte er an, dass die kommende Tour de France allen Kategorien offen stehen solle. Doch dieser Plan stieß auf so viel Widerstand – der französische Radprofiverband, angeführt von Anquetil, drohte sogar mit einem Boykott –, dass die Direktoren der Tour vorläufig von seiner Verwirklichung absehen mussten.

Lévitan wurde bei seinen Versuchen, die Tour in eine weltumspannende Veranstaltung zu verwandeln, natürlich nicht nur von idealistischen Motiven geleitet. Er betrachtete es vor allem als ein Mittel, um bei multinationalen Sponsoren mehr Interesse zu wecken. Es versteht sich deshalb von selbst, dass Lévitan den beiden Ländern, die in der westlichen Welt auf wirtschaftlichem Gebiet den Ton angaben, den Vereinigten Staaten und Japan, sehr viel Aufmerksamkeit schenkte. Es war für ihn ein enormer persönlicher Erfolg, dass im Jahr 1978 zum ersten Mal eine amerikanische Mannschaft an der Tour de l'Avenir teilnahm.

Die Japaner ließen länger auf sich warten, weil der Radsport in ihrem Land durch die Spezialisten des Keirin monopolisiert wird, eine Form des Bahnrennens, die ihre Hauptanziehungskraft dem Umstand verdankt, dass hohe Wetten darauf abgegeben werden können. Trotzdem ging im Jahr 1983 auch eine Mannschaft japanischer Straßenfahrer an den Start. Und zwei von ihnen, Takahashi und Mori, die von den Organisatoren wie Babys verhätschelt wurden, gelang es sogar allen Unkenrufen zum Trotz, das Ziel in Paris zu erreichen.

Weil der Radrennsport zudem in vielen Ländern nahezu ausschließlich von Frauen auf international konkurrenzfähigem Niveau betrieben wurde, schuf Lévitan im Jahr 1984 auch eine Tour Féminin, an der ein amerikanisches, ein englisches, ein kanadisches, ein niederländisches und zwei französische Teams teilnahmen. Er hatte gehofft, auch ein Team aus China – dem größten Fahrradproduzenten der Welt – an den Start zu bekommen, doch dies gelang erst im Jahr 1985. Natürlich war auch diese Initiative alles andere als uneigennützig, aber trotzdem sorgte sie dafür, dass der Frauenradsport enorme Impulse erhielt, nun, da er von dem Prestige der berühmten Tour de France profitieren konnte. Die Gewinnerinnen des Gelben und des Grünen Trikots, die Amerikanerin Marianne Martin und die Niederländerin Mieke Havik, standen auf den Champs-Élysées auf demselben Podest wie Fignon, Hinault und LeMond und erhielten auf diese Weise unendlich viel mehr Publizität, als ihren Vorgängerinnen jemals zuteil geworden war.

Lévitans Pläne für »offene« Rennen wurden in den siebziger Jahren von den Direktionen kleinerer Rundfahrten übernommen, die auf diese Weise ihre Rennen interessanter machen wollten. Der Erste, der Amateure bei seinem Rennen zuließ, war Jean Leulliot, ehemaliger Journalist von *L'Auto* und Organisator von Paris–Nizza. Große Erfolge erzielten sie in dem ersten Jahr, 1974, nicht. Denn die Amateure stießen auf die systematische Opposition der Profis, die sich durch ihre Teilnahme um

Lohn und Brot gebracht sahen. Als es einem dieser Neulinge zum Beispiel gelang, zu einer Spitzengruppe aufzuschließen, weigerten sich die Berufsrennfahrer, die dazu gehörten, ab diesem Moment noch an der Flucht mitzuarbeiten, sodass das Peloton die Ausreißer locker wieder einfangen konnte. Nur beim Zeitfahren waren die Profis machtlos, und es ist deshalb kein Zufall, dass die Amateure ausgerechnet darin ihre besten Platzierungen erzielten. Angesichts der Erfahrungen bei Paris–Nizza war es kein Wunder, dass die meisten Verbände keine große Lust verspürten, ihre Fahrer der Tour de France auszusetzen. Es dauerte denn auch bis 1983, bis es Felix Lévitan gelang, zum ersten Mal eine Amateurmannschaft an den Start zu bekommen. Diese stammte aus Kolumbien, einem Land, in dem der Radsport schon seit vielen Jahren unglaublich populär ist. In Ermangelung einer eigenen Fahrradindustrie, die es sich leisten könnte, Rennfahrer zu einem festen Gehalt einzustellen, hat sich der Professionalismus dort erst sehr spät entwickelt; doch die Preisgelder, die ein Amateur in Kolumbien verdienen konnte, waren so hoch, dass der Olympiasieger von 1948, José Beyaert (»der Franzose« in Garcia Marquez' *Obra periodística 2: Entre cachacos*), der nach seiner misslungenen Profikarriere in Frankreich für ein paar Rennen unter Vertrag genommen wurde, beschloss, sich dort dauerhaft niederzulassen. Weil die meisten großen Städte wie Bogotá, Medellín und Cali hoch in den Bergen liegen, musste bei den kolumbianischen Rennen immer viel geklettert werden, über Passstraßen, die schier unendlich schienen (der Anstieg zum Paso de Las Minas zwischen Cali und Medellín ist 45 Kilometer lang). Die Passstraßen wurden in erster Linie für den Güterverkehr angelegt. Sie sind deshalb nicht sehr steil und enthalten keine Haarnadelkurven. Jemand, der in Kolumbien ein großer Rennfahrer werden wollte, musste auch ein formidabler Kletterer sein; Virtuosität im Flachen war nicht erforderlich, ebenso wenig wie große Ausdauer, weil die Rennen selten über mehr als 160 Kilometer führten.

Die kolumbianischen Rennfahrer, die an der Tour teilnahmen, entsprachen deshalb einem ganz anderen Typ als ihre europäischen Kollegen. Das Zusammentreffen dieser beiden Radsportkulturen führte dazu, dass die Kolumbianer bei den flachen Etappen hilflos hinten im Peloton mitfuhren und oft im Finale, wenn das Tempo stieg, abgehängt wurden. Bei der Etappe über die vier klassischen Pyrenäenpässe zeigten sie aber, dass doch mit ihnen zu rechnen war. Die etablierten europäischen Kletterer Zoetemelk und Van Impe waren es gewohnt, ihre Attacke so lange wie möglich hinauszuschieben, die Kolumbianer Jimenez und Corredor indes unternahmen schon am ersten Berg des Tages einen fulminanten Angriff, wodurch die Etappe einen ganz anderen Verlauf nahm, als es sonst der Fall gewesen wäre. Am Ende der zweihundert Kilometer langen Etappe wurden die Kolumbianer schwächer, doch durch ihre Aktion hatten sie einer neuen Generation von Fahrern, die an diesem Tag ihren Durchbruch erlebten, den Weg geebnet: Robert Millar, Pedro Delgado, Pascal Simon und Laurent Fignon.

1984 brachten die Kolumbianer ihren Superkletterer Lucho Herrera an den Start, der in jenem Jahr die kurze Etappe nach L'Alpe d'Huez gewann. Viele betrachteten ihn als einen potenziellen Tour-Sieger, und Herrera tat denn auch sein Bestes, um sich an die europäischen Radrennen anzupassen und ein kompletter Rennfahrer zu werden. Ebenso wie im Fall von René Vietto gingen seine Fortschritte bei den flachen Etappen und beim Zeitfahren leider zu Lasten seiner Kletterfähigkeiten.

Die Teilnahme der Kolumbianer bedeutete für den Profiradsport eine Bereicherung und trug der Tour außerdem einen wichtigen Finanzier ein: die Marke Café de Colombia, die nicht nur ein Radsportteam, sondern außerdem auch die Bergwertung sponserte. Trotzdem versuchte Félix Lévitan weiterhin aktiv, auch eine amerikanische Mannschaft zur Tour zu locken. Dies gelang im Jahr 1986, als das Team 7-Eleven zum

Mitte der 1980er Jahre bereicherte das ferne Kolumbien die Tour de France um wichtige Akteure: Café de Colombia trat als Team- und Wertungssponsor in Erscheinung, »Luchu« Herrera, hier auf dem Weg zu seinem Etappensieg in L'Alpe d'Huez, als mehrfacher Bergkönig.

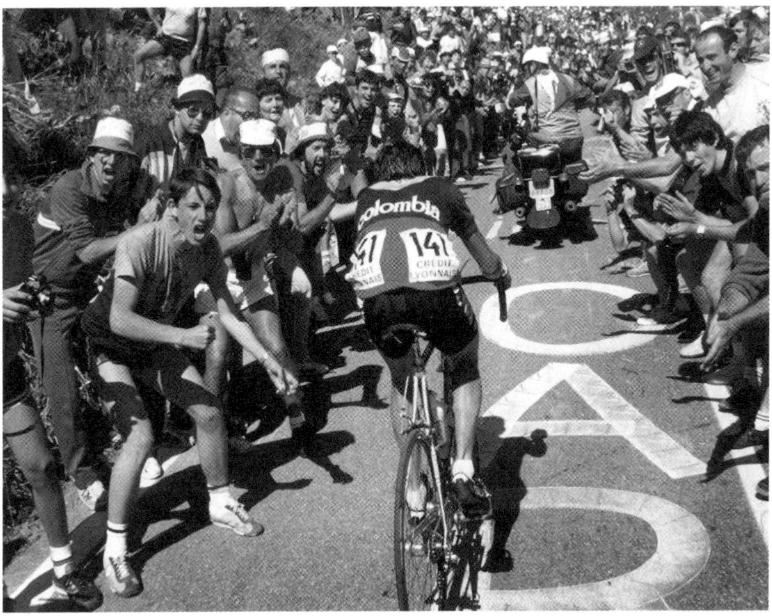

ersten Mal an den Start ging. Ebenso wie die Kolumbianer bewiesen die Amerikaner, dass sie über eine eigene Kultur verfügten, wenn auch auf einem anderen Gebiet: Zum großen Schrecken des Pelotons stellte sich heraus, dass 7-Eleven einen weiblichen Masseur mitgebracht hatte. Die Welt der europäischen Berufsrennfahrer war in jener Zeit noch eine reine Machogesellschaft, in der weibliche Elemente als Bedrohung betrachtet wurden und meist strikt Tabu waren. Dies war auch der Grund, weshalb der atavistische Aberglaube, dass Sex und sportliche Leistungen nicht zusammenpassen, unter Radrennfahrern so weit verbreitet war. Bezeichnenderweise galt dies nur zum Teil für die »Groupies« entlang der Strecke, die als »Kriegsbeute« betrachtet werden konnten.

Die Mitglieder des 7-Eleven-Teams waren aber nicht die ersten Amerikaner, die an der Tour teilnahmen. Schon zuvor hatte die gemeinsame Jagd der Sponsoren und Organisatoren auf die in wirtschaftlicher Hinsicht so interessanten US-Fahrer schon in reichem Maße Früchte getragen. So wurde die Weltmeisterschaft der Junioren 1979 auf sehr überzeugende Weise von einem gewissen Greg LeMond gewonnen. Weil der Radsport in den Vereinigten Staaten noch ein Schattendasein fristete, zog er noch im selben Jahr nach Frankreich, um sich auf eine mögliche Karriere als Berufsrennfahrer vorzubereiten. Von Beginn an wurde er von den Talent-Scouts aufmerksam beäugt, und im Jahr 1980 reiste der Sportdirektor des Renault-Teams, Cyrille Guimard, zusammen mit seinem Mannschaftskapitän Bernard Hinault nach Nevada, um LeMond einen Profivertrag vorzulegen. Im Jahr 1982 gewann der Amerikaner die Tour de l'Avenir, trotz der Konkurrenz einer starken russischen, einer ostdeutschen und einer kolumbianischen Mannschaft (mit Lucho Herrera). Ab diesem Moment war klar, dass er ein potenzieller Tour-Sieger war.

LeMond war nicht der einzige amerikanische Berufsrennfahrer im Peloton. Sein Landsmann Jonathan Boyer war 1980 ebenfalls Profi geworden. Das Interesse an ihm war jedoch viel geringer als an LeMond. Boyer war ein guter Rennfahrer, doch niemand traute ihm zu, einen wirklich großen Sieg erringen zu können. Trotzdem schien er während der Weltmeisterschaft von 1982 im englischen Goodwood plötzlich im Begriff zu sein, ein Star zu werden. Kurz vor der Ziellinie hatte er einige Dutzend Meter Vorsprung gewonnen. Der Augenblick war ideal, weil das Ziel so nah war, dass jeder, der die Jagd auf ihn eröffnete, die ganze Meute an den Fersen haben und seine eigenen Chancen auf den Titel verspielen würde. Plötzlich trat Greg LeMond mit aller Kraft an und sprintete seinem Landsmann hinterher – zur großen Freude von Giuseppe Saronni, der an LeMonds Hinterrad hing und so ideal lanciert wurde, um mit vielen Längen Vorsprung über die Ziellinie fahren zu können. Das war LeMond egal. Natürlich wäre er lieber selbst Weltmeister geworden, doch das Wichtigste war, dass er eine persönliche Katastrophe abgewendet hatte. Der Radrennsport war in den Vereinigten Staaten noch so unterentwickelt, dass es dort höchstens Platz für einen einzigen Star gab. LeMond wusste, dass er das Zeug dazu hatte, um diese Position für sich zu beanspruchen, doch nun drohte Boyer, seine schönen Zukunftsaussichten zu stören. Wenn Boyer Weltmeister geworden wäre, hätte sich die ganze Aufmerksamkeit der amerikanischen Sponsoren auf ihn gerichtet. Dies musste natürlich um jeden Preis verhindert werden. Boyer gehörte zwar zum selben Team wie er, doch daran war nichts zu ändern. Journalisten, die ihn fragten, weshalb er gegen seinen Mannschaftskameraden gefahren war, erzählte LeMond:

> Ich dachte nicht, dass er gewinnen könnte, und ich wollte auch nicht, dass er gewann. Er ist einfach nicht mein Freund. Ich fand, dass jemand wie er nicht Weltmeister werden sollte. Boyer wusste schon beim Start, dass wir keine Freunde waren und dass wir beide für uns selbst fuhren. Ich trug das amerikanische Tri-

> kot, doch es gab eigentlich kein amerikanisches Team, und ich war gewiss kein Mitglied dieses Teams. Ich habe meine Reise nach England, meine Hotelrechnungen und alles selbst bezahlt. Wenn ich für ein Team fuhr, dann war das für Renault.

Rennfahrer, die ihre eigenen Mannschaftskameraden verraten, werden von ihren Kollegen meistens mit schiefem Auge angesehen. Doch LeMond wusste, dass er in diesem Fall keine Angst davor zu haben brauchte. Boyer hatte sehr wenige Freunde im Peloton. Er war ein Gesundheitsfanatiker, und weil er als Amerikaner nicht die Etikette der europäischen Radrennfahrer kannte, hatte er in Interviews mehrere Male mit Abscheu über das Doping seiner Kollegen gesprochen. Das wurde ihm nicht verziehen, und weil jemand, der sich so skandalös verhält, bestimmt zu allem fähig ist, wurde Boyer allgemein der schwersten Verbrechen verdächtigt. Als Pascal Simon sich bei der Tour de France 1983 bei einem Sturz das Schlüsselbein brach und damit seine guten Chancen auf den Gesamtsieg verspielte, glaubten viele Rennfahrer zu erkennen, dass Boyer dabei seine unheilvolle Hand im Spiel hatte. Niemand nahm es LeMond übel, dass er seinen Landsmann um den Weltmeistertitel brachte – und diesen ein Jahr später selbst errang. Von diesem Augenblick an stand fest, dass es keinen anderen Radrennfahrer gab, der über so viele kommerzielle Möglichkeiten verfügte wie LeMond. Renault erhöhte sein Gehalt auf 200.000 Dollar pro Jahr, das Zweifache von dem, was Tour-Sieger Laurent Fignon verdiente. Trotzdem war es unvermeidlich, dass er früher oder später in den Dienst einer anderen Firma wechseln würde, weil die Renault-Fabriken nur relativ wenig Interesse am amerikanischen Markt hatten. Zwar versicherte LeMond noch während der Tour von 1984, bei der er Dritter wurde, dass er nicht daran denke, das Team zu wechseln, doch trat er sofort nach dem Ende der Rundfahrt in Verhandlung mit Bernard Tapie, dem Direktor von La Vie Claire, Look, Mic-Mac und vielen anderen Firmen. Tapie hatte ein Vermögen verdient, indem er bankrotte Betriebe aufkaufte und sie durch einen Austausch des Managements und neue Investitionen in gewinnbringende Unternehmen verwandelte. Dieselbe Formel wandte er nun auch im Radsport an. Er formierte 1984 ein Team um Bernard Hinault herum, der sich einer schweren Knieoperation unterzogen hatte und den Ärzten zufolge nur eine fünfzigprozentige Chance hatte, wieder sein früheres Niveau zu erreichen. Auch diesmal bewies Tapie, dass er über einen guten Geschäftssinn verfügte. Hinault gelang es nicht, die Tour zu gewinnen, wurde jedoch durch seine angriffslustige Art zu fahren beliebter als je zuvor. Dies führte dazu, dass Tapie schon allein mit dem Verkauf der von Mic-Mac hergestellten Trikots in Mondriaan-Optik, die anfangs das Gespött des ganzen Pelotons waren, die Summe seiner Investitionen mehr als wieder hereinholte.

Tapie konzentrierte seine kommerziellen Aktivitäten anfangs größtenteils auf Frankreich. Als der Jahresumsatz seines Imperiums im Jahr 1984 auf fast eine Milliarde Mark gestiegen war, fand er, dass die Zeit reif war, um neue Märkte zu erschließen, besonders in den Vereinigten Staaten. Mit Blick darauf wollte er LeMond um jeden Preis verpflichten. Viel Mühe kostete es ihn nicht: Er bot ihm schlichtweg ein Grundgehalt von einer Million Dollar an, das Fünffache des Betrages, den Renault bereit war zu zahlen. Damit wurde LeMond der mit Abstand bestbezahlte Rennfahrer der Welt. Tapie machte kein Hehl daraus, dass Greg diese privilegierte Stellung vor allem seiner Nationalität zu verdanken hatte. So erklärte er: »Wenn er kein Amerikaner gewesen wäre, hätte ich ihm eine Null weniger geboten.« Um seinem Team einen möglichst internationalen Charakter zu geben, nahm Tapie neben LeMond, Hinault und einer Reihe französischer Rennfahrer mit Andy Hampsten noch einen zweiten Amerikaner, dazu die Schweizer Niki Rüttimann und Guido Winterberg, den Kanadier Steve Bauer und den Dänen Kim Andersen unter Vertrag.

Bei der Tour de France 1985 startete Hinault als Mannschaftskapitän des La-Vie-Claire-Teams, mit LeMond als seinem Edelhelfer. Weil Hinault dank seiner fantastischen Siegesliste in der Rennfahrerhierarchie einen höheren Rang als sein Mannschaftskamerad einnahm, war dies die einzig mögliche Rollenverteilung. Sogar Bernard Tapie musste sich damit abfinden, auch wenn er tief in seinem Herzen auf den publizistisch viel interessanteren Sieg seines amerikanischen Stars hoffte. Maurice Le Guilloux, damals Assistent der sportlichen Leitung, erzählte später, dass Tapie es nicht lassen konnte, LeMond fortwährend zu einer offensiven Fahrweise anzuspornen. Als der Amerikaner dem in den Pyrenäen tatsächlich Folge leistete und eine reelle Chance zu haben schien, die Tour zu gewinnen, gab Tapie, der sich keinen Konflikt mit dem beliebten Hinault erlauben konnte, ihm dann doch das Signal, sich zurückzuhalten. LeMond war ratlos und fühlte sich um den Sieg gebracht. Doch er gehorchte und fuhr weiter treu im Dienste seines Mannschaftskapitäns, der als Sieger in Paris ankam.

Tapie zufolge war Hinault damit hinreichend zum Zuge gekommen, und weil Geschäft nun einmal Geschäft ist, würde er im nächsten Jahr seinem amerikanischen Mannschaftskameraden Platz machen müssen. Hinault wusste, mit welch großer Mühe er seinen fünften Tour-Sieg errungen hatte, und war einverstanden. Nach der Ankunft in Paris gelobte er auch feierlich, im nächsten Jahr alles dafür zu tun, um dem Amerikaner zum Sieg zu verhelfen.

Bei der Tour von 1986 ging LeMond, so wie verabredet, als Mannschaftskapitän des La-Vie-Claire-Teams an den Start. Hinault bekam die sympathische Rolle des Stars, der seinem jungen Mannschaftskameraden zum Sieg verhilft, zugeteilt. Damit hatten Bartali und Poulidor seinerzeit eine enorme Popularität erlangt, doch sie hatten ihre Rolle nur deshalb mit so viel Überzeugung spielen können, weil sie selbst ehedem chancenlos waren. Hinault aber merkte auf den ersten Etappen, dass er viel besser in Form war, als er erwartet hatte. Und weil er den

Egoismus und den Ehrgeiz eines großen Champions besaß, setzte er von diesem Moment an alles daran, sich von seinem Versprechen zu befreien.

Bei der ersten Pyrenäenetappe entfachte er einen heftigen Angriff, der ihm das Gelbe Trikot bescherte. LeMond, der so naiv gewesen war zu glauben, dass Hinault Wort halten würde, hatte sich darauf beschränkt, die anderen Team-Kapitäne zu beschatten, und auf diese Weise fünfeinhalb Minuten verloren. Das war viel, doch Hinault wusste, wie stark sein Mannschaftskamerad war, und war sich seiner Sache alles andere als sicher. Deshalb ging er am nächsten Tag erneut in die Offensive. Er war kein Jonathan Boyer und wusste, dass LeMond es sich nicht erlauben konnte, seine Verfolgung aufzunehmen. Doch diesmal hatte er seine Kräfte überschätzt; er brach spektakulär ein und verlor fast fünf Minuten auf LeMond, der die Etappe gewann. Drei Etappen später ging Hinault erneut zum Angriff über.

LeMond begriff allmählich, was sein Mannschaftskamerad vorhatte, und beschwerte sich darüber ausführlich bei den Journalisten. Damit brach LeMond die Schweigepflicht des Pelotons, und der größte Teil des La-Vie-Claire-Teams wandte sich so heftig gegen ihn, dass er an jenem Abend alleine auf seinem Zimmer speisen musste. Einen Tag später eroberte er das Gelbe Trikot, doch während der darauffolgenden Etappe musste er erneut einen Angriff von Hinault ertragen. Er konnte ihn parieren, und am Fuße des Schlussanstiegs nach L'Alpe d'Huez hatten beide Mannschaftskameraden viereinhalb Minuten Vorsprung auf ihre Verfolger. LeMond vertraute Hinault aus gutem Grund nicht im Geringsten und wollte ihm davonfahren. Tapie schob dem höchstpersönlich einen Riegel vor. Mit seinem Gejammer in der Presse hatte LeMond schon genug Schaden angerichtet. Um alles Gerede über die Uneinigkeit innerhalb des La-Vie-Claire-Teams verstummen zu lassen, erteilte er LeMond den Auftrag, bei Hinault zu bleiben und mit ihm Hand in Hand die Ziellinie zu überqueren. LeMond gehorchte und blieb während des kompletten Anstiegs hinter Hinault, der das Tempo vorgab.

Auf dem Gipfel gaben beide Rennfahrer ihr Bestes, um etwas Schönes daraus zu machen. LeMond legte seine Hand auf Hinaults Schultern, den er wohl am liebsten in der Luft zerrissen hätte. Hinault, der wahrscheinlich im Stillen dafür gebetet hatte, dass LeMond genau wie Bartali bei der Etappe nach Aosta während der Tour von 1949 einen Platten bekam, packte mit einer Siegesgeste den Arm seines Mannschaftskameraden und ließ ihn genau rechtzeitig los, um als Erster die Ziellinie zu überqueren. Fernsehbilder zeigten, dass sie in einem bestimmten Moment sogar miteinander sprachen, etwas, was sie schon seit Tagen nicht mehr getan hatten. Es bedarf im Radsport nur wenig, um Reporter ins Delirium zu bringen. Das Schauspiel der beiden Herren in Diensten von La Vie Claire wurde denn auch zum bewegendsten Sportereignis des Jahres 1986 erklärt. So waren im niederländischen Fernsehen aus dem Munde von Mart Smeets die folgenden ekstatischen Worte zu vernehmen:

> Was für eine Geste! Was für eine Geste! Fantastisch! Fantastisch war das! LeMond, der den Arm über diese Schulter legt! Dieses Lachen! Ooooh, wie ist das schön! Wie schön Sport doch sein kann! Ooooh! Wie prächtig das ist! Wie fantastisch ist es, dies zu sehen! Ooooh! Was für eine Größe! Wie fantastisch!

Trotz der brüderlichen Liebe, die dort augenscheinlich zwischen den beiden Fahrern von La Vie Claire herrschte, erklärte Hinault hinterher, dass er alles dafür tun würde, um LeMond das Gelbe Trikot abzujagen. Vor dem Start des entscheidenden Zeitfahrens zischte er seinem Mannschaftskameraden noch zu: »Ich kriege dich schon!« Trotz dieser Einschüchterungsversuche behielt LeMond das Gelbe Trikot bis Paris.

Oh, wie ist das schön: Es war eine vom Sponsor Bernard Tapie verordnete Geste, die so manchen TV-Kommentator in Jubelarien ausbrechen ließ. 1986 reichten sich die teaminternen Rivalen LeMond und Hinault auf der Zielgerade in L'Alpe d'Huez die Hände.

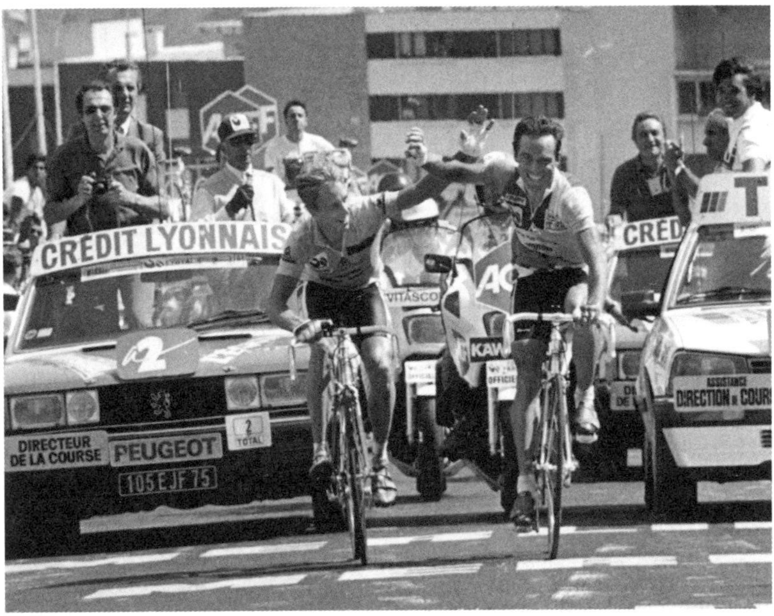

Selbst dort fand sich Hinault noch nicht mit seiner Niederlage ab. Er behauptete knallhart, dass er die Tour ohne sein Versprechen gegenüber LeMond leicht selbst hätte gewinnen können. Er gab zu, dass es tatsächlich einige Missverständnisse über seine Art zu fahren gegeben habe. Doch das sei alles nur geschehen, weil nicht jeder begriffen habe, dass er seinem Mannschaftskameraden ein noch viel wertvolleres Geschenk als einen simplen Tour-Sieg habe machen wollen. Durch seinen scheinbaren Widerstand habe er LeMond nämlich auch »Charakter« beibringen wollen:

> Dank mir ist Greg ein sehr guter Rennfahrer geworden. Er wird von dem psychologischen Krieg, den ich gegen ihn geführt habe, später noch stark profitieren. Von nun an ist er dazu in der Lage, die schwersten Rennen zu gewinnen. Ich habe ihm viel beigebracht. In Zukunft kann er sich auf jedem Terrain zur Wehr setzen, und das hat er zum Teil mir zu verdanken. Ich bereue nicht, was ich getan habe, denn es war alles nur zu seinem Besten.

In Frankreich wurden die Märchen von Hinault für das Evangelium gehalten, und Jacques Goddet schrieb sogar, dass eigentlich zwei Gelbe Trikots hätten verliehen werden müssen. In den Vereinigten Staaten hatte man nur Augen für den Sieg eines Landsmannes. Die amerikanischen Fernsehsender duellierten sich um die Rechte für die Übertragung der Schlussetappe, und LeMond wurde nach dem Ende der Tour von Ronald Reagan im Weißen Haus empfangen.

LeMond konnte seinen Sieg nur teilweise zu Geld machen, weil er durch einen furchtbaren Jagdunfall zwei Jahre verlor. Seine Genesung schritt so langsam voran, dass zur Hälfte der Saison 1989 fast niemand mehr an sein Comeback glaubte. Hinault konnte in seinen Memoiren denn auch frech schreiben, dass LeMond erst noch zeigen müsse, was er ohne sein Zutun wert ist. Was er nicht vorhersehen konnte, war, dass sein früherer Mannschaftskamerad noch in derselben Saison sowohl die Tour als auch die Weltmeisterschaft gewinnen würde. Etwas, was Hinault selbst nie gelungen war.

Kapitel X

DAS GROSSE GELD

Als Joop Zoetemelk Ende 1985 während des Sechstagerennens von Paris hörte, dass er den Preis für die beachtlichste Leistung der Saison gewonnen hatte und dafür einen Scheck im Wert von fünfzigtausend Gulden erhalten sollte, fragte er mit ungläubiger Miene, ob er richtig verstanden habe: »Fünfzigtausend Gulden?«

Ein derartiger Betrag, umgerechnet knapp 45.000 D-Mark, wäre noch kurz zuvor tatsächlich undenkbar gewesen. So bekam Sean Kelly 1984 als Sieger der Super Prestige Pernod, einer Wertung, die alle wichtigen Rennen der Saison umfasste, gerade mal 13.500 Mark. Sein Sieg bei dem wichtigsten Klassiker des Jahres, bei Paris–Roubaix, brachte ihm sogar nicht mehr als 4.500 Mark ein.

Die Höhe der Prämie, die Zoetemelk für seine Leistung bei der Weltmeisterschaft erhielt, war ein deutlicher Hinweis, dass die Zeit des großen Geldes endlich auch im Radsport angebrochen war. Vor allem die Gehälter der Spitzenfahrer stiegen in rasantem Tempo. Im Jahr 1983 zahlte Renault einem Laurent Fignon selbst nach seinem Tour-Sieg nicht mal 20.000 Mark im Monat. Keine zehn Jahre später verdiente Indurain bereits ein Jahressalär von fast zwei Millionen Mark.

Ein wichtiger Aspekt dieser Entwicklung war, dass die Radprofis nicht nur viel mehr als vorher verdienen konnten, sondern auch, dass sich ihre Haupteinkommensquellen veränderten. Dies waren nicht mehr die Startgelder von Kriterien und Kirmesrennen, sondern die Gehälter und Boni, die sie von ihren Arbeitgebern und Sponsoren erhielten.

So blieb der rasante Anstieg der Fahrergehälter nicht ohne Folgen für die Stellung der Rennfahrer. Die Sponsoren zahlten viel Geld, damit Radprofis das Trikot ihrer Firma trugen, leiteten daraus jedoch das Recht ab, zu bestimmen, wann und wo Rad gefahren wurde. Für die Domestiken hatte das zur Konsequenz, dass die Mannschaftsdisziplin wesentlich strenger wurde; für die Mannschaftskapitäne, dass sie oftmals ein Programm abarbeiten mussten, das sich kaum mit einer perfekten Saisonplanung und einem idealtypischen Formaufbau vereinbaren ließ.

Die Hauptgründe für »außersportliche« Sponsoren, Geld in ein Radsportteam zu stecken, bestehen darin, ihr Firmenimage zu stärken oder die Vertrauenswürdigkeit ihres Markennamens zu mehren. In dieser Hinsicht konnte die Effektivität solcher Investitionen jedoch in raschem Tempo abnehmen. So stieg der Bekanntheitsgrad des Namens La Vie Claire, des Teams von Bernard Hinault und Greg LeMond, in Frankreich innerhalb von anderthalb Jahren von 18 auf 73 Prozent. Damit hatte Tapie sein Hauptziel erreicht; viel Raum für eine weitere Steigerung blieb nicht mehr. Nach drei Saisons rangierte er deshalb sein Radsportteam aus und konzentrierte sich fortan auf den Fußball. Lediglich über sein Sportartikelunternehmen Look, das als Co-Sponsor von Toshiba auftrat, blieb er noch in den Radsport involviert. Die meisten von Tapies Konkurrenten zogen sich weniger schnell zurück, doch in der Regel dauerten ihre Aktivitäten auch nicht länger als fünf oder sechs Jahre. So waren von den siebzehn Teams, die 1985 an der Tour teilgenommen hatten, im Jahr 1992 bereits fünfzehn wieder von der Bildfläche verschwunden. Die Fahrradhersteller, die früher als Sponsoren aufgetreten waren, blieben für gewöhnlich zig Jahre im Radsport präsent und waren deshalb oft dazu bereit, in die Zukunft zu investieren, zum Beispiel durch das Organisieren von Amateurrennen oder die Ausbildung von Juniorenfahrern. Es kam nur selten vor, dass außersportliche Marken denselben Weg einschlugen. Normalerweise versuchten sie lediglich, so schnell wie möglich Profit aus ihren Investitionen zu schlagen. Sie konnten es sich deshalb selten erlauben, eine Mannschaft langsam aufzubauen, was zur Folge hatte, dass an den jungen Rennfahrern oft Raubbau betrieben wurde. Coppi, Bobet, Anquetil, Merckx und Hinault haben es nur wenige Male auf sich genommen, nach einem kompletten Giro in der selben Saison auch noch an der Tour de France teilzunehmen, und keiner von ihnen war jünger als fünfundzwanzig Jahre, als er seinen ersten Doppelstart wagte. Weil Renault im Jahr 1984 eine großangelegte Werbekampagne in Italien startete und gleichzeitig den französischen Markt nicht vernachlässigen wollte, wurde Laurent Fignon schon mit dreiundzwanzig Jahren dazu gezwungen, beide Rundfahrten in sein Programm aufzunehmen. Er fuhr alle beide zu Ende, doch musste er sich ein paar Monate später wegen einer hartnäckigen Achillessehnenentzündung operieren lassen. Danach hat er nie wieder sein altes Niveau erreicht. Erik Breukink hatte mit fünfundzwanzig Jahren schon drei Mal den Giro und die Tour im selben Jahr fahren müssen, mit der Folge, dass er nie dazu in der Lage war, sein enormes Talent voll zu entfalten.

Bernard Tapie ist durch seine Bereitschaft, LeMond ein Gehalt von einer Million Dollar zu zahlen, einer der maßgeblichen Wegbereiter für den Einzug des »großen Geldes« in den Profiradsport gewesen, doch er hat diese Entwicklung gewiss nicht verursacht. Er war nämlich nicht der Einzige – und auch nicht der Erste –, der die publizistischen Möglichkeiten des Radsports in seiner neuen, weltumspannenden Gestalt richtig einzuschätzen wusste. Auch die Verbesserung von Merckx' Stundenweltrekord durch Francesco Moser im Januar 1984 war ein eindeutiger Hinweis darauf, dass die Sponsoren bereit waren, viel höhere Summen in den Radsport zu investieren als vorher.

Moser war 1983 zweiunddreißig Jahre alt und schien am Ende seiner Karriere angekommen zu sein. Die Berge des Giros waren in jenem Jahr eindeutig zu schwer für ihn gewesen, und es war ihm nicht gelungen, die Rundfahrt zu Ende zu fahren. Weil sein letzter großer Sieg außerdem schon drei Jahre zurücklag, wurde er von der Radsportpresse schon mehr oder weniger abgeschrieben. Trotzdem war er auf flachen Strecken noch immer bärenstark, obschon ihm das Klettern tatsächlich immer schwerer fiel. Weil er außerdem noch immer genauso ehrgeizig war wie zu Beginn seiner Karriere, hatte ein internationales Kartell, bestehend aus dem italienischen Pharmaproduzenten Also-Enervit, dem belgischen Backwarenunternehmen Lu und dem englischen Salzgebäckproduzenten Tuc, noch hinreichend Vertrauen in ihn, um ein kleines Vermögen in die Vorbereitung seines Rekordversuchs zu investieren.

Eddy Merckx hatte sich 1972 im Rahmen seiner finanziellen Möglichkeiten so gut wie nur irgend möglich auf seinen Rekordversuch vorbereitet. Trotzdem war er im Vergleich zu Moser äußerst primitiv vorgegangen. Der Italiener nämlich unterwarf sich drei Monate lang einem spartanischen Trainingsprogramm, welches von einem speziell zu diesem Zweck formierten Expertenteam entworfen worden war, das von den modernsten Methoden und den fortschrittlichsten auf dem Markt befindlichen Apparaturen Gebrauch machen konnte. Einer dieser Experten war Professor Conconi. Dieser entwickelte nicht nur einen Test, mit dem die anaerobe Schwelle eines Athleten relativ leicht ermittelt werden konnte: eine Entdeckung, die ein effektiveres Training ermöglichte. Vielmehr experimentierte er zusammen mit seinem Assistenten Michele Ferrari auch jahrelang mit neuen stimulierenden Mitteln wie etwa Transfusionen mit Eigenblut, das einige Monate zuvor eingefroren wurde. Auch dank derartiger Kunstgriffe – die in jener Zeit noch nicht verboten waren – erlangte Moser eine körperliche Verfassung, die es ihm nicht nur ermöglichte, zwei Mal den Stundenweltrekord zu verbessern, sondern ihm in der selben Saison außerdem Siege bei Mailand–Sanremo und dem Giro bescherte, bei Rennen also, die er zuvor nie hatte gewinnen können. Merckx hatte sich ebenfalls von einem Team von Ärzten begleiten lassen, doch seine Vorbereitung dauerte nur einige Wochen, und er musste diese außerdem ein paar Mal unterbrechen, um eine Reihe von Rennverträgen zu erfüllen.

Die unterschiedliche Vorgehensweise wurde auch deutlich anhand der Konstruktion des Materials, das beide Rennfahrer für ihre Rekordversuche verwendeten. Ernesto Colnago, der Merckx' Rennmaschine für den Stundenweltrekord entworfen hatte, war von der naheliegenden Idee ausgegangen, dass ein Rennfahrer schneller fährt, wenn er weniger Gewicht antreiben muss. Er hatte deshalb extraleichte Materialien verwendet, in die er außerdem möglichst viele Löcher hatte bohren lassen.

Mosers Konstrukteure brauchten sich nicht auf ihren gesunden Menschenverstand zu verlassen; stattdessen erhielten sie Verfügung über ein Labor, in dem sie systematische wissenschaftliche Forschung betreiben konnten. Dort machten sie die Entdeckung, dass Stabilität und Luftwiderstand bei einem Unterfangen wie dem Stundenweltrekord viel wichtigere Faktoren waren als das Gewicht. Das endgültige Modell (das zehnte, das gebaut und getestet worden war) war denn auch vier Kilogramm schwerer als das von Merckx und besaß eine vollkommen andere Gewichtsverteilung. Außerdem verfügte es über radikale Innovationen, zum Beispiel Scheibenräder von unterschiedlicher Größe und einen Ochsenkopflenker.

Bis 1984 hatten die Sponsoren sich nie sonderlich bemüht, ihre Rennfahrer mit Hilfe technischer Verbesserungen gegenüber ihren Konkurrenten zu bevorteilen. Im Jahr 1979 hatte Cyrille Guimard

Hightech-Material aus dem Windkanal und eine akribische Vorbereitung auf Basis ausgeklügelter sportmedizinischer Forschung: 1984 verbesserte Francesco Moser zwei Mal den Stundenweltrekord.

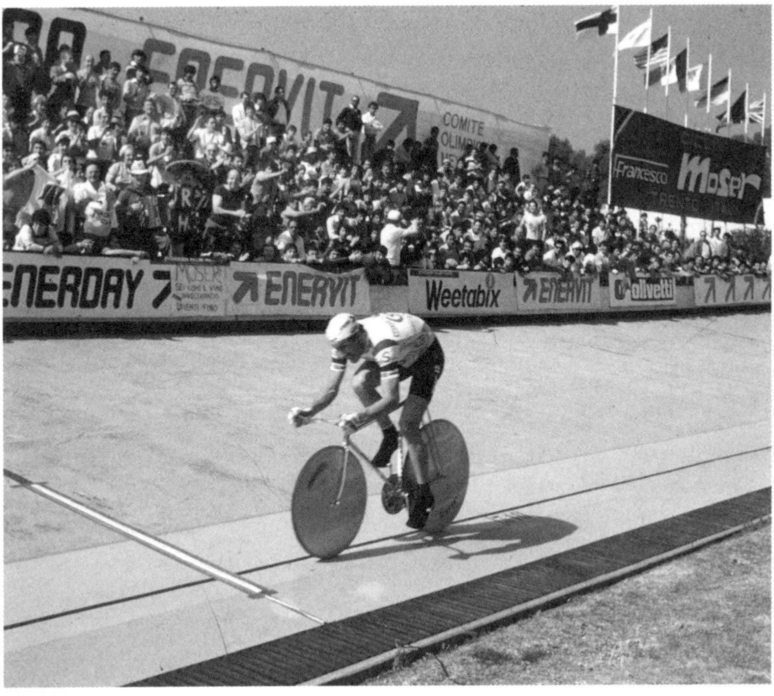

seine Mannschaft mit »Profilrennrädern« ausgerüstet, welche die Gitane-Fabrik dank der Windkanäle und der technischen Expertise des Co-Sponsors Renault hatte entwickeln können. Doch der Zeitgewinn, der sich damit erzielen ließ, war minimal. Mit Ausnahme jener Jahre, in denen das Schaltwerk eingeführt wurde, hatte es für die Rennfahrer nie viel ausgemacht, auf welcher Marke sie ihre Leistungen erbringen mussten. Seit die technische Entwicklung des Fahrrads aber vom »großen Geld« profitierte, ist es dagegen schon zwei Mal vorgekommen, dass ein Rennfahrer auch dank seines besseren Materials ein wichtiges Rennen gewonnen hat, nämlich beim Giro d'Italia 1984 und bei der Tour de France 1989. In beiden Fällen war Laurent Fignon das Opfer. Ironischerweise oblag die sportliche Leitung seiner Mannschaft eben jenem Cyrille Guimard, der die Erforschung neuer technischer Möglichkeiten in Gang gebracht hatte.

Die logische Konsequenz der gestiegenen Gehälter und der Verpflichtung, die Rennfahrer mit dem fortschrittlichsten Material zu versorgen, war, dass die Firmen immer höhere Summen investieren mussten, um ein erfolgversprechendes Radrennteam aufstellen zu können. Im Jahr 1970 kostete der Rennstall Mars-Flandria mit Roger De Vlaeminck, Joop Zoetemelk und Weltmeister Monseré gerade mal eine Viertelmillion Euro. Zehn Jahre später musste Renault für ein Team mit Bernard Hinault schon das Vierfache bezahlen. Wiederum zehn Jahre später betrug das Budget von Mannschaften wie Panasonic und PDM gut vier Millionen. Seitdem sind diese Summen nochmals um das Zwei- bis Dreifache gestiegen. Das bedeutete, dass nur große Firmen es sich noch leisten können, Hauptsponsor eines Spitzenteams zu werden.

Es versteht sich von selbst, dass Unternehmen nur deshalb bereit waren, immer höhere Summen zu investieren, weil sie davon ausgingen, dass diese genügend Ertrag bringen würden. Dabei setzten sie ihre Hoffnungen vor allem in den Effekt von Fernsehbildern. Deren Wirkung nahm in den achtziger Jahren fast exponentiell zu. Dies führte nicht nur dazu, dass der Radsport ein immer attraktiveres Werbeobjekt wurde, sondern bedeutete vor allem eine fundamentale Veränderung der Art und Weise, wie Radsportliebhaber ihren Lieblingssport mitverfolgen konnten. Bis zu dieser Zeit hatten Artikel in Zeitungen und Magazinen, später kombiniert mit Radioreportagen, eine alles beherrschende Stellung eingenommen. Fotos und Filmaufnahmen bildeten höchstens eine Illustration. Doch nun, da es möglich wurde, einen immer größeren Teil des Rennverlaufs direkt zu übertragen, wurde das Wort allmählich durch das Bild verdrängt. Ein erster wichtiger Meilenstein dieser Entwicklung war 1985 erreicht. In jenem Jahr erwarb der französische Kanal *France 2* das Exklusivrecht für die Ausstrahlung der Etappen der Tour. Der Betrag, den der Sender dafür zahlte, war höher als die Summe, die *L'Équipe* und *Le Parisien Libéré* jährlich in die Organisation investierten. Seit der Gründung der Frankreich-Rundfahrt war es das Hauptziel der Direktion gewesen, möglichst viele Zeitungen zu verkaufen, doch nun richtete sich ihr Interesse zuallererst auf das Fernsehen. Diese Machtübernahme wurde vor allem durch die Entwicklung der technischen Mittel bewirkt. Ab 1984 bestand nämlich die Möglichkeit, Kommunikationssatelliten zu nutzen. Infolgedessen konnten Bilder von der Tour plötzlich weltweit verbreitet werden. Im Jahr 1978, dem Jahr von Hinaults erstem Sieg, konnten Zuschauer aus fünf Ländern die Ankunft in Paris sehen. Im Jahr 1986, dem Jahr, in dem sich *le blaireau* verabschiedete, waren es 27. Es versteht sich von selbst, dass diese Entwicklung die Tour plötzlich höchstattraktiv für multinationale Sponsoren machte. So stellten die Mineralwasserhersteller Perrier und Vittel, die sich schon viele Jahre in der Tour engagierten, zu ihrem Schrecken fest, dass sie von Coca-Cola verdrängt wurden. Der Konzern war 1985 dazu bereit, für einen vorläufig zwölf Jahre dauernden Vertrag eine Summe zu zahlen, die sich Firmen, welche sich nahezu ausschließlich auf den französischen Markt konzentrierten, unmöglich leisten konnten.

Die Aussicht, Senderechte in der ganzen Welt verkaufen zu können, war für die Führung von *France 2* tatsächlich ein starker Anreiz, weder Kosten noch Mühen zu scheuen, um den Zuschauern ein möglichst attraktives Produkt zu bieten. Dazu waren die Verantwortlichen faktisch auch gezwungen, weil die staatlichen Sender immer mehr Konkurrenz von kommerziellen Kanälen bekamen, die sich manchmal komplett auf Sport konzentrierten. *France 2* ging die Herausforderung deshalb im großen Stil an. Bei der Tour von 1984 gerieten die Regisseure noch in große Verlegenheit, weil der Belgier Fons De Wolf während einer Soloflucht so viel Vorsprung hatte, dass es unmöglich war, sowohl den Mann an der Spitze als auch das nachsetzende Peloton ins Bild zu setzen. Ab dem Jahr danach wurden mindestens zwei oder drei Hubschrauber in die Luft geschickt, um die Bilder weiterleiten zu können, sodass sich eine solche unangenehme Situation im Prinzip nicht wiederholen konnte. Dank des großangelegten Technikeinsatzes wurde es außerdem möglich, den Zuschauern bei Bergetappen, auf denen das Peloton weit versprengt war, nicht nur die Rennfahrer an der Spitze zu präsentieren, sondern auch zu zeigen, wie viel Anstrengung es ihre weniger talentierten Kollegen kostete, um über die Berge zu kommen. Durch das Aufstellen von immer mehr festen Kameras auf den Passhöhen rückten noch andere Details ins Bild, die zuvor unsichtbar geblieben waren. Abgesehen von dieser enormen Ausweitung der technischen Mittel verlängerte sich auch die Dauer der Übertragungen drastisch. Im Jahr 1985 summierte sich die Anzahl der Stunden, in denen Bilder von der Tour ausgestrahlt wurden, auf ungefähr 55. Zehn Jahre später waren es bereits doppelt so viele, und 1998 wurde mit 130 Stunden ein Rekordniveau erreicht, das sich seitdem kaum verändert hat.

Der Vormarsch des Fernsehens hatte für die Position der schreibenden Zunft selbstverständlich gravierende Folgen. In der ersten Hälfte des 20. Jahrhunderts existierte der Straßenradsport dank der Aufmerksamkeit, welche die Zeitungen ihm widmen wollten. Die Rennfahrer benötigten die Journalisten genauso dringend wie umgekehrt die Journalisten die Rennfahrer. Normalerweise standen beide Parteien einander sehr nahe und teilten ihre Geheimnisse miteinander. Ab den sechziger Jahren wurde das Verhältnis allmählich sachlicher. In dem Maße, wie ein paar vor der Fernsehkamera gesprochene Worte für die Sponsoren wichtiger wurden als ein langer Artikel in einem Sportblatt, setzte sich diese Tendenz immer weiter fort. Auch in dieser Hinsicht war Bernard Tapie ein Wegbereiter, als er seinen Mannschaftskapitänen befahl, Interviews grundsätzlich nur noch dem Fernsehen und Hochglanzmagazinen wie *Paris-Match* zu geben. Andere Radprofis begannen, sich ebenfalls diese Haltung anzumaßen, sobald sie den Status eines Stars erworben hatten. So war der Däne Bjarne Riis der Presse gegenüber immer sehr zugänglich gewesen, solange er nur ein »kleiner Rennfahrer« war. Nachdem er jedoch einmal die Tour gewonnen hatte, fand er nie mehr die Zeit dafür, und es wurde fast unmöglich, ihm noch ernsthafte Aussagen zu entlocken. Lance Armstrong sollte sich sogar mit Bodyguards umgeben, die jeglichen Kontakt verhinderten.

Die Journalisten von *L'Équipe*, die ebenso wie ihre Vorgänger von *L'Auto* immer eine privilegierte Stellung eingenommen hatten, wurden auf schmerzhafte Weise mit den neuen Machtverhältnissen konfrontiert, als sie während der Tour von 1985 entdeckten, dass sie nicht mehr im selben Hotel wie Goddet und Lévitan übernachten durften. Ihren Platz hatten Reporter, Techniker und anderes Personal von *France 2* eingenommen. Sieben Jahre später verloren sie erneut an Boden: Die Veranstalterrolle von *L'Équipe* und *Le Parisien Libéré* übernahm nun die Société du Tour de France, die ihrerseits Teil der Amaury Sports Organisation (A.S.O.) war. Diese Entwicklungen bedeuten natürlich nicht, dass die Presse nach 1992 keine Rolle mehr spielen würde. Obwohl sie dieselben Bilder wie die große Masse sehen, können die Zeitungs- und Magazinjournalisten durch ihre Expertise und ihre Kontakte noch immer eine Geschichte über das Rennen erzählen, die auf den Fernsehschirmen nicht sichtbar ist. Trotzdem spielen sie seitdem nur noch die zweite Geige.

Das Anbrechen einer neuen Zeit, in der das Bild den Platz des gesprochenen und geschriebenen Wortes einnahm, wurde am besten durch die zwei größten Stars der neunziger Jahre symbolisiert. Vor allem durch den Italiener Mario Cipollini, den perfekten Showman, dessen Talente in der Zeit vor dem Einzug des Fernsehens größtenteils vergeudet gewesen wären. Wie kein anderer Rennfahrer wusste er die Möglichkeiten des neuen Mediums zu nutzen. Nicht nur durch seine spektakulären Sprints, bei denen er in der Regel kurz über seine Schulter zu seinen besiegten Gegnern blickte, sondern auch, weil er bei fast jedem Rennen für Neuigkeiten sorgte. Diese bestanden weniger aus markanten Aussagen, sondern meist aus modischen Neuerungen an seinem Äußeren oder seinem Trikot, die manchmal außergewöhnlich kreativ waren. So war keiner der Weltmeister, die ihm vorausgingen, je auf die Idee gekommen, die Regenbogenfarben auch auf seiner Hose oder seinen Schuhen anbringen zu lassen. Üblicherweise standen Cippollinis Innovationen völlig im Widerspruch zur Rennordnung, doch in dem Bewusstsein, dass er jedes Mal wieder wertvolle Publizität bekam, zahlte er die fälligen Geldstrafen gern.

Die Figur des Mario Cipollini stand symbolisch für die dominierende Position, die das Bild erhalten hatte. Das Zurückdrängen des Wortes wurde dagegen durch jenen Rennfahrer personifiziert, der in der ersten Hälfte der neunziger Jahre die Tour dominierte: der Spanier Miguel Indurain. Immer wieder brachte er die Reporter und Journalisten zur Verzweiflung, wenn sie versuchten, seinem Mund ein erwähnenswertes Zitat zu entlocken. Er machte auch kein Hehl daraus, dass er auf Interviews überhaupt keinen Wert legte. Einmal entfuhr ihm sogar, dass er gar kein Französisch lernen wolle, weil er dann noch öfter Fragen beantworten müsse. Natürlich hatte Indurains Haltung viel mit seiner sehr besonderen Persönlichkeit zu tun. Doch Menschen sind normalerweise dazu in der Lage, sich anzupassen, wenn es wirklich notwendig ist. So stand Joop Zoetemelk anfangs genauso unerfahren und unbeholfen vor dem Mikrofon wie der Spanier, wurde jedoch fast dazu gezwungen, sich darin zu verbessern. Am Ende seiner Karriere war er auch sehr wohl dazu in der Lage, ein ordentliches Interview auf Französisch oder Niederländisch zu geben, wenn seine unverkennbaren Fortschritte auch nicht ausreichten, um Zoetemelk nach Beendigung seiner Profilaufbahn jene Funktion bei Radio oder Fernsehen zu verschaffen, die er gerne übernommen hätte. Indurain machte keinerlei Anstalten, in Zoetemelks Fußstapfen zu treten, und wurde auch von seinem Sponsor nicht dazu angehalten. Dieser war schon mit der ständigen Aufmerksamkeit, welche die Kameramänner ihm schenkten, und mit den Tausenden von Malen, die er ins Bild gesetzt wurde, völlig zufrieden.

Es lag nicht nur an seiner fehlenden Gesprächigkeit, dass Indurain so vorzüglich in seine Zeit passte. Er war vielleicht auch der erste Star, der kein einziges Zugeständnis zu machen brauchte, um sein Image in der Presse zu pflegen. So konnte er alle Details seinem letztendlichen Ziel, einem Sieg bei der Tour, unterordnen. Diese Einstellung ließ sich auch schon an dem gesamten Aufbau seiner Karriere ablesen. Anders als oftmals angenommen war Indurain keineswegs ein Spätentwickler. Er war spanischer Juniorenmeister und wurde mit neunzehn Jahren der jüngste Rennfahrer der Geschichte, der das Trikot des Spitzenreiters bei der Spanien-Rundfahrt trug. Zwei Jahre später lieferte er sich bei der Tour de l'Avenir ein Duell mit Erik Breukink, dem anderen großen Talent seiner Generation, und schlug ihn im Zeitfahren und in der Gesamtwertung. Danach war jahrelang kaum etwas von ihm zu hören, abgesehen von einigen Siegen bei kleinen spanischen Rundfahrten. Während Breukink sein physisches Kapital als Rennfahrer aufzehrte, versteckte sich Indurain im Peloton und nutzte lediglich den Ertrag seiner athletischen Qualitäten. Er trat zunächst als Edelhelfer von Pedro Delgado auf, und erst als seine Fähigkeiten voll entwickelt waren, konzentrierte er sich auf einen Tour-Sieg, der ihm zum ersten Mal im Juli 1991 gelang. Genau im selben Jahr setzte bei Breukink just ein deutlicher Verfall ein.

Nachdem Indurain die Spitze erreicht hatte, bewies er dieselbe Disziplin, mit der er seine Karriere aufgebaut hatte. Die Organisatoren der Vuelta a España wollten den besten spanischen Rennfahrer aller Zeiten natürlich liebend gern zu ihrer Rundfahrt locken, jedoch vergebens. Indurain hatte für sich selbst entschieden, dass die Teilnahme am Giro d'Italia besser in seine Vorbereitung auf die Tour de France passte, als ein Start bei der damals ebenfalls noch im Frühjahr ausgetragenen Vuelta, bei der er sich nach 1991 auch nicht mehr blicken ließ. Ebenso wenige Anstalten machte er, bei den großen Klassikern Präsenz zu zeigen. Sein Hauptsponsor Banesto unternahm auch gar nicht erst den Versuch, ihn von dieser Linie abzubringen. Marktstudien hatten nämlich gezeigt, dass sich die Aufmerksamkeit des spanischen Publikums zu Dreivierteln auf die Tour de France richtete sowie zu einem Viertel auf die Spanien-Rundfahrt und dass andere Rennen kaum Interesse weckten.

Bei der Tour war Indurain ebenfalls so gut wie nie zu Zugeständnissen zu bewegen. Die Reporter konnten schon froh sein, dass er dazu bereit war, an seinem Geburtstag, der immer in die Zeit der Tour fiel, eine Torte anzuschneiden. Doch waren sie nicht dazu in der Lage, ihn dazu zu bringen, auch nur einen einzigen Krümel davon zu essen. Dies passte nämlich nicht in die sorgfältig austarierte Diät, die er hielt. Aus demselben Grund benetzte er auch mit dem Champagner, der ihm auf dem Podium gereicht wurde, stets lediglich seine Lippen, um diese anschließend sofort mit einem Taschentuch abzuwischen. Als er 1996 während der Etappe zum 1.700 Meter hoch gelegenen Les Arcs einen schweren Leistungseinbruch erlitt und über drei Minuten auf Rominger, Riis, Ullrich, Berzin und die anderen verlor, glaubten die meisten

Journalisten noch, dass er sich von diesem Rückschlag wieder erholen könne. Doch seine Teamkameraden wussten es besser: Ihr Mannschaftskapitän trank an diesem Abend ein Glas Wein.

Indurains Art zu fahren war genauso exakt abgemessen wie seine Art zu essen. Selbst die spärlichen Angriffe, die er unternahm, schienen immer einer sorgfältigen Kosten-Nutzen-Analyse unterzogen worden zu sein. Diese Taktik passte zweifellos am besten zu seiner mentalen Haltung, doch er hatte auch noch andere Gründe dafür. Zunächst verfügte er zwar über enorme physische Fähigkeiten, besaß jedoch auch ein Handicap. Er wog nämlich 79 bis 80 Kilogramm und musste deshalb bei jedem *col* gegen die Gesetze der Schwerkraft ankämpfen. Trotzdem stand er den besten Kletterern seiner Zeit in nichts nach. Eddy Merckx, der am Ende seiner Laufbahn immer mehr Mühe hatte, seine 73 Kilogramm über die Berge zu wuchten, hatte nicht ganz Unrecht mit seiner Aussage, dass Indurain ein Wunder der Natur sei. Das einzige Problem von »Big Mig« war, dass er bergauf viel mehr Energie verbrauchte als seine leichter gebauten Kollegen. Nun verfügte er darüber in reichlichem Maße, und wenn die Anstiege nicht zu steil waren oder wenn er zwischen den Bergetappen ausreichend Gelegenheit bekam, sich zu erholen, konnte er diesen Schwachpunkt leicht kompensieren. Doch in Rennen wie der Tour von 1994, mit fünf aufeinander folgenden Alpenetappen, bestand für ihn immer das Risiko, dass ihn seine Kräfte irgendwann einmal früher im Stich ließen als seine Kollegen. Somit war Sparsamkeit geboten. Dass ihm aus diesem Grund mehr als nur ein Mal ein Mangel an *panache* vorgeworfen wurde, ließ ihn natürlich kalt.

Indurains berechnende Fahrweise gab oft Anlass zu Kritik, doch er war längst nicht der einzige Champion, der sich dessen schuldig machte. Gianni Bugnos Sieg beim Giro d'Italia von 1990 weist große Ähnlichkeit mit den Tour-Siegen von Indurain auf. Dies war kein Zufall. Beide Rennfahrer mussten nun mal andere Anforderungen erfüllen als die Champions von einst. Rennfahrer wie Coppi und Bartali erhielten von den Marken, für die sie fuhren, relativ wenig Gehalt und bezogen ihre Einkünfte hauptsächlich aus Startgeldern. Deren Höhe aber wurde nicht nur durch ihre Ergebnisse bestimmt, sondern auch durch die Art und Weise, wie sie diese herausfuhren. Eine spektakuläre Niederlage sorgte üblicherweise für höhere Einkünfte als ein langweiliger Sieg. Außerdem bezahlten Mannschaftskapitäne ihre Domestiken zum Teil noch aus eigener Tasche, entweder direkt oder indirekt, indem sie ihre Helfer zu Kriterien mitnahmen. Auch dadurch konnten sie größtenteils selbst bestimmen, an welchen Rennen sie teilnahmen und wie sie diese gestalten wollten.

Ab dem Moment, in dem das große Geld Einzug in den Radsport hielt, veränderte sich die Stellung der Stars in nicht unerheblichem Maße. Für die Millionengehälter, die sie erhielten, wurden sie gezwungen, viel von ihrer Selbstständigkeit aufzugeben. Sie erfüllten jedenfalls eine fest umschriebene Funktion in einem Team mit strikter Arbeitsteilung, begleitet von Teamchefs, Mechanikern, Masseuren, Pflegern, Ärzten, Pressesprechern und sogar Psychologen. Einerseits wurde ihre Aufgabe dadurch leichter, doch andererseits führte dies dazu, dass ihre Verantwortung beträchtlich wuchs. Wenn ein Mannschaftskapitän versagte, bedeutete dies viel mehr als eine persönliche Niederlage. Es bedeutete auch, dass alle Investitionen der Finanziers und die Anstrengungen seines gesamten Teams größtenteils vergebens gewesen waren. Spezialisten für die Eintagesrennen konnten ein höheres Risiko eingehen. Sie bekamen nach einer Niederlage normalerweise Gelegenheit, sich schnell zu revanchieren. Selbst, wenn sie im Frühjahr versagten, konnten sie dies oft noch bei der Tour kompensieren, wo ein sensationeller Etappensieg publizistisch mindestens genauso wertvoll ist wie der Sieg bei einem Klassiker. Fahrer aber, die von ihrem Team engagiert worden waren, um bei einer großen Rundfahrt zu glänzen, verfügten nicht über einen solchen Ausweg. Wenn sie so wie LeMond, Indurain oder Armstrong ihre komplette Saison auf die Tour oder den Giro ausrichteten und die Erwartungen nicht erfüllten, konnte das Radsportjahr für die gesamte Mannschaft als gescheitert betrachtet werden.

Es ist deshalb kein Wunder, dass die Favoriten der Tour oder des Giro begannen, im Allgemeinen immer vorsichtiger zu fahren. Dies führt des Öfteren zu einer Renntaktik, die dem berüchtigten *catenaccio* ähnelt, dem ultradefensiven Ergebnisfußball, den italienische Mannschaften perfektioniert hatten. Die Hoffnung auf einen Sieg wird oft völlig von der Angst vor einer Niederlage überschattet. Alle Risiken gilt es zu vermeiden. Jede unnötige Anstrengung ist von Übel, vor allem, weil die Leistungsunterschiede an der Spitze sehr gering sind. Diese Art zu fahren kam zuerst in Italien zur Blüte, in dem Land, das, was die Höhe der Gehälter betrifft, jahrelang einen Spitzenplatz belegte. So sah sich der ehemalige Weltmeister Moreno Argentin schon in den achtziger Jahren zu der Erklärung veranlasst: »Wir fahren nicht, um selbst zu gewinnen, sondern um unsere Gegner verlieren zu lassen.«

Zum Glück für den Radsport ist das Catenaccio-System nie ganz schlüssig gewesen, und es gibt immer Rennfahrer, die sich nicht an die mehr oder weniger ungeschriebenen Gesetze halten möchten. Dies kann sehr riskant sein, doch gleichzeitig zwingen sie ihre Gegner dazu, auf unvorhergesehene Situationen zu reagieren. So waren Indurains gefährlichste Rivalen nicht Fahrer wie Gianni Bugno oder Tony Rominger, die den spanischen Champion mit seinen eigenen Waffen zu schlagen versuchten, und auch nicht der begnadete Kletterer Marco Pantani, der mit seinen vorhersehbaren Angriffen in den Bergen seine Verluste aus den Zeitfahren unmöglich kompensieren konnte. Ein viel größeres Problem stellte der physisch viel weniger begabte Claudio Chiappucci dar, weil er in den Rennen völlig unberechenbar fuhr. So sprintete er zum Beispiel auch bei den Flachetappen jeden kleineren Hügel hinauf, der Punkte für den Bergpreis einbrachte, eine überflüssige Anstrengung, an die sich kein Anhänger des Radsport-Catenaccio jemals heranwagen würde. Außerdem riskierte er auch im Flachen immer wieder

Ausreißversuche, obschon die Wahrscheinlichkeit, vom Peloton wieder eingeholt zu werden und seine Kräfte sinnlos zu verpulvern, dabei riesengroß war. Noch bunter trieb er es 1992, als er bei der Alpenetappe von Saint Gervais nach Sestrière hundertachtzig Kilometer vor dem Ziel zum Angriff überging und sich noch nicht mal von seinen Mannschaftskameraden, die ihn hätten unterstützen können, umgeben ließ. Dies brachte Chiappucci nicht nur den Etappensieg ein, vielmehr gelang es ihm auch, Indurain zu einem seiner seltenen Fehler zu verleiten: Als der Spanier den Italiener beim letzten Anstieg doch noch einzuholen versuchte, hatte er seine Kräfte deutlich überschätzt und erlitt seinerseits einen leichten Leistungseinbruch. Konsequenzen hatte dieser schwache Moment übrigens nicht, weil keiner von Indurains anderen Rivalen Chiappuccis Beispiel folgen wollte oder konnte.

Chiappucci erlangte durch seinen langen Soloritt außer dem Etappenerfolg noch einen anderen Sieg. Es gab keinen Zweifel daran, dass er außerhalb Spaniens, was die Gunst des Publikums betraf, viel besser abschnitt als Indurain. Seine Popularität wuchs noch weiter, als die Journalisten entdeckten, dass Chiappuccis Mutter während der Tour nach Lourdes gereist war, um für ihren Sohn zu beten. Damit bekam der italienische Rennfahrer gerade jenes Element von menschlichem Interesse, das die Presse und das Fernsehen bei Indurain vergeblich suchten. So war es auch kein Wunder, dass die Anwesenheit von Chiappucci und seiner Mutter – die manches Mal den Startschuss gab – für die Organisatoren der Kriterien wichtiger war als die Teilnahme des Tour-Siegers. In den goldenen Zeiten der Kirchturmrennen hätte Chiappucci zweifellos mehr Geld verdient als Indurain.

In den Augen der meisten Fernsehzuschauer gehörten Chiappuccis unerwartete Angriffe zu den wenigen aufregenden Elementen bei insgesamt sehr eintönigen Frankreich-Rundfahrten. Immer wieder schlug Indurain beim ersten Zeitfahren seine Rivalen auf solch eindrucksvolle Weise, dass der weitere Verlauf des Rennens kaum noch Überraschun-

Kein Freund vieler Worte, kein Anhänger eines »Kannibalismus« à la Merckx. Miguel Indurain (links) fürchtete während seiner Siegesserie bei der Tour vielleicht nur eines: die Attacken des so unberechenbaren Italieners Claudio Chiappucci (im Bergtrikot).

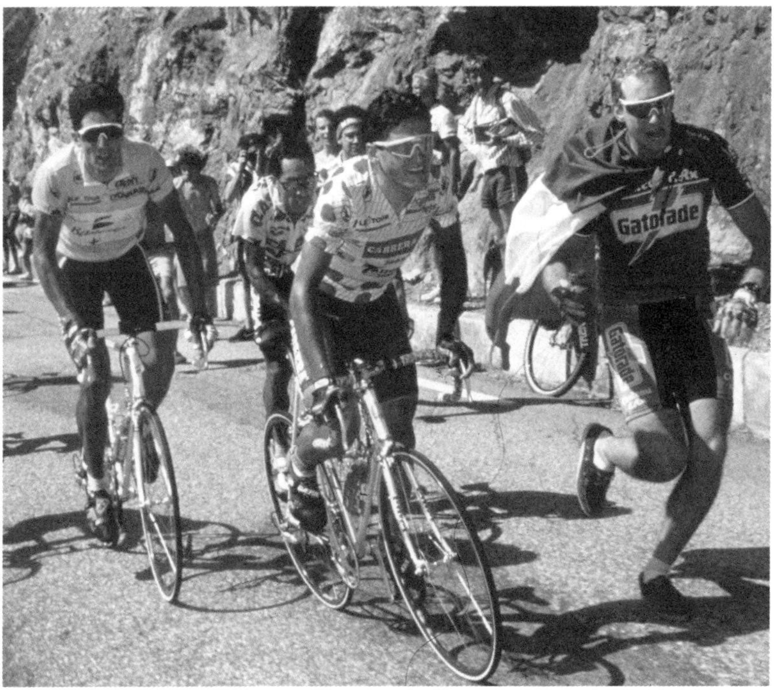

gen bot. Doch waren seine Siege längst nicht so simpel, wie sie auf den ersten Blick schienen. Sehr zum Leidwesen der Organisatoren wurden die interessantesten Aspekte seiner Siege nicht im Fernsehen gezeigt und konnten nur in den Printmedien ausführlich erörtert werden. So war allen Zuschauern klar, dass es Indurain immer wieder gelang, alle möglichen Unwägbarkeiten auf ein Minimum zu reduzieren. Die taktischen Meisterleistungen, derer es dazu bedurfte, gelangten dagegen nicht mit ins Bild. Das Hauptproblem, mit dem Indurain konfrontiert war, bestand darin, dass seine Mannschaft relativ schwach und absolut nicht dazu in der Lage war, das Rennen vollständig zu kontrollieren. Ganz gleich, wie stark er auch war, einer fest gefügten Koalition mehrerer anderer Teams oder Kapitäne wäre er sicherlich nicht gewachsen gewesen. Einer engen Zusammenarbeit seiner Konkurrenten konnte er nur dadurch vorbeugen, indem er diese gegeneinander ausspielte und jedem das Seine gab. Und darauf verstand sich Indurain wie kein anderer. Er besaß keine von Merckx' kannibalischen Neigungen. Das Einzige, was ihn wirklich interessierte, war der Tour-Sieg. Er war deshalb vollkommen bereit, sich allein auf die Gesamtwertung zu konzentrieren und mit vollen Händen Etappensiege und Bergpreise an andere Rennfahrer zu verteilen. Dies war einer der Punkte, in denen er sich von Anquetil, der oft als sein Vorbild betrachtet wurde, unterschied. Genau wie Indurain galt auch Anquetil als ein Rechenkünstler; um jedoch seinen Marktwert im Kriteriengeschäft zu sichern, fühlte er sich von Zeit zu Zeit doch verpflichtet, Bergetappen zu gewinnen oder irrsinnige Wagnisse einzugehen wie jenes »Double« aus Dauphiné Libéré und Bordeaux–Paris. Für Indurain war das unnötig. Das Einzige, was er musste, war, die Tour zu gewinnen, und dies war eine Aufgabe, die er bis zur Perfektion beherrschte.

Wie viel subtile Raffinesse die Siege von Indurain auch enthalten mochten, die Organisatoren haben wahrscheinlich erleichtert aufgeatmet, als die Tour von 1996, bei der seine Herrschaft endlich beendet wurde, sich wieder nach klar erkennbaren Mustern abspielte: heftige Leistungseinbrüche, spektakuläre Angriffe und ein unerwarteter Rennverlauf. Der Sieg von Jan Ullrich im Jahr 1997 enthielt ebenfalls mehr dramatische Momente als die letzten Siege von Indurain.

Die Tour de France, bei der Indurain schließlich geschlagen wurde, war auch in anderer Hinsicht bemerkenswert: Bjarne Riis war der erste Däne, der das Gelbe Trikot nach Paris brachte, so wie Ullrich ein Jahr später der erste Deutsche war. Diese Erfolge führten in beiden Ländern nicht nur zu einer großen Begeisterung des Publikums, sondern sorgten außerdem für neue Sponsoren. Der Traum von Lévitan und Goddet, die Tour auch außerhalb der klassischen Radsportländer populär zu machen, schien immer mehr Realität zu werden. Weltweite politisch-wirtschaftliche Ereignisse trugen zu dieser Entwicklung ebenfalls bei. So hatte der Zusammenbruch des kommunistischen Machtblocks auch zur Folge, dass Rennfahrer aus Ländern wie der ehemaligen DDR, Russland, Estland, Lettland, Litauen, Polen, der Ukraine, Usbekistan oder Kasachstan Gelegenheit bekamen, sich mit westeuropäischen Profis zu messen. Zugleich breitete sich das Teilnehmerfeld der Tour auch in anderen Richtungen aus. Es bildete sich ein festes Kontingent von amerikanischen, britischen, australischen, neuseeländischen und kolumbianischen Rennfahrern, während daneben von Zeit zu Zeit auch Fahrer aus Brasilien, Venezuela oder Mexiko auftauchten. Bei der Tour von 1997 standen Teilnehmer aus allen fünf Erdteilen am Start, sie stammten aus 24 verschiedenen Nationen; fast doppelt so viele Länder waren vertreten wie zwölf Jahre zuvor. Es versteht sich von selbst, dass die Präsenz von Radprofis aus allen Teilen der Erde mit einem großen Interesse des Publikums in den jeweiligen Herkunftsländern einherging. Außerdem wurden die Live-Bilder von der Tour de France selbst in Nationen ausgestrahlt, die entweder kaum oder gar nicht über eine Radsporttradition verfügten, wie Sri Lanka, Swasiland, Barbados, Botswana, Thailand, Puerto Rico, Nepal, Macao, China, Kenia, Saudi-

Arabien, Taiwan, Pakistan, Hongkong oder die Malediven. Die Gesamtzahl der Personen, die zumindest einen Bruchteil des Rennverlaufs gesehen hatten, wurde auf drei Milliarden geschätzt.

Tour-Direktor Jean-Marie Leblanc hatte nach Beendigung der Saison 1997 allen Grund, sehr zufrieden zu sein. Seine Rundfahrt, die wirtschaftlich gesehen bis in die achtziger Jahre hinein immer wieder am Rande des Abgrunds stand, war ein gewinnbringendes Unternehmen von weltumspannender Bedeutung geworden. Mit der Tour de France wurde sogar so viel Geld verdient, dass die Mannschaften keine Anmeldegebühr mehr zu zahlen brauchten und die Rennfahrer viel besser untergebracht werden konnten als jemals zuvor. Die einzige Schattenseite für den Radsport bestand darin, dass die Frankreich-Rundfahrt so erfolgreich war, dass fast alle anderen Rennen verdrängt zu werden drohten. Sogar der Giro wurde klar auf den zweiten Platz verwiesen. Die italienischen Teams hatten sich jahrelang kaum über die eigenen Landesgrenzen hinausbewegt, konnten sich dies jedoch nicht mehr erlauben und kämpften genauso hart um eine Starterlaubnis für die Tour de France wie die Teams aus anderen Ländern. Nun, da die Kosten für die Veranstaltung von Radrennen ständig stiegen – wenn auch nur, um die Polizisten, welche die Strecke freihalten mussten, zu bezahlen –, wurde es immer schwieriger, genügend Sponsoren zu finden, um das benötigte Budget aufzubringen. Manche Rennen mit reicher Geschichte, wie etwa Paris–Nizza, befanden sich sogar in einer prekären Situation. Trotzdem machte sich darüber niemand große Sorgen. Die Tour kann schließlich nur weiter bestehen, wenn sie von einem florierenden Radsportleben umgeben wird, und sie war offensichtlich stark genug, die Kosten dafür zu tragen. Doch nicht einmal ein Jahr später sollte sich die Position der Frankreich-Rundfahrt als viel verwundbarer erweisen, als es auf den ersten Blick schien.

Kapitel XI

FAHREN MIT DYNAMIT

Als die Tour am 14. Juli des Jahres 1998, drei Tage nach dem Start in Irland, wieder französischen Boden erreichte, herrschte dort eine Feierstimmung, die ihresgleichen suchte. Es war nicht nur *Fête Nationale,* sondern Frankreich war außerdem noch keine 48 Stunden zuvor zum ersten Mal in der Geschichte Fußballweltmeister geworden. Nach dem Schlusspfiff waren Hunderttausende Menschen auf die Straße geströmt, und es war eine Euphorie spürbar, die Erinnerungen an die Befreiung gut fünfzig Jahre zuvor wachrief. Der Erfolg führte außerdem zu einem Gefühl der Unbesiegbarkeit, wie an vielen Spruchbändern abzulesen war. Es war, als sei ein neuer Elan entstanden, der automatisch dazu führen würde, dass zum ersten Mal seit dreizehn Jahren wieder ein Franzose mit dem Gelben Trikot in Paris ankäme.

Welcher Rennfahrer dies werden sollte, war klar. Es war Richard Virenque, der schon drei Mal die Bergwertung gewonnen hatte und im Jahr zuvor hinter Jan Ullrich als Zweiter auf dem Podium gestanden hatte. Dank seiner Fähigkeiten als Zeitfahrer blieb der Deutsche zwar der Favorit Nummer eins, doch schon 1997 hatte Virenques starkes Festina-Team den späteren Sieger Ullrich in den Vogesen mit einer koordinierten Offensive in ernsthafte Gefahr gebracht. Weil Virenque durch die Anwerbung von Alex Zülle, den dreifachen Gewinner der Spanien-Rundfahrt, nun über noch mehr Unterstützung verfügte als im Vorjahr und es außerdem ernsthafte Zweifel gab, ob Ullrich sich auf die bestmögliche Weise vorbereitet hatte, schien ein französischer Tour-Sieg zum Greifen nah zu sein.

Der Prolog gab allen Grund zur Hoffnung. Drei Festina-Fahrer landeten unter den ersten zehn, und Virenque verlor nur fünf Sekunden auf Ullrich. Trotzdem drohte ein dunkler Schatten auf die Leistungen der Mannschaft zu fallen. In der Nähe von Lille war ein Pfleger des Teams, Willy Voet, mit großen Mengen EPO, Wachstumshormonen, Testosteron und Corticosteroiden in seinem Wagen festgenommen worden. Teamchef Bruno Roussel versuchte anfangs, die Journalisten davon zu überzeugen, dass alles nur auf einem Missverständnis beruhe, weil sich alle Pfleger in Dublin befänden. Natürlich wusste er, dass dies nicht stimmte, doch eigentlich war er davon überzeugt, dass die ganze Affäre schon wieder zur Ruhe kommen würde. Dasselbe galt für seine Rennfahrer, die sich hauptsächlich Sorgen darüber machten, ob die leistungssteigernden Mittel wohl rechtzeitig eintreffen würden. Willy Voet konnte sich anfangs ebenso wenig vorstellen, dass die Sache ein großes Ausmaß annehmen würde. Während des Verhörs führte er die Namen von Virenque und Bernadette Chirac, der Frau des Präsidenten, die das Festina-Team drei Wochen zuvor empfangen hatte, ins Feld. Ein paar Jahre früher wäre diese Taktik zweifellos aufgegangen, doch diesmal machte sie überhaupt keinen Eindruck. Die Tour genießt in Frankreich einen sehr besonderen Status, und sie stand dort lange Zeit praktisch über dem Gesetz. So sollte die französische Zeitschrift *Libération* später enthüllen, dass in den neunziger Jahren mehrere Male eine Dopingaffäre im Auftrag der Behörden unter den Teppich gekehrt worden war. Doch nun lagen die Dinge anders. Einer der Gründe, weshalb Henri Desgrange und Jaques Goddet immer mit dem Wohlwollen der Regierung rechnen konnten, bestand darin, dass sie sich strikt aus der Politik heraushielten. Der neue Eigentümer der Tour, Philippe Amaury, war weniger vorsichtig gewesen. Im Jahr 1995 hatte er sich aktiv an der Kampagne von Jacques Chirac beteiligt. Dieser wurde tatsächlich gewählt, hatte jedoch im Mai 1997 die Parlamentswahlen verloren. Die neue Ministerin für Jugend und Sport, die kommunistische Marie-George Buffet, kündigte sofort nach ihrem Amtsantritt an, dass sie das Dopingproblem grundlegend anpacken wolle. Es gibt gar keinen Grund, an ihrer Aufrichtigkeit zu zweifeln und das Eingreifen der Autoritäten im Fall Festina als eine politische Racheaktion abzutun. Doch das ändert nichts daran, dass die Tour in einem kritischen Augenblick nicht mehr mit dem Schutz des Staates rechnen konnte.

Es dauerte eine Weile, bis man im Radsportmilieu begriff, dass die Frankreich-Rundfahrt nicht mehr unantastbar war. Jean-Marie Leblanc versuchte, das Blatt zu wenden, indem er das Festina-Team aus der Tour herausnahm, doch es nützte kaum etwas. Auf sein Plädoyer, die weitere Abwicklung der Affäre der Tour-Direktion und dem Radsportverband zu überlassen, wurde noch nicht mal reagiert. Ebenso wenig konnte Leblanc verhindern, dass Bruno Roussel und anschließend das gesamte Team von Festina verhaftet wurden. Virenque und Pascal Hervé stritten alles ab, doch Alex Zülle und die anderen Rennfahrer legten nach einer Nacht in der Zelle ein Geständnis ab und gaben zu, leistungssteigernde Mittel verwendet zu haben. Ihre Bekenntnisse sorgten für Schlagzeilen und drängten alle Berichte über den Rennverlauf in den Hintergrund. Der Aufruf von Patrick Lefevere, dem Teamchef von Mapei, das Thema Doping vorläufig außer Acht zu lassen und dem sportlichen Aspekt wieder die volle Aufmerksamkeit zu widmen, war wie das Anpusten gegen den Wind.

Die Leitung der Tour schöpfte wieder etwas Hoffnung, als Jan Ullrich, der Träger des Gelben Trikots, der ungestört auf einen zweiten Gesamtsieg zuzusteuern schien, bei einer kalten, verregneten Alpenetappe von dem italienischen Kletterer Marco Pantani auf eine Weise entthront wurde, die genauso sensationell war wie der Coup von Charly Gaul dreißig Jahre zuvor. Für kurze Zeit schienen die Nachrichten über das Thema Doping tatsächlich in den Hintergrund zu rücken. Doch der vorsichtige Optimismus der Direktion legte sich schnell wieder. Einige Tage zuvor hatte die Justiz bekanntgegeben, dass im Frühjahr über hundert EPO-Ampullen in einem Wagen des TVM-Teams gefunden wurden. Vierundzwanzig Stunden nach Pantanis Soloritt führte die Polizei in Albertville eine Razzia in dem Hotel des Teams durch und hielt die sechs übrig gebliebenen Rennfahrer bis tief in die Nacht fest. Am nächsten Tag fand die Tour de France von 1998 beinahe ein vorzeitiges Ende. Nach dreißig Kilometern hielt das Peloton an, und die Fahrer nahmen ihre Rückennummern ab. Drei Teams fuhren nach Hause, während der Rest des Pelotons mit stundenlanger Verspätung in Aix-les-Bains ankam. Das TVM-Team durfte als Erstes die Ziellinie überqueren.

Die Rennfahrer waren nicht die Einzigen, die empört waren. Parlamentsmitglieder stellten Fragen. Die niederländischen und belgischen Radsportverbände legten bei der französischen Justiz Protest ein. Der frühere Olympiasieger Jean-Claude Killy, der Präsident der Société du Tour de France, der sich im selben Hotel aufhielt wie TVM, erklärte, dass die Polizei die Fahrer wie Verbrecher behandelt habe. Die Gewerkschaft der französischen Richterschaft wies dagegen darauf hin, dass die Polizei vollkommen korrekt gehandelt habe und dass die Radprofis genau dieselbe Behandlung erfahren hätten wie alle anderen Verdächtigen. Nicht zu Unrecht, doch für viele bestand der größte Schock gerade darin, dass die Fahrer der Tour de France, die doch alle einmal Götter gewesen waren, nicht mehr mit besonderen Vergünstigungen rechnen konnten. Sogar die unausgesprochene Drohung, dass die Frankreich-Rundfahrt auf diese Weise ein vorzeitiges Ende finden könne, schien keine Wirkung mehr zu zeigen. Marie-George Buffet

Tour-Ausschluss unter Tränen: Nachdem Zöllner im Wagen des Team-Pflegers Willy Voet enorme Mengen an Dopingmitteln fanden, musste der Vorjahreszweite Richard Virenque die Hoffnung auf einen Sieg bei der Tour 1998 begraben.

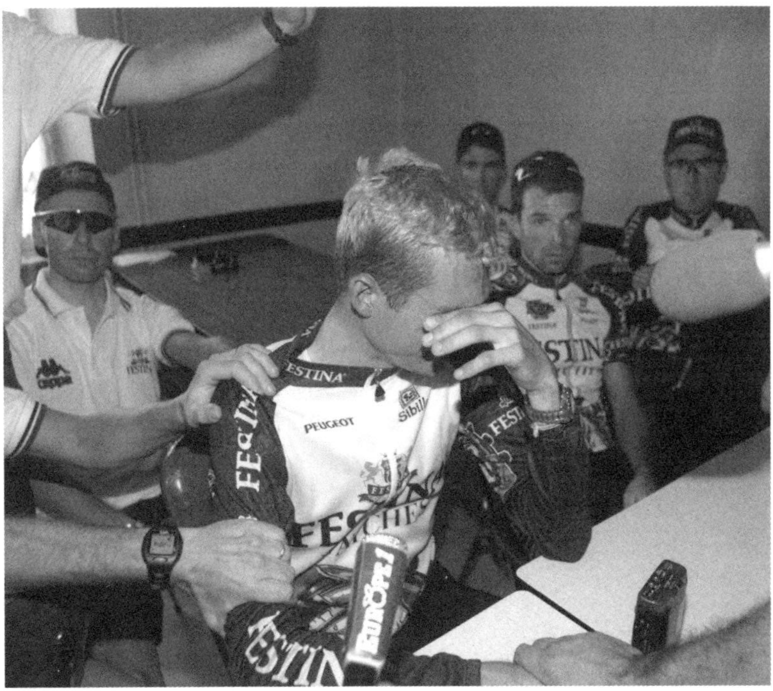

erklärte, dass, wenn eine Tour ohne Doping nicht möglich sei, diese ruhig verschwinden solle. Die Justiz zeigte sich genauso wenig beeindruckt und ließ einen Tag nach der Protestaktion des Pelotons erneut eine Razzia durchführen. Die Folge war, dass wiederum drei Teams aufgaben. Das Peloton, das letztendlich Paris erreichte, zählte nur noch 96 von ursprünglich 189 Rennfahrern, die in Dublin gestartet waren.

Die Polizei und die Justiz waren bei ihrer Razzia in der Welt der Tour de France kaum auf nennenswerten Widerstand gestoßen. Dennoch hatten die gerichtlichen Instanzen gewiss keinen absoluten Sieg errungen. Die Justiz-Kampagne drehte sich nicht nur um eine genaue Einhaltung der Gesetze. Zugleich fand ein politischer Kampf statt, bei dem es hauptsächlich um die Gunst des Publikums ging. Dass die Rennfahrer, Teamchefs und Organisatoren sich ständig auf die Gefühle der Millionen beriefen, welche die Tour im Fernsehen oder über die Zeitungen mitverfolgten, lag auf der Hand: Es war die einzige Möglichkeit, sich zu wehren. Doch Justiz und Polizei gingen nicht viel anders vor. Das Fernsehen erhielt immer wieder Tipps, um eine Razzia filmen zu können, Staatsanwaltschaften gaben Pressekonferenzen und ließen sich ausgiebig in den Medien interviewen. Trotzdem verbuchten sie auf diesem Gebiet kaum Erfolge. Über mangelnde Publizität konnten sie sich nicht beklagen, und die zahlreichen Leserbriefe, in denen die Schreiber ihre Abscheu über den Dopingmissbrauch zum Ausdruck brachten, deuteten darauf hin, dass sie viele Sympathisanten hatten. Trotzdem war keine Rede davon, dass sich das Publikum in Scharen von der Tour abwandte. Die Einschaltquoten sanken nicht, und auch diesmal kamen Millionen von Menschen von nah und fern, um der vorbeifahrenden Karawane zuzujubeln. Pantani wurde auf den Champs-Élysées geehrt, als ob die ganze Zeit nichts geschehen sei. Selbst während der Protestaktion zwischen Albertville und Aix-les-Bains reagierten die vielen Zuschauer, die vergebens gekommen waren, ihre Wut nicht an den Rennfahrern ab. Im Gegenteil, sie wurden mit lautem

Applaus begrüßt. Dagegen musste alles, was nach Autorität roch, den Kopf dafür hinhalten. Sogar die vollkommen unschuldigen Organisatoren, die den Fall liebend gern unter den Teppich gekehrt hätten, wurden ausgebuht und bespuckt. Jean-Marie Leblanc nannte es den schwärzesten Tag seines Lebens als Tour-Direktor. Aber trotzdem hatte er allen Grund, zufrieden zu sein. Die Rundfahrt konnte es durchaus verkraften, dass ein paar Teams nach Hause fuhren, sie wäre jedoch zum Tode verurteilt gewesen, wenn sich die Sponsoren ebenfalls zurückgezogen hätten. Wenn die übergroße Mehrheit des Publikums die Rennfahrer nicht so nachdrücklich unterstützt hätte, wäre dies wohl unausweichlich gewesen.

Die feindselige Haltung des Publikums gegenüber dem Auftreten der Polizei muss für die beteiligten Politiker zweifellos eine Enttäuschung gewesen sein. Für erfahrene Journalisten war es dagegen keine große Überraschung. Der Gebrauch von leistungssteigernden Mitteln war seit den frühesten Jahren des Radsports ein Phänomen, das zwar bedauert wurde, aber zugleich als etwas Unvermeidbares angesehen wurde: als etwas, das wohl oder übel einfach hinzunehmen war. Anfangs befanden die Rennfahrer es noch nicht mal für nötig, daraus ein Geheimnis zu machen. So wurde kurz nach Paris–Rouen im Jahr 1869 in der Presse öffentlich die Frage diskutiert, welche Mittel die Leistung am effektivsten steigerten. Am Ende des 19. Jahrhunderts gab es sogar Firmen, die für Produkte wie »l'Elixir de vitesse« oder »Vélo Guignolet« warben, die wahrscheinlich auf der Basis von Kokain oder Morphium hergestellt wurden. Europäische Rennfahrer, die ab 1899 an den Sechstagerennen in den Vereinigten Staaten teilnahmen, waren voll des Lobes über den berühmten American Coffee, ein Gebräu, das neben großen Mengen Koffein auch Ether, Strychnin, Kokain und sogar Nitroglyzerin enthielt. Die Rennfahrer fuhren tatsächlich fast buchstäblich mit Dynamit, wie in jener Zeit gesagt wurde.

Der Gebrauch dieser Mittel vollzog sich in aller Öffentlichkeit. Der englische Manager Choppy Warburton machte es sich am Ende des 19. Jahrhunderts sogar zur Gewohnheit, seinen »Zaubertrank« während der Bahnrennen mit einem Übermaß an mysteriösem Gebaren zuzubereiten, um ihn anschließend unter dem Jubel des Publikums im vollen Rennen seinen Rennfahrern zu überreichen.

Der Dopinggebrauch rückte erst in die halb-illegale Sphäre, als sich die Popularität des Radsports immer stärker auf die heroische Vorstellung stützte, die in der Presse vermittelt wurde. Man ging allenthalben davon aus, dass die »Giganten der Landstraße« ihre Leistungen ausschließlich ihrem Durchsetzungsvermögen und ihrer Muskelkraft verdankten; dass sie dabei schon mal bei chemischen Mitteln Zuflucht suchten, war ein Thema, über das nicht allzu öffentlich gesprochen werden sollte. Trotzdem war es kaum ein Geheimnis. Als Henri Desgrange ab 1930 Verträge mit den Teilnehmern der Tour schloss, hielt er es sogar für nötig, formal festzulegen, dass die Organisation für die normale medizinische Versorgung aufkam, die Kosten für »stimulierende Mittel, stärkende Mittel und Doping« jedoch von den Rennfahrern selbst zu tragen waren. In der Presse erschienen gelegentlich Berichte über den Gebrauch dieser Mittel, doch hatten diese Artikel kaum eine negative Wirkung auf das Bild, das von den Rennfahrern entworfen wurde. So stellten die Gebrüder Pélissier in dem berühmten Interview mit Albert Londres ihr gesamtes Arsenal von Pillen und Kokain zur Schau. Zugleich konnten sie den Journalisten davon überzeugen, dass es unmöglich sei, die fast übermenschlichen Entbehrungen, die ihnen abverlangt wurden, ohne derartige Mittel zu erdulden. Diese Enthüllung tat denn auch dem fast schon heroischen Status, der den »Strafgefangenen der Landstraße« zuteil wurde, keineswegs Abbruch.

Die These, dass stimulierende Mittel unabdingbar sind, um eine Tour de France bestehen zu können, wurde auch nach den Pélissiers noch viele Male in allen Tonarten wiederholt. So sagte Coppi in einem

Interview, dass er nur dann zu *la bomba* (Amphetamine) greife, wenn es nötig sei, doch dass diese Notwendigkeit fast immer gegeben sei. Anquetil erntete viel Publizität mit seiner Aussage, dass er selbst Doping gebrauche und dass nur Trottel und Lügner behaupten könnten, sie hielten es anders. Schließlich sei es ihm zufolge selbst für den talentiertesten Rennfahrer unmöglich, anstrengende Rennen wie die Tour de France, die Dauphiné Libéré oder Bordeaux–Paris ohne stimulierende Mittel zu bestreiten. Die Überzeugungskraft derartiger Aussagen war so groß, dass viele Male behauptet wurde, dass kürzere Etappen und mehr Ruhetage ein wirksames Mittel seien, um den Gebrauch von Doping bei Rennen wie der Tour einzudämmen. Sogar Marie-George Buffet erwies sich als eine Anhängerin dieser *idée reçue* und zwang Jean-Marie Leblanc nach dem Festina-Skandal, anzukündigen, dass die Strecke bei den nächsten Rundfahrten weniger schwer sein werde. Dennoch wusste Leblanc als ehemaliger Radprofi zweifellos nur allzu gut, dass derartige Maßnahmen nicht am Kern des Problems rührten. Um die Tour oder den Giro ohne extremen Gewichtsverlust oder gesundheitliche Schäden durchzustehen, bedarf es einer guten Vorbereitung und einer adäquaten Ernährung, keiner Amphetamine, Anabolika, Wachstumshormone oder EPO. Derartige Produkte werden in erster Linie eingenommen, um zu gewinnen oder eine außergewöhnlich gute Leistung zu erzielen. Wie bereits Jacques Goddet anmerkte, wird Doping ebenso gut gebraucht, um 3.500 Kilometer in zwanzig Tagen zu fahren, wie um hundert Meter in zehn Sekunden zu laufen.

Selbst in der Zeit, als der Gebrauch stimulierender Mittel erlaubt war, hat es immer Rennfahrer gegeben, die strikt dagegen waren. So zeigte Eugène Christophe tiefe Verachtung für die Art und Weise, wie die Pélissiers zu Kräften zu kommen versuchten. Trotzdem wurde Doping in der Zeit, in der das Radsportmilieu noch eine relativ kleine, in sich geschlossene Welt war, nicht als Problem betrachtet. Natürlich wussten Sportjournalisten sehr genau, dass die Informationen, die über den Gebrauch von stimulierenden Mitteln nach außen sickerten, eine von anstößigen Dingen gereinigte Version dessen war, was sich tatsächlich abspielte. Doch sie hatten ein ebenso großes Interesse an Diskretion wie die Rennfahrer selbst, und sie wirkten genauso stark daran mit, unerwünschte Informationen möglichst zu neutralisieren. So wären Anquetils Enthüllungen höchstwahrscheinlich niemals veröffentlicht worden, wenn er nicht so unvernünftig gewesen wäre, sie in Gegenwart eines Vertreters von *France Dimanche* auszubreiten, mit anderen Worten: gegenüber einem Blatt, das keine besondere Bindung zur Welt des Radsports hatte. Pierre Chany von *L'Équipe* erklärte später, dass er Anquetil zuvor noch gewarnt habe, doch bitte diskret zu sein, weil sein Interviewer nun mal nicht »zum Milieu« gehörte. Natürlich ließen sich die Aussagen des fünffachen Tour-Siegers, nachdem sie einmal schwarz auf weiß zu lesen waren, nicht mehr ungeschehen machen. Trotzdem wurde in der Sportpresse alles getan, um den Schaden so gering wie möglich zu halten. Nach einer Polemik, die ebenso heftig wie knapp ausfiel, gerieten die Details über Anquetils Aussagen denn auch größtenteils in Vergessenheit. Wie Paul Yonnet in seinem Werk *Systèmes des sports* anmerkt, wird ihnen sogar in den diversen Biografien von Anquetil, die von Radsportjournalisten geschrieben wurden, fast keine Aufmerksamkeit geschenkt.

Der Gebrauch von stimulierenden Mitteln im Radsportmilieu blieb für lange Zeit eine Praktik, die nahezu vollständig toleriert wurde. Erst in den fünfziger Jahren änderte sich dies allmählich. Die Ursachen dafür lagen nicht in der Welt des Radsports. Im Gegenteil, in ihr wurde gerade alles Mögliche dafür getan, um den Status quo aufrechtzuhalten. Rennfahrer wollten nicht darüber sprechen, Journalisten nicht darüber schreiben und das Publikum nichts davon hören. Doch von außen nahm der Druck, die Dopingpraktiken ernsthaft anzugehen, immer weiter zu. Dem Soziologen Rudolf Stokvis zufolge gab es dafür zwei wichtige Gründe: an erster Stelle das Misstrauen der westlichen Autoritäten gegenüber den Leistungen von Athleten aus den Ostblockländern, die ab den Olympischen Spielen 1952 in Helsinki den Sport in zunehmendem Maße als Prestigemittel nutzten. Daneben die Aktionen der Sportärzte, die ihr Monopol auf die Ausübung der Medizin vor den nicht medizinisch geschulten Pflegern, die sich auf ihr Terrain begaben, schützen wollten.

Es ist auch gewiss kein Zufall, dass der Mann, der in der Welt des Radsports den Spitznamen »Monsieur Antidoping« erwarb, ein Mediziner war: Pierre Dumas. Er wurde 1952 angestellt, um die allgemeine Versorgung der Rennfahrer bei der Tour in seine Obhut zu nehmen. Es war das erste Mal, dass diese Aufgabe einem approbierten Arzt anvertraut wurde. Dumas' Vorgänger, Henri Machon, war ein Pfleger ohne medizinische Ausbildung. Im Jahr 1955 rückte Dumas während der Etappe über den Mont Ventoux in den Mittelpunkt des Interesses, als er mit Dopingfällen konfrontiert wurde, die so überdeutlich waren, dass sie sich nicht mehr vertuschen ließen. Das Hauptopfer war der Franzose Jean Malléjac, der nur mit Mühe und Not vor dem Tode gerettet werden konnte. Dumas, der außer seiner Teilzeitanstellung als Tour-Arzt keinerlei Verbindungen zum Radsport unterhielt, hatte überhaupt keinen Grund, die Affäre nicht an die Öffentlichkeit gelangen zu lassen. Er berief sogar eine Pressekonferenz ein, auf der er erklärte, dass er bereit sei, eine Klage wegen versuchten Totschlags zu erheben.

Auch in den Jahren danach wurde der Radsport mehrere Male von Zwischenfällen geplagt, die unmöglich verborgen bleiben konnten. So verlor der dänische Rennfahrer Knud Enemark Jensen 1960 beim olympischen Straßenrennen sein Bewusstsein, fiel vom Fahrrad und starb einige Stunden später. Die Autopsie seines Leichnams ergab, dass er an einem Sonnenstich gestorben war, doch sein Tod wurde schon bald dem Gebrauch von Amphetaminen zugeschrieben. Obwohl es keinen Beweis dafür gab, hielt sich dieses Gerücht so hartnäckig, dass es als

Waffe im Kampf gegen das Doping benutzt wurde und dazu beitrug, dass die Europäische Kommission 1963 eine Resolution verabschiedete, um den Gebrauch leistungssteigernder Mittel im Sport zu verbieten. Zwei Jahre später folgte ein neuer Skandal, als Millionen von Fernsehzuschauern sehen konnten, wie die französischen Favoriten Grosskost und Bayssière bei der Tour de l'Avenir während des Anstiegs zum Tourmalet glückselig lächelnd über die Straße irrten und kurz darauf aufgeben mussten. Doktor Dumas fand im Gepäck der beiden Rennfahrer eine große Menge von Amphetaminen und anderen stimulierenden Mitteln und war auch diesmal nicht bereit, darüber zu schweigen. Noch im selben Jahr wurden sowohl in Frankreich als auch in Belgien die letzten Schritte unternommen, um den Kampf gegen das Doping gesetzlich festzuschreiben. Hauptziel war dabei der Radsport. So wurde 1965 ein Gesetzesvorschlag in den belgischen Senat eingebracht, mit der Bestimmung, dass es »Teilnehmern von Radrennen oder anderen Sportwettkämpfen verboten ist, stimulierende Mittel einzunehmen«. Es versteht sich von selbst, dass die Rennfahrer gegen diese implizite Unterstellung, sie als Radsportler seien die Hauptsünder, heftig protestierten. Diese Suggestion wurde auch tatsächlich aus der letztendlichen Formulierung entfernt, doch das änderte nichts daran, dass die Auffassungen, auf denen sie basierte, unverändert bestehen blieben.

Die meisten Radsportverbände machten sich bemerkenswert wenig Illusionen über das Ausmaß, in dem stimulierende Mittel im Peloton verwendet wurden. Um die unvermeidliche negative Publizität zu umgehen, versuchten sie, sich dem Gesetz und dessen Anwendung weitestgehend zu widersetzen. Viel Erfolg hatten sie nicht. Dafür waren sie zu schlecht organisiert, und sie verfügten nur über unzureichende Verbindungen zu politischen Kreisen. Die größte Macht hatten im Radsportmilieu nicht die Verbände, sondern die Organisatoren der wichtigsten Rennen. So kostete es Goddet und Lévitan nie viel Mühe, sich die Dachorganisation Union Cycliste Internationale (UCI) gefügig zu machen. Doch da der Sport nun ein starkes, zentrales Organ benötigte, um sich gegen Eingriffe von außen zu schützen, wie es beim Fußball, beim Tennis und bei der Leichtathletik geschah, war er nahezu machtlos. So wurden die Versuche des belgischen Radsportverbandes, das Unvermeidliche möglichst lange hinauszuzögern, vom Staat mit einer großangelegten Razzia beim Start von Gent–Wevelgem im März 1965 auf einfache Weise unterbunden.

In Frankreich zeigte der Widerstand gegen die neuen Bestimmungen ebenso wenig Wirkung. Die erste Kontrolle fand am 28. Juni 1966 nach Abschluss der Tour-Etappe von Royan nach Bordeaux statt, noch keine vier Wochen, nachdem das Antidopinggesetz in Kraft getreten war. Begleitet von der Polizei besuchten zwei Ärzte die Hotels, in denen die Teams einquartiert waren, und untersuchten sechs Rennfahrer. Die beiden Mediziner fühlten deutlich einiges an Scham und nahmen deshalb nicht nur Urinproben, sondern führten außerdem eine flüchtige medizinische Untersuchung durch. Trotz dieses nicht allzu glaubwürdigen Versuchs, die Fahrer davon zu überzeugen, dass es in erster Linie um ihre Gesundheit ging, herrschte viel Aufregung im Peloton. Am nächsten Tag kam das Rennen auf Betreiben von Anquetil nach fünf Kilometern zum Stillstand, und alle stiegen ab. Der drohende Streik wurde von dem amtierenden Weltmeister Tom Simpson gebrochen. Ungewollt erwies Simpson den Dopingjägern ein Jahr später einen noch viel größeren Dienst, als er während des Anstiegs zum Mont Ventoux, unter anderem durch übermäßigen Gebrauch von stimulierenden Mitteln, zusammenbrach und trotz des Eingreifens von Dumas kurz darauf starb. Ab diesem Augenblick war weiterer Widerstand zwecklos, weil die Kontrolleure fortan mit der Sympathie der öffentlichen Meinung rechnen konnten. Nicht so sehr, weil »Betrüger« auf diese Weise entlarvt werden konnten, wie manche Zeitungen schrieben, sondern vor allem, weil man sich Sorgen machte, dass es möglicherweise noch mehr Tote geben werde.

Die Antidoping-Bewegung hatte hart darum kämpfen müssen, dass die Einführung der Kontrollen akzeptiert wird. Trotzdem zeigte dieser Sieg relativ wenig Wirkung. Jean-Marie Leblanc zufolge war die Tour von 1968, an der er selbst teilgenommen hatte, die einzige in der Geschichte, die wirklich »sauber« war. Doch zweifellos war selbst diese Einschätzung viel zu optimistisch. Es wurden in jenem Jahr nicht nur zwei Fahrer positiv getestet, sondern Doktor Pierre Dumas zufolge war es den Italienern inzwischen gelungen, die Spuren der verbotenen Mittel durch eine Kombination aus einem Diuretikum – einem harntreibenden Mittel – und dem Injizieren von Wasser in die Blase auf nahezu null zu reduzieren. Doch selbst wenn Leblanc Recht hätte, war die Wirksamkeit der Kontrollen jedenfalls von sehr kurzer Dauer. Es schien nicht sehr schwierig zu sein, einen Vorsprung zu den Dopingjägern zu wahren, und die Rennfahrer fanden schon bald Produkte, deren Verwendung nicht feststellbar war. So wurden Corticosteroide in den siebziger Jahren genauso beliebt wie Amphetamine in der Dekade davor, vor allem auch deshalb, weil sie sich erst 1999 aufspüren ließen, und dann auch nur, wenn sie in synthetischer Form verabreicht worden waren. Wachstumshormone, die etwa 1980 Einzug in den Radsport hielten, konnten sogar noch dreißig Jahre später ungestraft eingenommen werden. Und wenn ein Mittel doch nachgewiesen werden konnte, gab es oft Möglichkeiten, seinen Gebrauch zu kaschieren. So wurde 1976 ein Test entwickelt, um die Spuren von anabolen Steroiden anzuzeigen, doch noch im selben Jahr entdeckten einige Rennfahrer, dass deren Gebrauch durch Probenecid verschleiert werden konnte, ein Produkt, das erst 1988 auf die Dopingliste der UCI gesetzt werden sollte.

Es lag nicht nur an den unzureichenden Ermittlungsmethoden, dass die Antidopingpolitik so uneffektiv blieb. Ein weiterer Grund war, dass die Behörden die Dopingkontrollen nahezu vollständig den nationalen und internationalen Verbänden überließen. Dies waren Organisationen, die alles andere als neutral waren, und ihre Hauptaufgabe bestand darin, die Interessen von Rennfahrern, Sponsoren und allen anderen, die direkt am Radsport beteiligt sind, möglichst gut zu vertreten. Das bedeutete unter anderem, dass sie normalerweise bestrebt waren, die »negativen« Effekte der Antidopingpolitik auf ein Minimum zu beschränken. Der erste wichtige Schritt in diese Richtung erfolgte, als Eddy Merckx beim Giro von 1969 positiv getestet wurde, jedoch trotzdem Gelegenheit bekam, an der Tour teilzunehmen. Im Jahr davor waren die früheren Sieger Franco Balmamion und Felice Gimondi beim Giro unter vergleichbaren Umständen ebenfalls freigesprochen worden. Dies überzeugte einen großen Teil des Publikums davon, dass die Radsportautoritäten alles andere als unparteiisch waren.

Die Folge waren hartnäckige Gerüchte, wie jenes, dass der Tour-Sieger Bernard Thévénet 1977 beim Gebrauch von stimulierenden Mitteln ertappt worden sei, die Ärzte dies jedoch vertuscht hätten. Wahrscheinlich war das Gerücht unbegründet. Thévénet hat später zwar bekannt, Kortison genommen zu haben, doch dies war in jener Zeit noch nicht nachweisbar. Auch die Tatsache, dass der siebenfache Querfeldein-Weltmeister Eric De Vlaeminck nach seiner Karriere eine Entziehungskur machen musste, um von seiner Amphetaminsucht loszukommen, jedoch all die vielen Male, die er kontrolliert wurde, nie positiv getestet wurde, bestärkte das Publikum in der Meinung, dass den Kontrolleuren nicht mehr zu trauen war als den Rennfahrern. Es war denn auch kein Wunder, dass ein Radprofi, der für schuldig befunden wurde, oft mehr als Opfer oder Pechvogel betrachtet wurde denn als Betrüger. Dies wurde im Fall von Michel Pollentier 1978 nur allzu deutlich. Der Belgier wurde bei der Tour de France auf frischer Tat ertappt, als er im Anschluss an die Etappe nach Alpe d'Huez den mit der Kontrolle betrauten Arzt zu täuschen versuchte, indem er das bereitstehende Fläschchen mit jenem Urin füllte, den er in einem Kondom (üblicherweise euphemistisch »Birne« genannt) mitgeschmuggelt hatte. Obwohl niemand bezweifeln konnte, dass er verbotene Mittel benutzt hatte, wurde er mit Sympathiebezeugungen überhäuft, und bei den vielen Malen, die er während seiner Sperre bei einem Kriterium für viel Geld den Startschuss geben durfte, wurde er normalerweise lauter bejubelt als die Rennfahrer.

Einer der Gründe, weshalb das Publikum eine solch langmütige Haltung gegenüber dem Dopinggebrauch einnahm, bestand darin, dass es von der Presse in dieser Position bestärkt wurde. Sportjournalisten hatten schließlich ein Interesse daran, ein möglichst schönes Bild vom Radsport zu zeichnen. Solange dies plausibel blieb, konnte es ohne größere Probleme aufrechterhalten werden. Doch in den neunziger Jahren wurde dies schwieriger. Zunächst gab es um 1990 herum eine Reihe von mysteriösen Todesfällen. Obwohl diese oft dem Gebrauch von Dopingpraktiken zugeschrieben wurden, ließen sie sich noch als zufällig betrachten. Dies wurde mit der plötzlichen Renaissance des italienischen Radsports schwieriger. Am Ende der achtziger Jahre war dieser in die Zweitklassigkeit abgerutscht, produzierte jedoch auf einmal einen Supermann nach dem anderen. Die Sportpresse schrieb dies anfangs den neuen Trainingsmethoden zu, bei denen ausgiebig Gebrauch von Herzfrequenzmessern gemacht wurde. Doch als diese Methoden in anderen Ländern übernommen wurden und die italienische Vorherrschaft gewahrt blieb, wurde immer öfter auf ein neues, äußerst effektives Mittel verwiesen, das zwar 1990 auf die Dopingliste gesetzt wurde, jedoch noch nicht nachweisbar war: Erythropoietin (EPO).

Der Moment, in dem diese anfangs vornehmlich hinter vorgehaltener Hand geäußerten Beschuldigungen öffentlich wurden, kam sofort nach dem Wallonischen Pfeil von 1994. Während der zweiten Passage der Mauer von Huy fuhren Moreno Argentin, Giorgio Furlan und Jewgeni Berzin, alle drei zum Gewiss-Team gehörend, mit scheinbarer Mühelosigkeit dem Peloton davon und wurden auf den sechzig darauffolgenden Kilometern nicht mehr in ihrer Führung bedroht. Die Plätze vier bis acht Platz gingen ebenfalls an Italiener. Es war kein Sportblatt, sondern die liberale *La Repubblica*, die anlässlich der »Verdachtsfälle, die schon monatelang mit den Erfolgen des italienischen Radsports verbunden sind«, ein aufsehenerregendes Interview mit Michele Ferrari, dem Teamarzt von Gewiss, veröffentlichte. Dieser machte einige bemerkenswerte Aussagen. So erklärte er, dass Produkte, die nicht nachgewiesen werden können, kein Doping seien, und gab zu, dass er sie ebenfalls gebrauchen würde, wenn er Rennfahrer wäre. Er fügte außerdem hinzu, dass EPO nur dann gefährlich sei, wenn es falsch angewandt werde.

Das Interview sorgte für einen Skandal, und die Direktion von Gewiss sah sich gezwungen, ihren erfolgreichen Mannschaftsarzt zu entlassen. Viele fragten sich, wie es möglich sei, dass ein intelligenter Mann wie Ferrari eine solche Dummheit beging. Die Antwort war, dass von einer Dummheit gar keine Rede sein konnte. Das Interview war in Wirklichkeit eine Werbung in eigener Sache. Mit dem Wallonischen Pfeil hatte Ferrari seine Fähigkeiten demonstriert und machte nun deutlich, dass er keinerlei moralische Bedenken gegen den Gebrauch von stimulierenden Mitteln hatte. Sobald er seines Amtes enthoben war, wurde er denn auch mit Anfragen von Rennfahrern, die sich gerne in seine Obhut begeben wollten, überhäuft. Der Andrang war so groß, dass er schon bald keine Zeit mehr für weitere neue »Patienten« fand. Der junge Lance Armstrong benötigte die Empfehlung von Eddy Merckx, um doch noch angenommen zu werden.

Die unmittelbare Folge der Exhibition des Gewiss-Teams und der Offenherzigkeit von Ferrari war, dass es Journalisten immer schwerer fiel, das Thema Doping zu vermeiden. So reagierten 1996 sogar Sportblätter mit einiger Skepsis auf den Tour-Sieg des ehemaligen Gewiss-Fahrers Bjarne Riis, der in den ersten sieben Jahren seiner Profikarriere bei den Bergetappen ständig hinterher gefahren war, sich mit dreißig jedoch plötzlich zu einem Superkletterer entwickelt hatte. Das sollte ihm einige Jahre später den Spitznamen »Monsieur 60%« einbringen, ein Verweis auf den künstlich erhöhten Hämatokritwert, den Prozentsatz der roten Blutkörperchen, über den er verfügen sollte. Sein Pfleger Jef d'Hondt würde später übrigens schreiben, dass Riis während der Tour von 1996 ein Maximum von 64 Prozent erreichte, das Anderthalbfache seines normalen Niveaus.

Obwohl das Ausmaß des EPO-Missbrauchs für Insider kein Geheimnis mehr war, gab es wenige stichfeste Beweise, und wenn Journalisten Verdacht hegten, beschränkten sie sich normalerweise auf Suggestionen und Andeutungen. Doch in dem Moment, als der Festina-Skandal ausbrach, konnten die Medien keine Zurückhaltung mehr üben, wenn sie nicht als äußerst naiv gelten wollten. So erklärte Pierre Ballester von *L'Équipe*, künftig kein Sportjournalist mehr, sondern ganz einfach nur Journalist zu sein. Die Fernsehsender beteiligten sich ebenfalls nach Kräften und wetteiferten miteinander darum, die Art und Weise, in der Polizei und Justiz eingriffen, möglichst sensationell in Szene zu setzen. *France 2* ging sogar so weit, seine Reporter zu den Hotels zu schicken, in denen die Teams einquartiert waren, um den Inhalt von Müllsäcken durchsuchen zu lassen. Die Empörung der Fahrer über die mangelnde Loyalität des Senders, der durch sein Monopol auf die Senderechte doch größtes Interesse an einem reibungslosen Rennverlauf haben sollte, führte am nächsten Tag sogar zu einem zweistündigen Streik. Große Wirkung hatte der Streik nicht. Der Strom der Enthüllungen hatte gerade erst begonnen. So veröffentlichte der *France-Soir* einen eingehenden Bericht über die Geständnisse, welche die Festina-Rennfahrer abgelegt hatten. Einen Monat später erschien ein Buch von Willy Voet, in dem er die Dopingpraktiken im Peloton detailliert beschrieb. Dem Buch folgte eine Serie von anderen Publikationen aus der Welt des Radsports mit allerlei peinlichen Informationen.

Die Haltung, die das westeuropäische Radsportpublikum gegenüber seinem Lieblingssport einnahm, war so stark in der Tradition verwurzelt, dass die vielen neuen Berichte über den Dopinggebrauch ihr anfangs kaum etwas anhaben konnten. Zwar geschah es in den ersten Wochen danach oft, dass Rennfahrer während ihrer Trainingsfahrten ausgebuht und beschimpft wurden, doch von den Radsportliebhabern, die als Zuschauer zu den Rennen kamen, hatten sie wenig zu befürchten. Als die Festina-Fahrer im September der Spanien-Rundfahrt ihre Aufwartung machten, erhielten sie noch mehr Applaus als die inländischen Teams. Die feindselige Haltung des kritischsten Teils des Publikums schwächte sich außerdem schnell ab. Die Strategie der Tour-Direktion und der UCI, das Festina-Team als einen »faulen Apfel« in einer ansonsten größtenteils sauberen Radsportwelt zu präsentieren, schien also auf den ersten Blick aufzugehen. Doch so einfach war das nicht. Der Sport an sich hatte sich vielleicht nur wenig verändert, doch sein Platz in der Gesellschaft war äußerst verwundbar geworden.

Kapitel XII

EINE SAUBERE TOUR

Die Tour von 1998 war »eine Saison in der Hölle«. Es hatten sich sogar Stimmen zu Wort gemeldet, die verlangten, ein Jahr lang alle Profistraßenradrennen abzusagen und den Rennbetrieb erst wieder aufzunehmen, wenn die Welt des Radsports sauber geworden sei. So weit kam es nicht, doch vielen war klar, dass das Überleben des Sports womöglich auf dem Spiel stand. Was das betrifft, verliefen die ersten Monate der Saison alles andere als beruhigend. Das Abfangen eines an den ehemaligen Rennfahrer Gianni Bugno adressierten Amphetaminvorrates führte am 1. April zu einer spektakulären Aktion der belgischen Polizei bei dem Etappenrennen »Drei Tage von De Panne«. Bewaffnete Polizisten zwangen das Peloton anzuhalten und nahmen Bugnos frühere Teamkameraden zum Verhör mit zur Polizeiwache. Es blieb nicht dabei. Das Pariser Rauschgiftdezernat unternahm eine Razzia bei dem Tierarzt Saiz, Spitzname »Doktor Mabuse«, der eine Reihe von Radprofis betreute, darunter das vielversprechende belgische Talent Frank Vandenbroucke. Die Staatsanwaltschaft von Chambery ordnete eine Untersuchung des belgischen Teams Vlaanderen 2000 an, weil dieses sich auf der Autobahn einer Anzahl von Dopingprodukten entledigt hatte. Ein neuer schwarzer Tag brach an, als Marco Pantani, der kurz davor stand, den Giro d'Italia zu gewinnen, zwei Tage vor dem Ende der Rundfahrt offenbar einen Hämatokritwert aufwies, der weit über den erlaubten 50 Prozent lag, und nach Hause fahren konnte. Das Einzige, womit die UCI zufrieden sein konnte, war, dass sich Marie-George Buffets Hoffnung auf einen Strom von Enthüllungen über die Heimsuchungen des Pelotons nicht erfüllt hatte. Die Welt des Radsports hatte sich wie eine belagerte Festung von der Außenwelt abgekapselt. Rennfahrer sprachen fast nicht mehr mit Journalisten, und keiner der Profis, die noch aktiv waren, hatte Einzelheiten über den Umfang des Dopinggebrauchs im Peloton preisgeben wollen.

Die Tour de France 1999 war ein wichtiger Testfall. Die Organisatoren und alle anderen, die geschäftlich mit dem Radsport zu tun hatten, hielten drei Wochen lang den Atem an, doch alles schien vortrefflich zu laufen. Es fanden keine Polizeirazzien statt, und ebenso wenig ereigneten sich Dopingskandale. Der Belgier Ludo Dierckxsens wurde zwar aus dem Rennen genommen, doch das geschah nur deshalb, weil er zu spät gemeldet hatte, dass er sein Knie mit Corticosteroiden hatte behandeln lassen. Er wurde noch nicht mal positiv getestet. Diese ziemlich unschuldige Episode wurde außerdem durch das, wie *L'Équipe* es formulierte, »sensationellste Comeback der Sportgeschichte« vollkommen in den Schatten gestellt. Der Held war der Amerikaner Lance Armstrong.

Im Jahr 1993 war er im Alter von einundzwanzig Jahren Weltmeister geworden. In den drei anschließenden Saisons erzielte er eine Reihe von weiteren wichtigen Siegen und Ehrenplätzen und kletterte in der Weltrangliste bis auf den sechsten Platz. Im Oktober 1996 wurde festgestellt, dass er an Hodenkrebs litt, dessen Metastasen sich bereits in seinem ganzen Körper ausgebreitet hatten. Die Überlebenschancen wurden auf nicht mehr als 50 Prozent geschätzt. Nach einer Operation und drei Monaten intensiver Chemotherapie wurde er für vorläufig geheilt erklärt, und er fing an, sich zu erholen. Fast niemand rechnete damit, dass er seine Karriere als Radrennfahrer würde fortsetzen können, und dass er im Februar bei der Ruta del Sol nicht nur an den Start ging, sondern diese auch zu Ende fuhr, erschien fast als ein Wunder. Ein vierter Platz bei der Spanien-Rundfahrt und ein zweiter beim Amstel Gold Race wiesen darauf hin, dass er sich seinem früheren Niveau weitgehend angenähert hatte, und unter Abwesenheit von Ullrich und Pantani galt er bei der Tour von 1999 sogar als einer der Favoriten. Er eroberte auch tatsächlich beim ersten Zeitfahren das Gelbe Trikot und gewann zwei Tage später die große Alpenetappe. Sein Vorsprung auf die Nummer zwei war auf sechs Minuten gewachsen, und sein erster Platz in der Gesamtwertung geriet des Weiteren nicht mehr in Gefahr.

Ohne Armstrong hätte Alex Zülle diese Tour gewonnen, hinter ihm belegte mit Laurent Dufaux ein weiterer Festina-Rennfahrer den dritten Platz. Kurzum, Paris sah 1999 ein Podium, das auf den Ehrenplätzen weitaus weniger als Symbol für eine »Tour der Erneuerung« prädestiniert war als der Rennfahrer, der fast vom Tode auferstanden war und nun ganz oben stand. Auch in anderer Hinsicht war Armstrongs Sieg ein Segen. Sein dramatischer Lebenslauf beflügelte bis weit über die Welt des Radsports hinaus die Fantasie, während ein amerikanischer Sieger in kommerzieller Hinsicht geradezu ideal war. Der Festina-Skandal hatte nämlich die Bereitschaft der Sponsoren aus den Vereinigten Staaten, viel Geld in die Tour zu investieren, drastisch verringert. Eine Studie im Auftrag des Schweizer Nestlé-Konzerns zeigte, dass das Bild vom Radsport in Ländern wie Frankreich, Belgien und Spanien fast keinen Schaden genommen hatte, doch multinationale Konzerne konnten nicht damit rechnen, dass das Publikum außerhalb der traditionellen Radsportländer genauso wohlwollend war. So beschloss Coca-Cola, einer der drei Hauptsponsoren der Tour, nur noch zwanzig Prozent des früheren Betrages für Werbung bei der Frankreich-Rundfahrt auszugeben und künftig mit einer weitaus bescheideneren Präsenz bei der Tour Vorlieb zu nehmen. Nahezu alle anderen Unternehmen ließen in ihren Vertrag die Klausel aufnehmen, dass sie bei einem neuen Dopingskandal das Recht hatten, alle Verpflichtungen fristlos zu kündigen. Doch mit dem Erfolg von Armstrong und den Emotionen, die er in den USA ausgelöst hatte, konnte eine ganz neue Quelle von potenziellen Investoren angezapft werden.

Die Tour von 1999 war so reibungslos verlaufen, dass Jean-Marie Leblanc ohne mit der Wimper zu zucken behaupten konnte, dass sich eine »kulturelle Revolution« vollzogen habe. Dennoch war keine Rede davon, dass der Schaden, den der Festina-Skandal verursacht hatte, wiedergutgemacht war. Wenn Armstrong seinen Sieg zwei oder drei Jahre früher erzielt hätte, wäre das Wort Doping wohl kaum gefallen. Doch nach der Festina-Affäre wurde jeder aufsehenerregende Erfolg mit Misstrauen betrachtet. Dass keiner der Rennfahrer positiv getestet worden war, änderte daran nichts. Schließlich galt dies auch für die von Skandalen geplagte Tour des Jahres davor. Kritische Journalisten sahen im Gegensatz zu Leblanc auch nur wenige Symptome, die als Zeichen einer neuen Mentalität verstanden werden konnten. Die Haltung gegenüber Christophe Bassons, dem einzigen Festina-Fahrer, der kein Doping benutzt hatte, deutete vielmehr auf das Gegenteil hin. Die französische Presse hatte Bassons in ihre Arme geschlossen, und die Tageszeitung *Le Parisien* gab ihm sogar eine eigene Kolumne. Die Folge dieser Sonderstellung war, dass Bassons von den anderen Radprofis als ein Paria behandelt wurde. Die Mitglieder seines neuen Teams, Française des Jeux, gingen selbst so weit, ihm seinen Anteil an den Preisgeldern vorzuenthalten. Als Lance Armstrong, der Träger des Gelben Trikots, ihn außerdem wissen ließ, dass im Peloton kein Wert mehr auf seine Anwesenheit gelegt werde, blieb Bassons nicht viel anderes übrig, als nach Hause zu fahren. Zwei Jahre später zog er sich aus dem Radsport zurück.

1999 durfte sich Tour-Direktor Leblanc über einen Sieger freuen, der geradezu mustergültig das ausgegebene Motto von einer »Rundfahrt der Erneuerung« verkörperte: der von einer schweren Krebserkrankung genesene Ex-Weltmeister Lance Armstrong. Andere europäische Journalisten hegten indes bereits Zweifel am Saubermann-Image des Amerikaners.

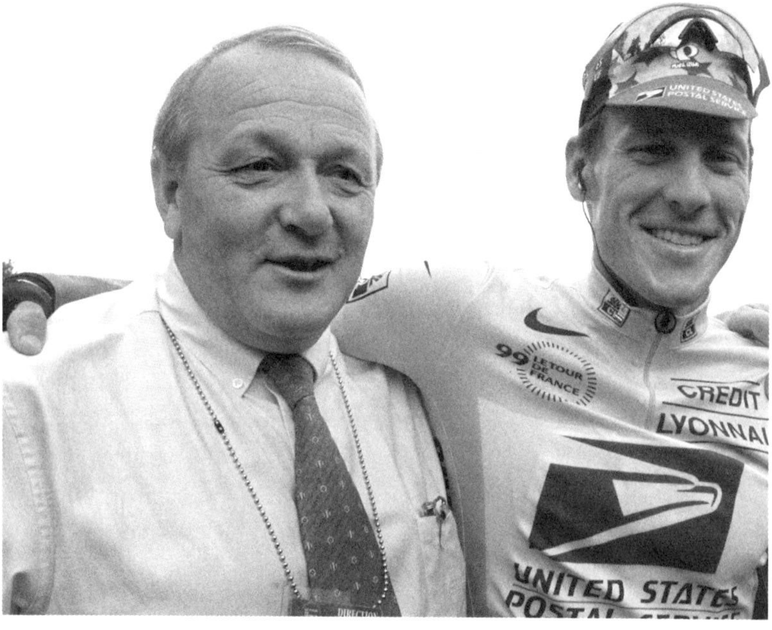

Das enorm hohe Tempo, mit dem die Tour 1999 ausgefahren wurde, wies ebenfalls kaum auf ein geläutertes Peloton hin. Zu Hinaults Zeiten hatte die schnellste Tour eine Durchschnittsgeschwindigkeit von 37,84 Kilometern pro Stunde. Das war nur geringfügig schneller als die 37,32 km/h von Anquetil im Jahr 1962. Die Abweichung lag zudem ganz im Bereich einer normalen Progression. Doch ab 1988, dem Jahr, in dem EPO in den Radsport kam, stieg die Durchschnittsgeschwindigkeit der Tour sprunghaft an. Im Jahr 1992 betrug sie erstmals mehr als 39 km/h. Im Jahr 1998, dem Jahr des Festina-Skandals, wurde mit 39,98 sogar fast die 40-km/h-Schwelle erreicht. Wenn die Tour von 1999 wirklich eine »Tour der Erneuerung« gewesen wäre, wäre es nur logisch gewesen, wenn das Stundenmittel deutlich gesunken wäre. Jean-Marie Leblanc hatte zuvor auch wissen lassen, dass er mit 37 km/h sehr zufrieden sein würde. Doch davon war keine Rede, im Gegenteil. Mit 40,28 km/h wurde ein neuer Rekord erzielt. Die 191 Kilometer lange Etappe von Laval nach Blois wurde sogar mit einer Durchschnittsgeschwindigkeit von über 50 km/h bestritten.

Noch beunruhigender waren die Ergebnisse der Bluttests. Obwohl der Hämatokritwert von keinem der teilnehmenden Rennfahrer über der erlaubten Grenze von 50 Prozent lag, fiel der gemessene Durchschnitt nicht geringer aus als bei der Tour von 1998. Die einzige logische Erklärung dafür war, dass die Rennfahrer noch genauso viel EPO benutzten wie im Jahr davor. Dies sollte einige Jahre später durch den Mountainbiker Jérôme Chiotti und den Straßenrennfahrer Filippo Simeoni, die beiden ersten noch aktiven Profis, die das Schweigegelübde gegenüber der Außenwelt brachen und Einzelheiten über den Umfang des Dopings in der Welt des Radsports verrieten, bestätigt werden. Beide wurden übrigens sofort von der UCI gesperrt. Offiziell, weil sie zugegeben hatten, verbotene Mittel benutzt zu haben, in Wirklichkeit jedoch wohl eher, um derartigen Indiskretionen einen Riegel vorzuschieben.

Wie viele Zweifel an Leblancs Beteuerung bestanden, dass die Rundfahrt von 1999 einen Neubeginn darstelle, zeigten auch die sehr gemischten Reaktionen, mit denen Armstrongs Sieg aufgenommen wurde. Unter anderen Umständen hätte das Comeback des Amerikaners einen Ehrenplatz in der Galerie der Tour-Legenden erhalten, die der Frankreich-Rundfahrt ihr besonderes Kolorit verleihen. Doch nach der Festina-Affäre und den anschließenden Enthüllungen gab es nichts Suspekteres als eine wunderbare Leistung. In den Jahren vor seiner Erkrankung war Armstrong beim Zeitfahren nie unter den ersten zehn zu finden gewesen, während er es bei einer Bergetappe nie weiter als bis auf den vierzigsten Platz gebracht hatte. Wie war es dann möglich, dass er nun das ganze Peloton, von dem ein substanzieller Teil zweifellos noch immer EPO benutzte, plötzlich auf beiden Gebieten schlug? Natürlich hatte Armstrong Millionen von Bewunderern, vor allem in den Vereinigten Staaten, die jedwede Suggestion, dass sein Comeback nicht auf natürliche Weise zustande gekommen sei, empört von der Hand wiesen. Doch die meisten europäischen Journalisten zeigten sich äußerst skeptisch. Mehr oder weniger gespannt warteten sie nur auf den Augenblick, in dem der Amerikaner erwischt werden würde.

Die Jagd wurde von der französischen Tageszeitung *Le Monde* mit der Enthüllung eröffnet, dass nach der ersten Etappe Corticosteroide in Armstrongs Urin gefunden worden seien. Der Amerikaner leugnete dies nicht, doch ihm zufolge war es nur dazu gekommen, weil er nach dem Prolog eine Salbe auf sein schmerzendes Gesäß geschmiert habe. Da die Mengen der verbotenen Substanz – im Gegensatz zu dem, was in *Le Monde* behauptet wurde – sehr gering waren und bei der Kontrolle am Tag davor tatsächlich noch nicht vorhanden waren, wurde diese Erklärung akzeptiert. An sich war dies nicht regelkonform. Wenn es tatsächlich um eine Salbe ging, dann hätte Armstrong diese nur benutzen dürfen, wenn er vor dem Start der Tour ein ärztliches Attest vorgelegt hätte. Doch dass diese Angelegenheit so enorm aufgebauscht wurde, dass die Redaktion von *Le Monde* sogar ihre übliche Sorgfalt vergaß, beweist, wie tief verwurzelt das Misstrauen war.

Es überrascht auch nicht, dass die Zweifel an Armstrongs Sieg nach dem ersten Corticosteroid-Zwischenfall nicht aufhörten. Er und sein Team entkamen kaum noch einen Augenblick lang dem kritischen Auge der Medien, und das galt umso mehr, nachdem sich sein erster Tour-Triumph als der Beginn einer langen Siegesserie erwies. Der irische Journalist David Walsh und sein französischer Kollege Pierre Ballester brachten sogar drei Bücher heraus, um aufzuzeigen, dass der Amerikaner verbotene Mittel benutzt hatte, auch wenn sie zugeben mussten, dass die *smoking gun*, die allen Zweifeln ein Ende bereitet hätte, vorläufig fehlte. Trotzdem sorgten sie für viele Enthüllungen. So stimmte Armstrongs Behauptung, nach seiner Krankheit neun Kilogramm weniger zu wiegen als vorher, was als plausibelste Erklärung für seine enorme Leistungssteigerung als Kletterer herhalten musste, nicht mit den Tatsachen überein. Wenn von Gewichtsverlust die Rede war, betrug dieser höchstens ein paar Unzen. Eine weitere Entdeckung war die, dass der Amerikaner ab 1995 insgeheim Kontakte zu dem Sportarzt Michele Ferrari unterhalten hatte. Er war sogar so weit gegangen, sich gegen Zahlung einer ansehnlichen Summe versichern zu lassen, dass der italienische Arzt seine Dienste nicht gleichzeitig auch seinen Konkurrenten anbot. Armstrongs Position wurde überdies weiter untergraben, als mehrere Pfleger und Mannschaftskameraden aus seiner Glanzzeit einer nach dem anderen unter Eid aussagten, dass sie ihren Mannschaftskapitän viele Male verbotene Mittel hatten einnehmen sehen.

Wenn Armstrong sich gedopt hatte, war er nur einer von vielen, und allein schon deswegen erscheint die jahrelange Kampagne, die gegen ihn geführt wurde, jedes Maß zu übersteigen. Walsh, Ballester und andere Journalisten wie etwa der irische Ex-Radprofi Paul Kimmage glaubten allerdings, dass Armstrong nicht nur selbst verbotene Substanzen benutzte, sondern dass er der Verwendung dieser Mittel außerdem Vorschub geleistet hat, wie sein ehemaliger Teamkamerad Floyd Landis später bestätigen sollte. Sie waren außerdem davon überzeugt, dass die Tour-Direktion und die UCI all die Zeit schützend ihre Hand über ihn hielten. Es gab tatsächlich gute Gründe für diese Behauptung. Für die Amaury Sport Organisation (A.S.O.), das Unternehmen, das die Tour organisierte, wäre es eine Katastrophe gewesen, wenn Armstrong positiv getestet worden wäre. Das Interesse am Radsport war dank seiner Leistungen weltweit gestiegen. Auch, weil er sich nur selten bei anderen Rennen blicken ließ, hatte er ganz wesentlich dazu beigetragen, dass die Tour eine unangreifbare Stellung erlangt hatte. Als sich der Amerikaner verabschiedete, wurde der Wert der Rundfahrt auf über eine Milliarde Euro geschätzt.

Die UCI hatte ebenfalls Grund dazu, sich gegenüber Armstrong äußerst wohlwollend zu zeigen, jedoch nicht aus denselben Gründen wie die A.S.O. Bis in die neunziger Jahre hinein entlehnte die Internationale Radsportunion ihre Macht nahezu ausschließlich der Organisation der Weltmeisterschaften. Doch dank der Antidopinggesetze war ihre Position stärker geworden. Der Radsport war jahrzehntelang fast ein kleiner, selbstständiger Staat gewesen. Der Gebrauch von Doping war in Ländern wie Frankreich, Italien und Belgien zwar offiziell verboten, doch dieses Gesetz wurde nur selten angewandt. Erst nach der Festina-Affäre begannen die Polizei und die Justiz, viel aktiver zu werden, vertrauten dabei jedoch der UCI eine wichtige Rolle an. So führte diese alle Kontrollen durch und besaß außerdem das Recht, Disziplinarstrafen wie Startverbote oder Sperren zu verhängen.

Die UCI beschränkte sich bei ihren neuen Zuständigkeiten anfangs weitestgehend auf ihre traditionelle Aufgabe, nämlich die Interessen des Radsports möglichst gut zu vertreten. Das bedeutete in erster Linie, dass Skandale tunlichst zu vermeiden waren. So fiel einigen Rennfahrern auf, dass die Hämatokritwerte, welche die Zentrifugen des Weltverbandes auswiesen, immer zwei Einheiten unter den Werten lagen, die ihre eigenen Geräte anzeigten. UCI-Präsident Hein Verbruggen versäumte es auch nie, bekanntzugeben, dass eine neue Methode entwickelt worden sei, um ein verbotenes Produkt nachzuweisen. Rennfahrer und ihre Ärzte erhielten dadurch reichlich Gelegenheit, die notwendigen Vorsichtsmaßnahmen zu ergreifen. Doch trotz seiner Langmut schreckte Verbruggen nicht davor zurück, seine Befugnisse als Machtmittel einzusetzen. So soll er dem Festina-Teamchef Bruno Roussel bereits im Jahr 1994 während eines Konfliktes gedroht haben, einen seiner Rennfahrer für positiv zu erklären.

Nicht nur durch ihre Schlüsselposition in der Dopingbekämpfung wurde die Rolle der UCI immer wichtiger. Anfangs stand sie den Organisatoren der großen Rundfahrten fast machtlos gegenüber. So ist die A.S.O. nicht nur Eigentümerin der Tour, sondern auch von Paris–Roubaix, Paris–Tours, den beiden Ardennen-Klassikern, Paris–Nizza, der Dauphiné Libéré und einer Anzahl weiterer Rennen. Zusammen mit der italienischen RCS Sport, die den Giro, Mailand–Sanremo und die Lombardei-Rundfahrt unter ihrer Obhut hat, besitzt sie fast ein Monopol auf wichtige Radrennen. Diese Position schien unantastbar zu sein, solange die drei Länder, in denen diese Rennen stattfanden, das Zentrum der Radsportwelt bildeten. Doch gerade in der Armstrong-Ära änderte sich dies. Als er die Tour 1999 zum ersten Mal gewann, kam noch über die Hälfte der Teilnehmer aus Frankreich, Italien und Belgien, 2005 hingegen, im Jahr seines letzten Sieges, kaum mehr als ein Drittel. Der Anteil der Fahrer, die von außerhalb Westeuropas stammten, stieg in diesem Zeitraum von 13 auf 21 Prozent.

Im Jahr 1988 hatte die UCI bereits einen Versuch unternommen, den Straßenradsport außerhalb der drei klassischen Radsportländer zu fördern, indem sie einen Weltcup schuf. Die Punkte für diese Wertung konnten nicht nur bei prestigeträchtigen Klassikern wie Paris–Roubaix oder Mailand–Sanremo gesammelt werden, sondern auch bei Rennen viel jüngeren Datums wie etwa der spanischen Clásica San Sebastián oder den deutschen HEW (später Vattenfall) Cyclassics. Verbruggen versuchte, dem Weltcup einen globalen Charakter zu geben, indem er auch Rennen in Kanada, England und Japan in die Wertung aufnahm, jedoch ohne großen Erfolg.

Abgesehen von den Diskussionen über die Frage, bei welchen Rennen Punkte erzielt werden konnten, stieß die Einrichtung des Weltcups auf wenig Kritik. Dies galt jedoch nicht für den neuen Wettbewerb, den Verbruggen im Jahr 2004 erschaffen wollte, die ProTour. Ausschlaggebend dafür war aber nicht etwa, dass neben den Eintagesklassikern auch Etappenrennen in das Schema aufgenommen wurden, und ebenso wenig, dass die Mannschaften, die teilnehmen wollten, eine Reihe von Bedingungen erfüllen mussten, sei es die Einführung eines strengen Antidopingprogramms, die Schaffung von Ausbildungsplätzen für junge Rennfahrer oder die Garantie, dass der Hauptsponsor mindestens vier Jahre lang aktiv bleiben sollte.

Das Haupthindernis war, dass die UCI die nominierten Teams zwingen wollte, an allen Rennen des ProTour-Kalenders teilzunehmen. Für die Veranstalter ihrerseits bedeutete dies die Verpflichtung, all diese Anmeldungen anzunehmen. Dadurch konnten sie zwar darauf vertrauen, dass die jeweils besten Teams an den Start gingen, doch dem stand gegenüber, dass sie nur noch sehr partiell selbst über die Zusammensetzung des Teilnehmerfeldes bestimmen konnten. Sie würden zwar weiterhin befugt sein, eine Anzahl von Wildcards zu verteilen, doch weil achtzehn bis zwanzig ProTour-Lizenzen ausgegeben – oder besser gesagt: verkauft – werden sollten, gab es dafür nur wenig Spielraum.

Auf den ersten Blick schienen die neuen Regeln, welche die UCI einführte, nicht sehr revolutionär zu sein, doch sie konnten tiefgreifende Folgen haben. So machte Verbruggen kein Geheimnis daraus, dass er auf diese Weise eine Radsportwelt zu erschaffen hoffte, »in der sich nicht alles um die Tour drehte«. Was ihm vorschwebte, war das Modell der Formel 1 im Automobilrennsport, bei dem die besten Rennfahrer mindestens fünfzehn Mal pro Jahr um einen Grand Prix kämpfen und es von untergeordnetem Interesse ist, ob das Rennen in Monaco, Hockenheim, Bahrain oder einem anderen Ort stattfindet. Um zu verhindern, dass manche Rennen mit B-Teams abgespeist werden, wollte die UCI denn auch anfangs bei der Zusammenstellung der Teams eine Stimme haben, doch das erwies sich als nicht machbar.

Die Gründung der ProTour war nicht nur ein ehrgeiziger Versuch, die traditionelle Struktur des Radsports zu durchbrechen, sondern ein regelrechter Putsch. Jahrzehntelang hatte die UCI sich den Wünschen der Tour-Direktion beugen müssen, doch nun, da die Macht des Radsportweltverbandes durch die Aufsicht über die Dopingkontrollen beträchtlich gewachsen war, glaubte Verbruggen, den Spieß umdrehen zu können. Er ging selbst so weit, zu fordern, dass die Organisatoren ihre Rennen erst dann abhalten durften, wenn sie dafür von der UCI eine Lizenz erhalten hatten.

Wenn sich die Tour de France in einer Notlage befunden hätte, ist nicht auszuschließen, dass ihre Direktion die Pläne Verbruggens akzeptiert hätte, doch davon konnte 2004 keine Rede sein. Die A.S.O. hatte denn auch überhaupt nicht die Absicht, die UCI bestimmen zu lassen, welche Teams zur Frankreich-Rundfahrt eingeladen werden sollten, geschweige denn, dass sie bereit gewesen wäre, einen Teil der lukrativen Fernsehrechte »zum Wohle des Radsports« abzutreten, wie Verbruggen es verlangte. Der UCI-Präsident ließ sich durch diese Weigerung nicht aus dem Feld schlagen und glaubte, die A.S.O. hinreichend isolieren zu können, um seinen Willen durchzusetzen. Die italienische RCS Sport und die spanische Unipublic, die Organisatorin der Vuelta, schlugen sich zwar auf die Seite der Franzosen, doch Verbruggen nahm an, dass sie ihre Meinung ändern würden, wenn sie einsähen, wie viel Profit ihnen die ProTour bescheren würde.

Es war jedenfalls ein Triumph, dass die ProTour im April 2005 trotz aller Meinungsverschiedenheiten mit der Fernfahrt Paris–Nizza starten konnte. Am Abend davor überreichte Hein Verbruggen das Weiße Trikot des Spitzenreiters an Lance Armstrong. Dieser hatte die Schöpfung des UCI-Präsidenten in einem Videoclip als »Radsport der Zukunft« gepriesen. Nichts als schöne Worte, vor allem auch deshalb, weil der Amerikaner mehr als jeder andere zum Haupthindernis für das Gelingen des neuen Wettkampfs beigetragen hatte: Es war nicht zuletzt Armstrong zu verdanken, dass sich die Tour de France mehr und mehr zum alles beherrschenden Rennen der Saison entwickelt hatte. Wie schwierig dieses Hindernis zu überwinden war, zeigte sich drei Jahre später. Patrice Clerc, der Direktor der A.S.O., ließ nämlich wissen, dass das Astana-Team trotz seiner ProTour-Lizenz nicht an Paris–Nizza und der Tour teilnehmen dürfe. Nach Aussage von Patrick McQuaid, des irischen Ex-Radrennfahrers, der im September 2005 die Nachfolge von Verbruggen angetreten hatte, wollte sich Clerc nur für die ihm unliebsame Politik der UCI rächen. Schließlich hatte selbst das Festina-Team ein Jahr nach dem Skandal kein Startverbot bekommen. McQuaid glaubte, dass die Meinungsverschiedenheit zwischen den beiden Instanzen auf eine moralische Frage hinauslief: Die UCI richte sich auf das Wohl des Radsports, während die A.S.O. nur hinter dem Geld her sei.

Es versteht sich von selbst, dass A.S.O.-Direktor Clerc eine ganz andere Erklärung für den Konflikt mit der UCI hatte. Ihm zufolge lag der Kern der Uneinigkeit auf einem anderen Gebiet, als McQuaid behauptete. Die Tour-Direktion vertrete nämlich eine viel strengere Antidopingpolitik als die UCI. Der Grund, weshalb das Astana-Team nicht eingeladen wurde, liege auch darin, dass dessen Kapitän Alexander Winokurow bei der Tour von 2007 positiv getestet worden war. Dadurch habe das Image der Rundfahrt erheblich Schaden genommen. Dies sei der Grund, warum das kasachische Team vorläufig nicht willkommen sei. McQuaid führte dagegen an, dass der Kampf gegen das Doping gerade durch die Entscheidung der A.S.O. gefährdet werde. Wenn das Astana-Team nicht an Paris–Nizza oder der Tour teilnehmen dürfe, seien diese Rennen illegal, was bedeute, dass die UCI keine Kontrollen durchführen werde. Dies habe unter anderem zur Folge, dass sich die Einführung des biologischen Passes, des neuen Trumpfes, um den Gebrauch von verbotenen Mitteln zu bannen, gravierend verzögern werde.

McQuaid schreckte sogar nicht davor zurück, die direkte Konfrontation mit der A.S.O. zu suchen. Im Namen der UCI verbot er im Frühjahr 2008 den Radsportteams die Teilnahme an Paris–Nizza. Außerdem erhielten die Rennfahrer einen Brief, in dem schwarz auf weiß zu lesen war, dass jeder, der an den Start gehe, gesperrt werde und nicht mehr an der Weltmeisterschaft oder den Olympischen Spielen teilnehmen dürfe. Cédric Vasseur, der Präsident der Cyclistes Professionnels Associés (CPA), der 1999 gegründeten Radsportgewerkschaft, protestierte heftig gegen die Art und Weise, in der die Radprofis vor eine unmögliche Entscheidung gestellt wurden; doch in diesem Konflikt waren sie machtlos.

Trotz der markigen Worte von McQuaid und Hein Verbruggen, der seine neue Funktion als Mitglied des Internationalen Olympischen Komitees mit der Vizepräsidentschaft bei der UCI kombinierte, wurde schon bald klar, dass ihre Position beträchtlich schwächer war, als sie angenommen hatten. Clerc brauchte nur zu erklären, dass er nach Paris–Nizza entscheiden werde, welche Teams zur Tour de France eingeladen werden und welche nicht, um die Machtverhältnisse deutlich zu machen. Für die meisten Sponsoren der großen Teams war die Teilnahme an der Frankreich-Rundfahrt absolut essenziell, und sie wollten um jeden Preis vermeiden, mit der Instanz, die darüber entschied, in Konflikt zu geraten. Am Tag des Prologs erschienen denn auch die Fahrer aller zwanzig eingeladenen Teams am Start. Weil der französische Radsportverband sich ebenso wie der italienische, belgische und spanische Verband gegen die UCI gestellt hatte und bereit war, das Rennen unter seine Schirmherrschaft zu nehmen, war von einer »illegalen« Veranstaltung keine Rede, umso mehr, als die französische Regierung ebenfalls ihre Einwilligung für das Rennen gab. Die anderen Trümpfe, die McQuaid in Händen zu haben glaubte, erwiesen sich als genauso nutzlos. Die World Anti-Doping Agency (WADA) ließ wissen, dass die Anwendung des biologischen Passes während der Tour kein Problem darstelle, während die Agence Française de Lutte contre le Dopage (AFLD) sich sofort bereit zeigte, die Dopingkontrollen zu übernehmen. McQuaid und Verbruggen mussten zugeben, dass die UCI an allen Fronten geschlagen war.

Die A.S.O. hätte ihren Sieg feiern können, doch sie hatte wenig Grund zu triumphieren. Denn nachdem sich Armstrong 2005 verabschiedet hatte, war jede Tour unglücklich verlaufen. Im Jahr 2006 hatte das Elend sogar schon am Tag vor dem Start begonnen, als neun Rennfahrer, darunter auch Favoriten wie Jan Ullrich und Giro-Sieger Ivan Basso, zu hören bekamen, dass sie nicht teilnehmen durften. Der Grund war, dass sie durch die »Operación Puerto«, wie die Guardia Civil eine Razzia in der Klinik des Sportarztes Eufemiano Fuentes getauft hatte, ins Gerede gekommen waren. Bei dieser Razzia wurden unter anderem hundert eingefrorene Blutbeutel und Transfusionsmaterial gefunden, versehen mit den Codenamen einer großen Zahl von Radrennfahrern und anderen Spitzensportlern. Für kurze Zeit hatte es den Anschein, als ob die Tour genau wie im Jahr 1998 nach dem Festina-Skandal doch noch durch eine spektakuläre Leistung gerettet werden könnte. Der Held war diesmal der Amerikaner Floyd Landis. Als dieser in L'Alpe d'Huez das Gelbe Trikot eroberte, schien er geradewegs auf den sicheren Sieg zuzusteuern, doch bei der Etappe über den Galibier und den Col de la Croix-de-Fer erlitt er einen schweren Leistungseinbruch und verlor über acht Minuten auf Óscar Pereiro, den neuen Gesamtführenden. Seine Chancen auf den Gesamtsieg schienen auf null gesunken zu sein, doch am nächsten Tag, bei der schweren Bergetappe mit fünf *cols*, griff er 130 Kilometer vor dem Ziel an, holte die elf frühen Ausreißer einen nach dem anderen ein und überquerte die Ziellinie mit einem Vorsprung von 5'42" auf die Nummer zwei, den Spanier Carlos Sastre, und 7'08" auf Pereiro. Sein Rückstand in der Gesamtwertung betrug nur noch eine halbe Minute, eine Differenz, die er beim Zeitfahren mehr als wettzumachen wusste.

Es war eine Auferstehung, die an die legendäre Weise denken ließ, mit der Charly Gaul die Tour von 1958 gewonnen hatte. Leider wurde vier Tage nach dem feierlichen Einzug auf den Champs-Élysées bekannt, dass die Urinprobe, die Landis nach seiner triumphalen Etappe in den Alpen abgenommen worden war, Spuren von synthetischem Testosteron enthielt. Der Amerikaner bestritt in allen Tonarten, gedopt zu haben, sammelte eine Million Dollar, um seine Unschuld zu beweisen, und schrieb sogar ein Buch, um noch mehr Sympathie zu gewinnen. Ganz unglaubwürdig waren seine Argumente nicht. Bis einschließlich der Etappe nach L'Alpe d'Huez waren all seine Tests negativ gewesen, und weil der Gebrauch von Testosteron nur auf lange Sicht wirksam ist, erschien es unsinnig, dass er am Abend vor der entscheidenden Etappe eine Extradosis genommen haben soll. Selbst als Landis vier Jahre später zugab, gedopt zu haben, bestritt er noch immer, dass er während der Tour Testosteron genommen habe, und erklärte, keine Ahnung zu haben, weshalb sein Urin Spuren davon enthielt. Die einzige logische Erklärung ist denn auch die, dass er einen unglaublichen Bock geschossen hatte: Womöglich hat er bei der Tour eine Transfusion mit Blut vorgenommen, welches er sich einige Monate zuvor selbst hatte abnehmen lassen, jedoch ohne zu begreifen, dass er in diesem Moment alles andere als *clean* gewesen ist.

Die Tour von 2007 verlief, sofern dies überhaupt möglich ist, noch katastrophaler als die des Jahres davor. Die ersten Etappen gingen noch reibungslos über die Bühne, bis bekannt wurde, dass der deutsche Rennfahrer Patrik Sinkewitz vom T-Mobile-Team bei einer Kontrolle einige Wochen vor dem Start der Tour positiv getestet worden war. Es wäre nicht mehr als eine Randnotiz gewesen, doch für die Fernsehsender ARD und ZDF, die durch den Ausschluss Ullrichs im Jahr 2006 sowieso schon 43 Prozent weniger Zuschauer angezogen hatten als im Jahr davor, war der neue Skandal Grund genug, die Live-Übertragungen von der Tour einzustellen. Die Folge dessen war, dass nichtsahnende Radsportfans am nächsten Nachmittag statt keuchender Rennfahrer eine Folge von *Sturm der Liebe* und einen Dokumentarfilm über Nashörner und Zebras zu sehen bekamen.

Doch damit nicht genug. Während des Ruhetages wurde bekannt, dass Alexander Winokurow, der Favorit Nummer eins bei den Buchmachern, sich einer verbotenen Bluttransfusion unterzogen habe, wonach er und sein Team aus der Tour geworfen wurden. Der Tag danach begann mit einem bemerkenswerten Vorfall: Einige Dutzend französische und deutsche Rennfahrer hielten einen Sitzstreik ab, nicht um gegen die Kontrollen zu protestieren, wie in der Vergangenheit schon einige Male geschehen, sondern gegen den Gebrauch von verbotenen Mitteln. »Wir wollen eine saubere Tour«, lautete die Losung. Die Dopingbekämpfer waren entzückt. Vollzog sich nun endlich die »kulturelle Revolution«, von der Leblanc gesprochen hatte? Doch die Freude war nur von kurzer Dauer. Einige Stunden später kam die Nachricht, dass Christian Moreni vom Cofidis-Team, das sich als Streikführer präsentiert hatte, beim Gebrauch von synthetischem Testosteron erwischt worden war. *Directeur sportif* Eric Boyer hatte keine andere Wahl, als sich mit seinem gesamten Team zurückzuziehen.

Das aber war nicht das Ende der Affären dieses Tages. Michael Rasmussen, der dänische Träger des Gelben Trikots, der die Etappe gewonnen hatte und mit einem Vorsprung von gut drei Minuten in der Gesamtwertung scheinbar nichts mehr zu befürchten hatte, wurde abends von seiner Teamleitung entlassen, sodass er nicht mehr weiter an der Tour teilnehmen konnte. Der Grund war, dass er im Juni behauptet hatte, sich in Mexiko aufzuhalten, während er sich in Wirklichkeit in den italienischen Dolomiten befand. Er stand deshalb unter dem Verdacht, sich einer möglichen Dopingkontrolle »außerhalb des Wettkampfes« entzogen haben zu wollen. An sich hätte diese Erklärung als Grund nicht ausgereicht, um ihn nach Hause zu schicken, doch die Pfeifkonzerte, die der Däne über sich ergehen lassen musste, ließen keine andere Wahl. Ebenso wie im Jahr zuvor ging der Sieg an die Nummer zwei der Gesamtwertung. Es war erneut ein Spanier, jedoch einer mit mehr Format als Óscar Pereiro: Alberto Contador.

Die Tour de France 2008 fiel weniger verheerend aus als die beiden vorangegangenen Ausgaben, jedoch war sie alles andere als frei von Skandalen. Nicht weniger als sieben Rennfahrer wurden positiv getestet, sodass es bei fünf von einundzwanzig Etappen keinen offiziellen Gewinner gab. Den Sieg holte sich der Spanier Carlos Sastre, ein sehr sympathischer Veteran, leider jedoch mit herzlich wenig Charisma.

Eine der Hauptkonsequenzen der drei katastrophalen Frankreich-Rundfahrten und der finanziellen Folgen, die sie hatten, war, dass die Stellung der A.S.O. deutlich geschwächt wurde. Die Organisation konnte es sich denn auch kaum noch erlauben, mit der UCI im Zwist zu leben. Abgesehen davon begriff die Tour-Direktion sehr wohl, dass sie nur dann weiterhin eine dominierende Rolle im Straßenradsport spielen konnte, wenn sie den Anschluss an die wichtigsten Veränderungen behielt, die sich vollzogen, wie etwa die Globalisierung des Sports. Im Hinblick auf diese Entwicklung hatte die A.S.O. bereits die Rundfahrten von Katar und Burkina Faso in ihre Obhut genommen und erhielt im Jahr 2009 außerdem einen wichtigen Anteil an der Organisation des wichtigsten amerikanischen Rennens, der Kalifornien-Rundfahrt. Doch das täuschte nicht darüber hinweg, dass die A.S.O. in

Afrika, Asien und Amerika eine viel weniger prominente Rolle spielte als in Westeuropa, während die UCI dort gerade beträchtlich mehr Einfluss besaß als in den traditionellen Radsportländern. So hatte der Radsportweltverband in allen fünf Erdteilen mit Erfolg die Continental Tour organisiert, eine Rennserie, die auf denselben Prinzipien basierte wie die ProTour. Wollte die A.S.O. ihre Aktivitäten auf Weltniveau ausweiten, so durfte sie sich unmöglich im Kriegszustand mit der UCI befinden. Vor allem dank Jean-Claude Killy, Mitglied des IOC und ehemaliger Direktor der A.S.O., wurde der Konflikt noch vor Ende des Jahres 2008 beigelegt. Patrice Clerc wurde in den Frühruhestand geschickt, beide Parteien machten einige Zugeständnisse, die hauptsächlich symbolischer Natur waren, und die A.S.O. schloss sich wieder der ProTour an.

Die Einigung mit der UCI war für die A.S.O. nicht mehr als nur ein erster Schritt zur Lösung all der Probleme, mit denen die Organisation konfrontiert wurde. Wichtiger war es, der Tour wieder zu ihrem alten Glanz zu verhelfen. Die lauen Reaktionen auf Sastres Sieg hatten deutlich gemacht, was die Tour am dringendsten brauchte: einen Sieger, der die Fantasie beflügeln konnte. Es war Jean-Claude Killy, der die Idee hatte, Armstrong zu einem Comeback zu überreden. Der Amerikaner hatte große Lust dazu, vor allem, weil er davon überzeugt war, dass er Sastre hätte schlagen können, auch wenn er im September 2008 siebenunddreißig wurde. Doch das Alter war nicht das Hauptproblem, das einem erfolgreichen Comeback im Wege stehen konnte. Was viel schwerer wog, war, dass die Verdachtsmomente über seinen Dopinggebrauch seit seinem Abschied aus dem Radsport immer stärker geworden waren.

Nun, da viele seiner ehemaligen Gegner und Teamkameraden für schuldig befunden worden waren, wurde es immer schwieriger, zu glauben, dass ausgerechnet Armstrong all die Zeit sauber gewesen sei. Sein Hauptargument, nämlich der Hinweis darauf, dass er noch nie positiv getestet worden sei, verlor außerdem viel an Überzeugungskraft, als die Urinproben, die ihm bei der Tour von 1999 entnommen worden waren, mit Hilfe neuer Techniken untersucht wurden und offenbar Spuren von EPO enthielten. Formal konnte dieses Ergebnis keine Konsequenzen nach sich ziehen, weil eine Gegenkontrolle nicht möglich war. Die Versicherung von Jacques de Ceaurriz, dem Direktor des Labors, in dem die Untersuchung stattgefunden hatte, dass die Tests zu »hundert Prozent verlässlich« seien, war zudem gewiss nicht unanfechtbar. Doch das ändert nichts daran, dass Armstrongs Image als »Mister clean« immer stärkere Zweifel weckte. Trotzdem schienen sich die *patrons* der A.S.O. und UCI darüber wenig Sorgen zu machen.

Ein Verdacht war Grund genug gewesen, Rasmussen das Gelbe Trikot wegzunehmen und ihn nach Hause zu schicken, doch für Armstrong schienen andere Prinzipien zu gelten. Christian Prudhomme, der Nachfolger von Jean-Marie Leblanc als Tour-Direktor, erklärte, dass alle Tour-Siege von Armstrong verdächtig seien, hatte jedoch nichts dagegen einzuwenden, dass der Amerikaner an der nächsten Frankreich-Rundfahrt teilnahm. Pat McQuaid, der sich bei seiner Ernennung zum UCI-Präsidenten noch als Vorkämpfer für einen sauberen Radsport präsentiert hatte, erteilte Armstrong einen Dispens von der Verpflichtung der Rennfahrer, bereits ein halbes Jahr im Voraus im Dopingtestprogramm angemeldet sein zu müssen, um an Rennen teilnehmen zu dürfen. Die Geschichten über den Dopingmissbrauch des Amerikaners tat er als »Verdächtigungen« ab. Außerdem erklärte er, dass Armstrongs Rückkehr ins Peloton eine gute Sache für die Tour und den Radsport sei. Damit hatte McQuaid nicht Unrecht, vor allem nicht, wenn man die Dinge aus einer kurzfristigen Perspektive betrachtet. Der Fortbestand des Straßenradsports hängt schließlich von der Begeisterung des Publikums, der Aufmerksamkeit der Medien und dem Geld ab, das die Sponsoren zu investieren bereit sind. In allen drei Beziehungen war das Comeback von Armstrong tatsächlich äußerst willkommen.

So kam das Publikum zu Hunderttausenden, um mit eigenen Augen zu sehen, wie das Phänomen sein Comeback bei der australischen Tour Down Under absolvierte. Ähnliches war während des Giro d'Italia zu beobachten, an dem Armstrong zum ersten Mal in seiner Karriere teilnahm. Fast 1.700 Journalisten und Fotografen hatten sich akkreditieren lassen, zwei Mal so viele wie im Jahr 2008. Manche Reporter hatten sogar den Auftrag erhalten, sich ganz auf den Amerikaner zu konzentrieren und sich möglichst wenig von den übrigen 197 Teilnehmern ablenken zu lassen. Die Fernsehsender zeigten sich genauso gespannt. Im Jahr 2007 wurden in lediglich 67 Ländern Bilder vom Giro ausgestrahlt, 2008 waren es 100, doch mit dem Start von Armstrong stieg die Zahl sprunghaft auf 160.

Armstrong fuhr in Italien ein relativ anonymes Rennen und brachte es nicht weiter als bis auf den zwölften Platz, doch während der Frankreich-Rundfahrt spielte er dann tatsächlich eine Hauptrolle. Es entwickelte sich ein außergewöhnlich spannendes Spektakel, auch weil sein Hauptgegner sich offenbar in seinem eigenen Team befand: Alberto Contador. Am Abend, bevor die Tour die Alpen erreichte, betrug der Abstand zwischen den beiden Rennfahrern in der Gesamtwertung nicht mehr als zwei Sekunden. Weil Johan Bruyneel, ihr *directeur sportif*, und die meisten Mitglieder des Teams auf der Seite von Armstrong standen, schien alles möglich zu sein. Doch im Hochgebirge erwies sich Contador eindeutig als der Stärkere, und als er außerdem beim Zeitfahren siegte, gewann er nicht nur die Rundfahrt, sondern auch viel von dem Prestige, welches ihm nach seinem ersten Tour-Sieg zwei Jahre zuvor verwehrt geblieben war. Armstrong erklärte zwar, dass er davon überzeugt sei, den Spanier bei der nächsten Tour schlagen zu können, doch dies erwies sich als reine Selbstüberschätzung: Er brachte es nicht weiter als bis auf den dreiundzwanzigsten Platz, fast 40 Minuten hinter Contador, der das Gelbe Trikot zum dritten Mal nach Paris trug.

Die Tour de France 2009 hatte nicht nur einen viel attraktiveren Verlauf als die Tour von 2006, sondern blieb außerdem drei Wochen lang frei von Dopingaffären. Nach der Skandalserie der vorherigen Jahre bedeutete dies ein Aufatmen. Doch nur wenige Leute waren davon überzeugt, dass im Radsport tatsächlich eine neue Epoche angebrochen war, wie Pat McQuaid mit Bestimmtheit versicherte. Zunächst wurde noch während der Tour bekannt, dass Danilo di Luca während des Giro d'Italia das verbotene EPO-Derivat CERA (Continuous Erythropoiesis Receptor Activator) benutzt hatte und seinen zweiten Platz verlieren würde. Zudem äußerten verschiedene Journalisten öffentlich Zweifel, ob die UCI, welche die Leitung der Kontrollen von der AFLD übernommen hatte, wohl genauso gewissenhaft gewesen sei wie die französische Organisation.

Dies rührte daher, dass der Radsportweltverband nun mal größtes Interesse daran hatte, dass das Peloton möglichst »sauber« erschien, insbesondere jetzt, da er sich mit der A.S.O. versöhnt hatte. Ein noch viel wichtigerer Grund war der, dass der Bericht der beiden AFLD-Ärzte, die den Rennfahrern während der Tour Urin und Blut abgenommen hatten, vernichtend ausfiel. So sollen die Tests unvollständig gewesen sein, und Kontrollen, die unerwartet hätten stattfinden müssen, seien vorher angekündigt worden, sodass die Rennfahrer reichlich Zeit erhalten hätten, um einen eventuellen Dopinggebrauch zu kaschieren. Weiterhin seien keine Gerätschaften vorhanden gewesen, um die entnommenen Proben bei der erforderlichen niedrigen Temperatur aufzubewahren. Außerdem hätten Lance Armstrong und sein Team den beiden Ärzten zufolge eine systematische Vorzugsbehandlung durch die UCI-Inspektoren erhalten. Es versteht sich von selbst, dass McQuaid all diese Beschuldigungen empört von der Hand wies, doch der Bericht, den die WADA im Jahr 2010 herausgeben sollte, stimmte in vielen Punkten mit der Kritik, welche die AFLD ein Jahr davor geäußert hatte, überein.

Es stellt sich die Frage, ob es der UCI zu verübeln wäre, wenn sie nicht danach streben würde, möglichst viele Dopingsünder zu erwischen. Es gehört schließlich zu ihren wichtigsten Aufgaben, das Bild des Radsports möglichst sauber zu halten, und das bedeutet, dass eine Wiederholung der Skandale von 1998, 2006 und 2007 um jeden Preis verhindert werden muss. Offensichtlich ist die UCI realistisch genug, um einzusehen, dass das Dopingproblem kurzfristig nicht zu bannen ist, und sich deshalb darauf beschränkt, sich mit ihm zu arrangieren. Dies bedeutet natürlich, dass die Leistungen der Champions vielleicht etwas mehr Illusion als reine Wirklichkeit sind. Doch ist nicht genau das seit jeher das Wesen des Straßenradsports?

Kapitel XIII

ENDE

Kurz vor seinem Tod im Jahr 1996 sagte der Radsportjournalist und -historiker Pierre Chany, der im Laufe seiner Karriere fast fünfzig Mal die Tour begleitet hat, voraus, dass das Doping der Tod des Radsports sein werde. Es waren Worte, die in den darauffolgenden Jahren mehr als nur ein Mal prophetisch geklungen haben müssen. Trotzdem erscheinen sie inzwischen weniger aktuell. Das bedeutet nicht, dass der Dopinggebrauch im Begriff ist zu verschwinden. Wie schon oft angemerkt wurde, befinden sich die Rennfahrer in einem Teufelskreis. Weil sie wissen oder vermuten, dass ein Teil ihrer Konkurrenten leistungsfördernde Mittel verwendet, fühlen sie sich gezwungen, dies ebenfalls zu tun, und bringen auf diese Weise wiederum andere dazu, dasselbe zu machen. Doch selbst wenn das Peloton durch irgendein Wunder plötzlich von jetzt auf gleich »sauber« würde, gäbe es immer Rennfahrer, Teamchefs oder Sponsoren, die es nicht lassen könnten, dies auszunutzen, woraufhin der ganze Prozess erneut in Gang käme.

Die Vorstellung, dass dieser Kreislauf durch eine »Null Toleranz«-Politik oder schwerere Strafen durchbrochen werden kann, ist eine Illusion, wie Kriminologen schon viele Male in vergleichbaren Fällen bewiesen haben. Sie haben auch gezeigt, dass es nur ein einziges Mittel gibt, mit dem das Doping auf ein Minimum begrenzt werden kann. Dies wären Kontrollen, die so wirksam sind, dass ein Rennfahrer, der ein verbotenes Mittel nimmt, weiß, dass er mit an Sicherheit grenzender Wahrscheinlichkeit erwischt werden wird. Doch vorläufig ist davon keine Rede. Verschiedene Produkte können mehr oder weniger straffrei eingenommen werden, während erprobte Nachweismethoden in der Praxis längst nicht so genau sind, wie behauptet wird. So zeigen Untersuchungen des Muscle Research Center in Kopenhagen und des Karolinska Universitetssjukhuset in Stockholm, dass EPO und Testosteron sogar in anerkannten Laboren nur zu einem relativ geringen Teil der Fälle aufgespürt wurden – und das, obwohl die Testpersonen nicht versucht hatten, den Gebrauch der Mittel zu kaschieren. Die Erklärung des Österreichers Bernhard Kohl, dass er bei gut 200 absolvierten Kontrollen mindestens hundert Mal verbotene Mittel im Körper hatte, aber dennoch nur ein einziges Mal erwischt wurde, passt dabei ins Bild. So wie der dänische Dopingspezialist Verner Møller feststellte, haben Rennfahrer, die positiv getestet werden, dies meist nur ihrer Nachlässigkeit, Unaufmerksamkeit oder einem regelrechten Patzer zuzuschreiben. Ob der biologische Pass eine Lösung für dieses Problem bietet, ist alles andere als gewiss. So wäre er dem amerikanischen Spezialisten Don Catlin zufolge nur dann tatsächlich wirksam, wenn die Rennfahrer alle drei Tage getestet würden. Es ist eine Bedingung, die kaum zu erfüllen ist, allein schon aus dem Grund, weil die Kosten ein Vielfaches der fünf Millionen Euro betragen würden, die zurzeit dafür ausgegeben werden.

Angesichts des Versagens der Testmethoden ist es kein Wunder, dass die besten Ergebnisse im Allgemeinen nicht durch Dopingkontrollen, sondern durch das Auftreten der Polizei zu verzeichnen sind. So war nahezu keiner der Rennfahrer, die bei der Festina-Affäre oder der Operación Puerto beteiligt waren, jemals positiv getestet worden. Es wurde denn auch mehr als nur ein Mal geseufzt, dass der Gebrauch von verbotenen Mitteln nur dann erfolgreich bekämpft werden könne, wenn das ganze Peloton permanent bewacht werde. Doch selbst das bietet keine Garantie. Wenn so viel Geld auf dem Spiel steht, ist Korruption fast unvermeidbar. So enthüllte Bernhard Kohl, dass sein Manager Stefan Matschiner Mitarbeitern der von der WADA akkreditierten Labore 150 bis 500 Euro bezahlte, um Proben seiner Rennfahrer untersuchen zu lassen, sodass diese in der Lage waren, die ideale Menge Testosteron und EPO einzunehmen, ohne bei einer offiziellen Kontrolle positiv getestet zu werden – eine Geschichte, die später von Matschiner bestätigt wurde.

Eine andere Gefahr besteht darin, dass der Handel mit verbotenen Mitteln bei einer schärferen Beaufsichtigung immer stärker in die kriminelle Szene abdriften würde, was zur Folge hätte, dass der Dopinggebrauch noch schwieriger greifbar würde. Dass diese Entwicklung bereits im Gange ist, daran besteht kein Zweifel. So wurden vor einigen Jahren 4.650.000 Fläschchen EPO aus einem Lagerschuppen eines zypriotischen Pharmaunternehmens gestohlen. Das ist mehr, als in Europa in einem Jahr aus rein medizinischen Gründen verschrieben wird. Der italienische Dopingexperte Alessandro Donati fragte sich denn auch zu Recht, für welchen Zweck dieser enorme Vorrat bestimmt war. Auch in Australien, den Vereinigten Staaten und Italien haben sich Fälle ereignet, bei denen große Mengen EPO, Wachstumshormone und anabole Steroide verschwanden.

Es ist nicht nur ungewiss, ob Regierungen tatsächlich dazu in der Lage wären, die Radsportwelt unter strenger Kontrolle zu halten, ebenso unklar ist, ob sie dazu bereit wären. In Ländern, in denen der Radsport sehr populär ist, hat der Staat wenig Interesse daran, dessen Fortbestand zu gefährden. Denn es ist nicht zu leugnen, dass die Dopingbekämpfung nicht nur positive, sondern auch negative Folgen gehabt hat. So beflügelten Radrennen die Fantasie einst mehr als irgendein anderer Sport. Doch wenn heutzutage unerwartete, spektakuläre Leistungen erbracht werden, werden diese sofort – zu Recht oder zu Unrecht – mit dem Gebrauch von stimulierenden Mitteln in Verbindung gebracht. Vor einem halben Jahrhundert wurden Rennfahrer als Götter verehrt, doch heutzutage gelten sie eher als Tatverdächtige, die auf Kaution freigelassen wurden, jedoch verpflichtet sind, die Behörden fortlaufend über ihren Aufenthaltsort zu informieren.

Trotz des Stroms der negativen Berichte der vergangenen Jahre ist es erstaunlich, wie viel Anziehungskraft der Radsport besitzt. So sind in den traditionellen Radsportländern zwar Rennen verschwunden, doch dieser Verlust wurde außerhalb von Europa in reichem Maße kompensiert. Das internationale Interesse des Publikums nimmt ebenfalls eher zu als ab. In Deutschland haben ARD und ZDF zwar beschlossen, ab 2012 keine Live-Übertragungen mehr von der Tour auszustrahlen, doch damit stehen sie mehr oder weniger allein. So waren im Jahr 2011 die Bilder von der Frankreich-Rundfahrt in 190 Ländern zu sehen, ein neuer Rekord.

Die enorme Popularität der Tour de France lässt die Aussicht schwinden, dass der französische Staat Aktionen unternehmen wird, die den Fortbestand der Rundfahrt gefährden würden. Marie-George Buffet hat während der Festina-Affäre gesagt, dass gar keine Tour besser sei als eine Tour mit Doping, doch dies ist nicht zu einer Richtschnur für die Regierungspolitik geworden. Im Gegenteil. Der französische Premierminister Jospin scheint höchstpersönlich die Falken der Staatsanwaltschaft davon abgehalten zu haben, 1999 erneut großangelegte Razzien durchzuführen. Präsident Sarkozy hat außerdem mehr als nur ein Mal seine Sympathie für die französische Landesrundfahrt bezeugt. Während seine Vorgänger De Gaulle und Mitterand sich mit der Rolle des Zuschauers begnügten, nahm er im Jahr 2007 im Begleitfahrzeug der Tour-Direktion Platz, um den Rennverlauf einer ganzen Etappe mit eigenen Augen zu sehen. Schon früher hatte er bewiesen, keine puristische Haltung einzunehmen, als er den »Dopingsünder« Virenque direkt in seinen Wahlkampf einbezog.

Es ist möglich, dass Sarkozy, der die Tour in den Jahren 2009 und 2010 erneut besucht hat, ein Radsportliebhaber ist, doch seine Anwesenheit ließ sich unmöglich losgelöst von seiner Funktion betrachten. Jedenfalls hat er deutlich gemacht, dass die Frankreich-Rundfahrt trotz aller Skandale mit der präsidialen Unterstützung rechnen konnte. Die Polizeiaktionen, die Sportminister Rama Yade im Jahr 2009 angekündigt hatte, ließen denn auch auf sich warten. In den Augen von Sarkozy ist die Tour »eine Veranstaltung, die Frankreich der ganzen Welt präsentiert«. Dopingskandale müssen deshalb möglichst vermieden werden. Sie besudeln nicht nur das Image der Tour, sondern auch das Bild von Frankreich. Die Rundfahrt ist schließlich offiziell als Teil des nationalen Kulturerbes anerkannt. Dies ist nicht einfach nur ein Ehrentitel. Die Tour nimmt in Frankreich tatsächlich einen Platz ein, der für eine Sportveranstaltung ganz und gar einmalig ist. Geschichten über Rennfahrer, die unter furchtbaren Wetterbedingungen auf erbärmlichen Straßen Schmerz und Strapazen einsam die Stirne bieten mussten, haben in der französischen Geschichte einen festen Platz. In Dutzenden Orten sind Gedenksteine zu finden, die an Höhepunkte der über hundertjährigen Tour-Historie erinnern, als ob es memorable Kriegstaten sind. So befindet sich ein Denkmal für Henri Desgrange auf dem Galibier, eines für Jacques Goddet auf dem Tourmalet, eines für Bartali in Briançon und eines für Coppi und Bobet in der Casse-Déserte unweit der Passhöhe des Izoard. Es gibt Plaketten in Saint-Marie-de-Campan, wo Christophe seine Vordergabel schmiedete, auf dem Galibier, wo Pantani 1998 zu seinem entscheidenden Angriff ansetzte, auf dem Ballon d'Alsace, wo René Pottier als Erster ankam, auf der Abfahrt vom Col du Perjuret, wo Roger Rivière in eine Schlucht stürzte, auf dem Ventoux, wo Tom Simpson starb, und noch an vielen anderen Orten.

Es existiert keine andere Sportveranstaltung, bei der die Geschichte so aktiv am Leben erhalten wird wie bei der Tour. Legendäre Alpen- und Pyrenäenpässe haben ihren festen Platz in der Strecke, Stars vergangener Zeiten sind immer anwesend. Manchmal übernehmen sie eine offizielle Funktion, doch meist brauchen sie nur Hände zu schütteln, erkannt zu werden und nostalgische Erinnerungen wachzurufen. Trotzdem wird dadurch nur betont, dass sich die Frankreich-Rundfahrt grundlegend verändert hat. Die Karawane zählte im Jahr 1903 sechzig Rennfahrer und ein einziges Begleitfahrzeug. Heutzutage besteht sie aus dreitausend Mann, die zusammen ein Medienspektakel veranstalten, das so umfangreich geworden ist, dass kaum noch etwas dem Zufall überlassen werden kann.

Viel Platz für Leistungen, die als »heroisch« gelten können, bleibt dabei nicht. Nicht nur, weil die Verhältnisse besser, die Strecke leichter und die Etappen kürzer geworden sind, sondern auch, weil die Tour-Direktion nicht mehr über die absolute Macht ihrer Vorgänger verfügt. Desgrange konnte es sich erlauben, die Rennfahrer bei Schnee und Regen dreihundert Kilometer weit über schlecht gepflasterte Straßen durch die Berge zu schicken. Inzwischen ist dies unmöglich geworden. Radprofis sind nicht mehr so machtlos wie früher. Viele der Forderungen, die sie zu Zeiten von Hinault nur durch einen Streik deutlich machen konnten, sind inzwischen in den Statuten der UCI festgeschrieben. Wenn ein Rennfahrer dennoch das Prädikat »Held« bekommt, liegt das meist nicht direkt an dem Rennverlauf, der auf dem Bildschirm gezeigt wird, sondern an den Dingen, die sich im Hintergrund abspielen, wie etwa beim Comeback von LeMond nach seinem Jagdunfall oder dem von Armstrong nach seiner Krebserkrankung.

Es sind nicht nur die materiellen Bedingungen, die dem Straßenradsport ein ganz anderes Erscheinungsbild verliehen haben. Was sich ebenfalls geändert hat, ist ein Aspekt, der vielleicht noch mehr als die schlechten Straßen und die rauen Wetterbedingungen die Essenz der

»heroischen Ära« bildete, nämlich dass die Rennfahrer damals im Prinzip auf sich allein gestellt waren. Davon ist kaum noch die Rede. Straßenradrennen sind ein Individualsport, der von Mannschaften bestritten wird, doch in den letzten Jahren hat sich der Schwerpunkt immer mehr zugunsten des zweiten Elements verschoben. Die Teamdisziplin ist in den vergangenen zehn Jahren so weit perfektioniert worden, dass die Augenblicke, in denen ein Mannschaftskapitän bei einer großen Rundfahrt nicht von Teamkollegen umringt wird, immer seltener werden. Sprinter brauchen meist erst fünfzig bis hundert Meter vor dem Ziel zum ersten Mal in Führung zu gehen, während Kletterer oft bis zur Hälfte des letzten *cols* im Windschatten ihrer Teamkameraden fahren können. Dies hat nicht nur dazu geführt, dass Fernsehübertragungen oft aus einem stundenlangen Anlauf zu ein paar aufregenden Augenblicken bestehen, sondern auch dazu, dass sich das klassische Bild des einsamen Helden, der gegen die Elemente und gegen eine Übermacht von Gegnern kämpft, nur noch selten darbietet.

Die Eintagesklassiker sind in vielerlei Hinsicht besser geeignet als die Tour, um die Erinnerungen an die Vergangenheit lebendig zu halten. Dies gilt besonders für Paris–Roubaix und die Flandern-Rundfahrt, die mit ihrem Kopfsteinpflaster und ihren schmalen Wirtschaftswegen vollkommen mit der gängigen Vorstellung vom heroischen Zeitalter übereinstimmen – vor allem bei Wind und Regen, die bei den Frühjahrsklassikern nicht selten das Rennen bestimmen. Wenn derartige Bedingungen herrschen, rückt das Mannschaftssystem oft schnell in den Hintergrund, mit der Folge, dass an einem einzigen Tag manchmal mehr Dramatik und Spannung geboten wird als in drei Wochen Frankreich-Rundfahrt. Außerdem entsprechen die Stars dieser Rennen, Fahrer wie Johan Museeuw, Gilbert Duclos-Lasalle, Franco Ballerini, Andrea Tafi, Stijn Devolder oder Alessandro Ballan oft viel mehr dem Bild der »Strafgefangenen der Landstraße« als Armstrong, Ullrich, Basso, Sastre, Contador oder einer der anderen Stars der Tour.

Wie sehr der quasi-archaische Charakter des Straßenradsports das Publikum anspricht, beweist auch der große kommerzielle Erfolg eines Rennens wie Paris–Roubaix. Jean-Marie Leblanc zufolge war dieses neben der Tour de France das einzige von der A.S.O. organisierte Rennen, das Gewinn abwarf. Selbst Klassiker, die sich einer reichen Tradition rühmen können, wie etwa Lüttich–Bastogne–Lüttich, der Wallonische Pfeil oder Paris–Tours, schrieben normalerweise rote Zahlen.

Der Erfolg von Paris–Roubaix und der Flandern-Rundfahrt zeigt deutlich, wie viel seiner Popularität der Radsport seiner legendären Geschichte zu verdanken hat. So handelt es sich bei den Vattenfall Cyclassics in Hamburg oder bei der spanischen Clásica San Sebastián um Rennen, welche die Bezeichnung »Klassiker« im Namen tragen, in der Wertung der ProTour hoch angesiedelt sind und jedes Jahr ein starkes Teilnehmerfeld anziehen. Doch solange ihnen eine lange Tradition fehlt, werden sie weiterhin als zweitrangig gelten. Selbst das schon fast fünfzig Jahre alte Amstel Gold Race wird noch immer als ein Parvenu betrachtet. Trotzdem ist es nicht ausgeschlossen, dass sich dies irgendwann ändern wird. Vielleicht übernimmt der Radsport auf lange Sicht tatsächlich das Modell der Formel-1-Rennen, so wie es Hein Verbruggen wollte, und vielleicht kommt einmal die Zeit, in der die Tour of Qinghai Lake oder der Grand Prix Cycliste de Québec genauso wichtig sind wie die Spanien-Rundfahrt oder Mailand–Sanremo. Es würde zweifellos zur Globalisierung des Sports beitragen, doch gleichzeitig wäre es eine Verarmung. Denn es ist gerade die Art und Weise, wie die Geschichte ins Heute integriert ist, die den Radsport so einzigartig macht.

Es ist außerdem alles andere als ein Zeichen der Erstarrung, denn der Radsport verändert sich fortlaufend. Selbst Paris–Roubaix ist viel moderner, als es auf den ersten Blick scheint. Jacques Goddet betrachtete dieses Rennen als »ein letztes Überbleibsel aus der heroischen Vergangenheit, das letzte Bindeglied zur Tradition, welcher der Radsport seine Größe verdankt«. Eigentlich ist das völlig unrichtig. So wären Théodore Vienne und Maurice Perez, die 1896 die Initiative zur ersten Auflage von Paris–Roubaix ergriffen, äußerst erstaunt gewesen, wenn sie gewusst hätten, dass ihr Rennen einmal als das schwerste, primitivste und unmenschlichste Eintagesrennen des Radsportkalenders gelten würde. Sie hatten jedenfalls gerade ihr Bestes getan, um ein leichtes Rennen zu erschaffen, losgelöst von der Heroik der Monsterstrecken, die in jener Zeit üblicherweise ausgefahren wurden. Das Haupthindernis war der Anstieg von Doullens. Dieser war nicht höher als 151 Meter, doch in einer Zeit ohne Gangschaltungen stellte er eine ernstzunehmende Hürde dar, die nur die besten Rennfahrer ohne abzusteigen überwinden konnten. Das berüchtigte Kopfsteinpflaster spielte keine bedeutende Rolle und wurde in den Zeitungsberichten so gut wie gar nicht erwähnt. Victor Breyer, der Redakteur von *Paris-Vélo*, hatte beim Zusammenstellen der Strecke sogar versucht, es weitestgehend zu meiden. Eigentlich waren die »belgischen Blöcke«, wie sie seinerzeit genannt wurden, nur auf den letzten dreißig Kilometern zu finden, doch weil die Rennfahrer damals reichlich Gebrauch von den Bürgersteigen machen konnten, bereiteten ihnen die *pavés* noch nicht mal viele Probleme.

Breyer wäre über die Idee, die Rennfahrer durch die Passage im Wald von Wallers-Arenberg zu leiten, entsetzt gewesen. Die Kopfsteinpflasterabschnitte, die heute in die Strecke aufgenommen sind, sind grimmiger und primitiver als die Straßen, auf denen vor hundert Jahren gefahren wurde. Der heutige Klassiker Paris–Roubaix ist die Rekonstruktion einer Vergangenheit, die so niemals existiert hat. Das Gleiche gilt für die Flandern-Rundfahrt mit ihren vielen »*bergskes*«. Auch diese sind erst später in die Strecke aufgenommen worden.

Dass zwei der erfolgreichsten Klassiker der heutigen Zeit ihren Ruf zum großen Teil einer Illusion verdanken, ist aber keinesfalls negativ, sondern gerade sehr positiv. Was den Straßenradsport seit den Rennen von Saint-Cloud im Jahr 1868 bis in die heutige Zeit so besonders gemacht hat, ist nie seine Geschichte gewesen, sondern immer das legendarische Bild, das von ihm gezeichnet wurde. Das ist auch der Grund, weshalb er sich fortlaufend erneuern kann, ohne dabei seinen speziellen Charakter zu verlieren. Es gibt keinen Sport, in dem die Tradition eine solch wichtige Rolle spielt. Doch diese ist alles andere als festgelegt. Im Gegenteil, sie wird immer wieder neu erfunden.

Anhang

BIBLIOGRAPHIE

NACHSCHLAGEWERKE

Augendre, Jacques, Roger Bastide, Gianni Marchesini, Dominique Grimault, *Histoire du cyclisme IV. Le dictionaire des coureurs*, Paris 1988.

Schoonderwalt, Frans van, *Alles uit de kast. Van Anquetil tot Zoetemelk/Van Amstel Gold Race tot Ronde van Zwitserland*, Hapert 1988.

Tour de France 1903-1988. Alles over 75 keer de grootste wielerronde, Huizen 1988.

ZEITUNGEN UND ZEITSCHRIFTEN

L'Auto

L'Auto-Vélo

But et Club

L'Équipe

France-Soir

La Gazzetta dello Sport
Miroir Sprint
Miroir du cyclisme
Paris Soir
Sportwereld
La Vie au grand air
Le Vélo
De Volkskrant
Vrij Nederland
Wieler Revue

BÜCHER

Abt, Samuel: *Breakaway. On the Road with the Tour de France*, New York 1985.

Adriaens, Manu: *De Muur van Geraardsbergen. Liefde en lijden van de Vlaamse coureur*, Leuven 1996.

Anquetil, Jacques (zusammen mit Pierre Joly): *En brulant les étappes*, Paris 1966.

Assche, Karel van, *Dossier doping*, Gent 1968.

Augendre, Jacques; Chapatte, Robert; Grimault, Dominique: *Histoire du cyclisme II. Duels au sommet. L'âge d'or du cyclisme moderne 1946-1964*, Paris 1988.

Ballester, Pierre; Walsh, David: *L.A. Confidentiel. Les secrets de Lance Armstrong*, Paris 2004.

Ballester, Pierre; Walsh, David: *L.A. Officiel*, Paris 2006.

Ballester, Pierre; Walsh, David: *Le sale Tour*, Paris 2009.

Bartali, Gino: *La mia storia*, Mailand 1958.

Bartali, Gino (zusammen mit Pino Ricci): *Tutto sbagliato, tutto da rifare*, Mailand 1979.

Barthes, Roland: *Mythologieën*, Amsterdam 1975.
Bastide, Roger; Chapatte, Robert; Grimault, Dominique: *Histoire du cyclisme I. Les Légendaires. Des temps héroïques à l'avènement de Coppi 1869-1942*, Paris 1988.
Bastide, Roger: *Caïds du vélo*. Paris 1971.
Bastide, Roger: *Petit-Breton. La belle époque du cyclisme*, Paris 1985.
Bertellini, Nello: *Da Coppi a Merckx*, Legnano 1977.
Blancke, André: *Toen Merckx er nog was*, Gent 1979.
Boeuf, Jean-Luc: *Tour de France. En route vers Le centenaire*, Rennes 1999.
Born, Hanspeter: *Das waren noch Zeiten! Ferdi Kübler und die goldenen Jahre des Schweizer Radsports*, Zürich 1990.
Braschi, Bruno: *Ronda di Notte. Storie, personaggi e fiabe del Giro e del Tour*, Legnano 1984.
Bruyne, Fred de: *De memoires van Fred de Bruyne*, Berchem 1978.
Buzzati, Dino: *Dino Buzzati al Giro d'Italia*, Mailand 1981.
Calvet, Jacques: *Le mythe des géants de la route*, Grenoble 1981.
Chany, Pierre: *La fabuleuse histoire des grandes classiques et des championnats du monde*, Paris 1979.
Chany, Pierre: *La fabuleuse histoire du Tour de France*, Paris 1983.
Chany, Pierre: *Arriva Coppi ou les rendez-vous du cyclisme*, Paris 1960.
Chany, Pierre: *La fabuleuse histoire du cyclisme*, Paris 1975.
Chapatte, Robert: *Le cyclisme, la télé et moi*, Paris 1966.
Chapatte, Robert; Ollivier, Jean-Paul; Grimault, Dominique: *Histoire du cyclisme. Les jambes et la tête. Quand le vélo fait sa révolution 1965-1988*, Paris 1988
Chronache del primo Giro d'Italia, Mailand 1998.
Coëdel, Noël; Lemoine, Roger (Hrsg.), *Le Tour à 75 ans*, Paris 1978.
Connor, Jeff: *Wide-eyed and Legless. Inside the Tour de France*, London 1988.

Cornand, Jan: *Gouden Lucien Buysse. Het epos van de »kleene« Flandrien*, Gent 1976.

Dazat, Oliver: *L'honneur des champions*, Paris 2000.

Desgrange, Henri: *La tête et les jambes*, Paris 1894.

Ducrot, Maarten (unter Mitarbeit von Gijs Zandbergen): *Berichten uit de Tour de France. Journaal 1987*, Amsterdam/Brüssel 1987.

Ducoin, Jean-Emmaneul: *Tour de France, une belle histoire?*, Paris 2007.

Ducoin, Jean-Emmaneul: *Lance Armstrong, l'abus!*, Paris 2009.

Durry, Jean: *La véridique histoire des géants de la route*, Lausanne 1973.

Duyzings, Martin W.: *Sport op twee wielen*, Nijmegen/Antwerpen 1952.

Duyzings, Martin W.: *Onze verslaggever seint...*, Baarn 1949.

Eyle, Wim van: *Een eeuw Nederlandse wielersport*, Utrecht/Antwerpen 1980.

Facchinetti, Paolo: *L'Italia di Coppi e Bartali*, Rom (ohne Jahresangabe).

Géminiani, Raphaël (zusammen mit François Terbeen): *Les routiers-flingueurs*, Paris 1973.

Gianoli, Luigi; Negri, Rino: *Moser. Un uomo, un campione*, Mailand 1984.

Guillon, Nicolas; Quénet, Jean-François: *Le dopage. Oui ça continue!*, Paris 2000.

Hinault, Bernard: *Le péleton des souvenirs*, Paris 1989.

Holt, Richard: *Sport and Society in Modern France*, London/Basingstoke 1981.

Janssens, Robert: *Vreugde en verdriet in de Tour*, Amsterdam/Antwerpen 1985.

Janssens, Robert; Merckx, Eddy: *Mijn levensverhaal. De ware selfmade man als wielrenner en als zakenman*, Kapellen 1989.

Krabbé, Tim: *De renner*, Baarn 1978.
Laget, Serge: *Le cyclisme*, Paris 1978.
Laure, Patrick: *Etique du dopage*, Paris 2002.
Leducq, André: *Une fleur au guidon*, Paris 1978.
Leducq, André; Bastide, Roger: *La légende des Pélissiers*, Paris 1981.
Loon, Luc van: *Roger de Vlaeminck*, Kapellen 1973.
Louy, Xavier: *Un nouveau cyclisme avec Greg, Lucho et Wang*, Monte Carlo 1986.
Ludwig, Hans: *Der Straßenrennfahrer*, Frankfurt 1913.
Maertens, Freddy (zusammen mit Manu Adriaens): *Niet van horen zeggen*, Antwerpen 1988.
Marchand, Jacques: *Jacques Goddet*, Angler 2002.
Marchand, Jacques: *Les défricheurs de la presse sportive*, Biarritz 1999.
Marchesini, Daniele: *L'Italia del Giro d'Italia*, Bologna 1996.
Mathy, Théo: *Les serviteurs du cyclisme Belge*, Brüssel 1975.
Mathy, Théo: *Les géants du cyclisme Belge, 75 ans de victoires ininterrompues*, Brüssel 1975.
Michéa, Abel: *Histoires Drôles et Drôles d'histoires du Tour de France*, Paris 1970.
Modenard, Jean-Pierre de: *Dopage. L'imposture des performances. Mensognes et vérités sur l'école de la triche*, Paris 2000.
Modenard, Jean-Pierre de: *36 histoires du Tour de France. Dopage, sexe, truquages, la vérité rétablie!* Paris 2010.
Modin, Jean-Guy: *Dans la roue de Robic*, Paris 1962.
Møller, Verner: *The Ethics of Doping and Anti-Doping*, London/New York 2010.
Nelissen, Jean: *In de schaduw van de gele trui*, Amsterdam/Brüssel 1982.
Nelissen, Jean: *De vedetten van de weg*, Baarn 1972.
Nelissen, Jean: *Tour de France, hemel en hel op een stukje leer, 60 jaar Tourhistorie*, Baarn 1973.

Nicholson, Geoffrey: *The Great Bike Race*, London/Sydney/Auckland/Toronto 1977.
Ollivier, Jean-Paul: *La légende de Bobet*, Paris 1984.
Ollivier, Jean-Paul; Leulliot, Jean-Michel: *Dossiers secrets du cyclisme*, Paris 1975.
Ollivier, Jean-Paul: *Anquetil. L'homme des défis*, Paris 1986.
Ollivier, Jean-Paul: *Bartali. Gino le pieux*, Paris 1983.
Ollivier, Jean-Paul: *Hugo Koblet. Le pédaleur de charme*, Paris 1985.
Ollivier, Jean-Paul: *Fausto Coppi. La tragédie de la gloire*, Paris 1979.
Ormezzano, Gian Paolo: *Storia del ciclismo*, Mailand 1980.
Penot, Christophe: *Jacques Augendre la mémoire du Tour de France*, Saint Malo 2001.
Penot, Christophe: *J'écris ton nom Tour de France*, Saint Malo 2002.
Penot, Christophe: *Jean-Marie Leblanc gardien du Tour de France*, Saint Malo 1999.
Penot, Christophe: *Pierre Chany, l'homme aux 50 Tours de France*, Saint Malo 1996.
Planckaert, Eddy; Heylen, Ivan: *Het geslacht Planckaert*, Leuven 1989.
Poulidor, Raymond (zusammen mit Georges Dirand und Pierre Joly): *La gloire sans maillot jaune*, Paris 1968.
Rendell, Matt: *Kings of the Mountains*, London 2002.
Ros, Martin: *Heldenlevens*, Hilversum 1987.
Roussel, Bruno: *Tour de vices*, Paris 2001.
Scheepmaker, Nico: *Het krankzinnige kwartiertje*, Bussum 1984.
Seidler, Edouard: *Le sport et la presse*, Paris 1964.
Stokvis, Rudolf: *Strijd over sport. Organisatorische en ideologische ontwikkelingen*, Deventer 1979.
Terbeen, François: *Antonin Magne*, Paris 1984.
Terbeen, François: *Il était une fois Robic*, Paris 1981.
Terront, Charles (zusammen mit Louis Baudry de Saunier): *Les mémoires de Terront*, 1980 (1. Auflage: 1893).

Thévénet, Bernard (zusammen mit François Terbeen): *Mon escalade,* Paris 1974.
Weber, Eugen: *France, Fin de Siècle,* Cambridge/London 1986.
Wijnendaele, Karel van: *Het rijke Vlaamsche wielerleven,* Gent 1943.
Wijnendaele, Karel van: *Mensen en dingen uit de Ronde van Frankrijk,* Tilburg 1948.
Yonnet, Paul: *Systèmes des sports,* Paris 1998.
Zandbergen, Gijs: *Alleen op kop,* Baarn 1980.
Zandbergen, Gijs; Koster, Wout: *Een wielrenner die rijdt steekt zijn hand niet op,* Baarn 1986.
Zeldin, Theodore: *France 1848-1945,* 2 Bde., Oxford 1973.

COVADONGA VERLAG

Covadonga ist der Verlag für Radsportliteratur.

Nando Boers, Thomas Dekker, Wilfried de Jong, Paul Fournel, Joe Friel, Fabio Genovesi, Hannah Grant, Birgit Hasselbusch, Jan Heine, Albert Londres, Dan Martin, Guillaume Martin, Benjo Maso, Tim Moore, Michael Ostermann, Harry Pearson, Geraint Thomas, Jonathan Vaughters, die Velominati, Dave Walker und Gianluca Zaghi. Das ist nur eine kleine Auswahl unserer Autorinnen und Autoren. Radfahrer von Welt- und Kreisklasse, die dem Radsport eine literarische Stimme verleihen. Ausnahmeerscheinungen im Peloton. Legendäre Reporter und große Humoristen. Die unterhaltsamsten Chronisten des Hobbyfahrer-Geschehens. Internationale Koryphäen der Trainerszene... Sie alle schreiben für Covadonga. Zumeist über den Radsport, manchmal auch über seine nahen Verwandten.

Mehr unter: *www.covadonga.de*